NILS STRAATMANN

Wo die Kartoffeln
auf Bäumen wachsen

NILS STRAATMANN

WO DIE KARTOFFELN AUF BÄUMEN WACHSEN

113 Tage als Matrose in der Karibik

Mit 41 farbigen Fotos,
fünf Illustrationen und zwei Karten

MALIK

Mehr über unsere Autoren und Bücher:
www.malik.de

Die im Buch dargestellten Erlebnisse, Dialoge und Personen basieren auf Erinnerungen und weichen an einigen Stellen gewollt oder ungewollt von der Realität ab. Namen und Merkmale einzelner Personen wurden zum Schutz ihrer Privatsphäre mitunter geändert.

FSC
www.fsc.org
MIX
Papier aus verantwortungsvollen Quellen
FSC® C006701

ISBN 978-3-89029-455-1

Redaktion: Fabian Bergmann, München
Fotos im Bildteil: Archiv Nils Straatmann (aufgenommen von Jonas Burtz: S. 12 unten; Hans-Ueli Flückiger: S. 6 unten, 13 unten; Stefan Schäffer: S. 1 oben; Elsa Wilkes: S. 1 unten, 7 unten)
Illustrationen: Anna Luisa Schmid
Karten: cartomedia, Karlsruhe
Satz: Satz für Satz, Barbara Reischmann
Litho: Lorenz & Zeller, Inning a.A.
Druck und Bindung: CPI books GmbH, Ulm
Printed in Germany

Für Hans-Otto Boie,
meinen lieben Opa

Al up Stee.

PROLOG

23. September 2013, Hafen von Cartagena, Kolumbien

Das Thermometer zeigt keine Temperaturen mehr an, das Quecksilber ist verdampft. Wir haben den Klüver in den Schlafsaal geholt, um den Riss zu flicken, den er sich auf der letzten Fahrt zugezogen hat. Im Sturm hatte sich ein anderes Segel losgerissen und wild um sich geschlagen. Dabei hatte es den Klüver erwischt. Durch die Luken auf dem Hauptdeck kann ich den Käpt'n hören, wie er mit den Stoffbahnen kämpft.

Nachdem er das Segel instand gesetzt hat, gibt er mir die Aufgabe, es wieder anzuschlagen. Doch als er sieht, wie ich es zunächst falte und mit Seilen verknote, um es leichter die Bugtreppe hinaufzubekommen, reißt er es mir aus den Händen. In einem Ruck hievt er sich den Stoff auf die bulligen Schultern, schiebt mich zur Seite und drängt sich an mir vorbei.

»Alles, wirklich alles muss man auf diesem Schiff selber machen! Zu nichts ist dieses Pack …«

Anstatt ihm zu antworten, eile ich die Treppe zur Messe hoch, um ihm beim Verladen des Segels ins Bugnetz zu helfen. Doch Lale will sich nicht helfen lassen. In einem wilden, jähzornigen Schwung schmeißt er das Segel über die Bordwand und trifft mich dabei mit einem Mastrutscher ins Gesicht.

»Ahhh!«, rufe ich und spüre, wie die Haut platzt. Ein schmales Rinnsal Blut fließt meine Augenbraue hinab.

Lale blickt mich herablassend an. »Was bist du denn eigentlich für ein Seemann?«

Er will sich umdrehen, davongehen, doch diesmal verliere ich die Haltung.

»Lale, das ist dein Problem!«, schreie ich. »Verdammt, ich bin kein Seemann! Ich bin ein Student, ein kleiner, mieser Student, Lale. Aber ich gebe mein Bestes hier! Glaub mir, ich versuche alles! Wenn das nicht langt, und das tut es offenbar nicht, dann tut es mir leid. Ich bin nie zur See gefahren. Nie! Ich hab keine Fische gefangen, ich hab keine Stürme erlebt! Den Anspruch kannst du nicht haben. Weißt du, wie scheiße es sich anfühlt, wenn man dir nie genügen kann? Man hört nie, niemals ein Lob von dir! Alles ist nur Dreck! Schau dich um. Da sind ein Student, eine Touristin und ein fauler Kiffer! Keine Seemänner. Das ist dein Material. Arbeite damit!«

An Deck herrscht Totenstille. Selbst Tío und Rebecca, die am Heckaufbau beschäftigt waren, schauen mit offenen Mündern herüber. Ich habe deutsch gesprochen, sie haben kein Wort verstanden, aber allein die Tatsache, dass ich Lale die Stirn bot, ließ sie in ihren Aufgaben innehalten.

Gleich wird er losbrüllen, denke ich und blicke Lale fest in die Augen. Gleich wird er mich über Bord werfen.

⚓

4. Juni 2013, Escheburg, Schleswig-Holstein

Ich sitze im offenen Wohnzimmer im Haus meines Vaters. Einzelne Lichtstrahlen fallen durch die Fenster von der Terrasse herein. Auf dem zerlebten Eichenholztisch vor mir liegen eine Zigarrenschachtel voller Briefe und ein offenes Notizbuch.

»Seekrank«, steht da geschrieben. »Verfluchte Seefahrt. Seefahrt ist beschissen, mit Verlaub gesagt. Steuermann ganz meiner Meinung.«

Das Notizbuch gehörte meinem Großvater. Ich habe es von ihm geerbt. *Tagebuch und Küchenbuch von Hans Otto Boie* lese ich auf der Innenseite des Einbands. Fünf Jahre lang war er zur See gefahren, für die Hamburg Süd. Die Hamburg Südamerikanische Dampfschifffahrts-Gesellschaft damals.

Opa Hans war eine ruhige Seele. Er hatte eine große Nase, die von seiner Neugierde kam, und eine Brille und einen Bauch, wie ihn nur Opas tragen können. Gerade groß genug, um einem oder zwei Enkelkindern darauf Platz zu bieten. Mit einem Wollpulli darüber, der weich und verfilzt war und an der Wange kratzte. Opa sagte Dinge wie »Du Gans hast recht« und »Das muss einem dummen Menschen doch gesagt werden«, und als vor ein paar Jahren klar war, dass er an Krebs sterben würde, verkündete er, dass er wohl langsam alt werde.

Bald aß er nur noch Milchsuppe. Als er dann seinen letzten Atemzug tat, atmete er so tief ein, als wäre es die erste und beste Luft, die er jemals gekostet hatte. Mein Vater, der dabei war, bekam damals unheimliche Angst vor dem Tod. Er hatte erwartet, dass irgendetwas Bedeutendes passieren würde, irgendein Zeichen, etwas Mystisches, doch nichts. Opa atmete einfach, und dann nicht mehr. Dieses Übergangslose, das fehlende Ende, machte Papa arg zu schaffen.

Ich selbst hatte zeitlebens kein besonders enges Verhältnis zu meinem Großvater. Ich bin bei meiner Mutter in Bremen aufgewachsen. Das ist da, wo die Weser in einem letzten großen Bogen Richtung Nordsee fließt. Meine Hamburger Familie sah ich dementsprechend selten. Ich erinnere mich, wie Opa mir anhand eines Legoautos den Unterschied zwischen Pneumatik und Hydraulik näherbrachte, wie er mir Rechenaufgaben stellte, bei denen ich die Wurzeln aus schwierigen Zahlen ziehen musste, und wie er mir einen Apparat erklärte, mit dem man bei Seegang die Sterne fotografieren konnte. Aber ich wusste nicht, wie viel mehr dort in ihm schlummerte.

Am Tag von Opas Beerdigung wetterte es schwer über Hamburg. Die Kiefern verneigten sich vor dem Himmel, die Wellen der Elbe brandeten Applaus, im Radio sagten sie durch, das Tief Hans ziehe über Norddeutschland hinweg. Und da war mein Opa nun also: Er zog über die Norddeutsche Tiefebene, fegte über die Marschen seiner Heimat und regnete sich über der kleinen sich findenden Trauergemeinde am Friedhof am Höchelsberg, direkt über dem Geesthang, ab.

Mein Vater parkte sein Auto im nächsten Seitengraben und weinte eine Flut ins Elbtal.

Ich hatte immer schon den Wunsch, einfach abzuhauen. Rucksack auf und los. Ich wollte auf dem Mast eines Schiffes stehen. Ich hatte aber auch immer schon den Wunsch, ein echtes Pokémon zu besitzen. Und beide Wünsche kamen mir lange Zeit gleichermaßen realistisch vor.

Doch nun werde ich Opa folgen. Nicht in den Himmel – zur See. Am 13. Juni 2013 verlasse ich die Inseln vor San Blas, Panama. Kurs auf Kolumbien. Es gebe dort Schildkröten, habe ich mir sagen lassen. Und Inseln mit nur einer Palme darauf, wie ich sie als Kind immer gemalt habe. Mich tragen ein Stahlzweimaster – erbaut zu Bismarcks Zeiten –, der Wind und die Hoffnung auf einen Ausstieg.

Ich werde Rum über den Sonnenuntergang gießen. Und ich werde eine Zeit erleben, die ich nicht für möglich gehalten hätte.

TEIL 1

FLUG

»Do you want anything else to drink, Sir?«

10. Juni 2013, an Bord der AA 9960 Richtung Miami

Das Flugzeug ruckelt durch eine Turbulenz in der Luft und lässt das Plastikgeschirr auf meinem Tablett klappern. Es ist Tag geworden. Wenn die Sonne auf das Meer scheint, sieht es aus wie das knittrige Ballkleid meiner Mutter. Eine Stewardess wackelt durch den Gang und erkundigt sich nach dem Befinden. Ich frage nach einem Glas Orangensaft und befeuchte meinen Gaumen, der wieder zu kratzen begonnen hat.

Ich bin kein sonderlich begeisterter Flieger. Vor allem die Flugzeugluft ist mir unangenehm: Kalt und steril und tausendmal umgewälzt, sie macht mir jedes Mal Schnupfen. Außerdem habe ich eine nervöse Blase. Ständig muss ich aufstehen, mich entschuldigen, an Hunderten Passagieren vorbeidrücken, anstehen, aushalten, nur um dann ein paar Tropfen in das winzige Becken unter mir zu drücken und dabei mein blasses Gesicht im Spiegel zu beobachten. Ich pinkle im Flugzeug stets im Stehen. Seit jeher habe ich diese irrationale Angst, dass ich, wenn ich mich setzte, beim Spülgang mit hinausgesaugt würde.

Dazu kommt das Hermetische, dieses Frachtguthafte des Fliegens, das mich abschreckt: Du steigst in ein Flugzeug ein, und vielleicht regnet es. Dann steigst du aus, es ist ein paar Stunden später, und die Hitze, die dir entgegenschlägt, nimmt dir fast den Atem. Doch dazwischen gibt es keinerlei Grund zu der Annahme, dass ein Ortswechsel stattgefunden hat: Es gab immer genug Luft zum Atmen, drei Mahlzeiten, aluverpackt und konserviert. Temperaturschwankungen und Änderungen der Luftfeuchtigkeit wurden nivelliert, genauso wie der Geschmacksunterschied zwischen Fleisch und Gemüse beim Mittagsgratin. Du hast unter einer dünnen Fleecedecke geschlafen, hast die Sonne aufgehen sehen und das Bordprogramm mit Charlie Sheen in der Rückenlehne vor dir. Und dann bist du plötzlich auf einem anderen Kontinent. Es riecht nach Sand und Teer, die Menschen sprechen ganz anders als zu Hause, und du wunderst dich, denn zu Hause ist jetzt neuntausend Kilometer entfernt.

Der Herr neben mir erwacht an einem verschluckten Husten. Er reibt sich die Augen mit seinen massigen Unterarmen und blinzelt an mir vorbei nach draußen.

»G'Morning«, sagt er.

»G'Morning«, antworte ich.

Es folgt ein kurzer Moment der Stille, in dem wir beide überlegen, ob es noch etwas anderes zu sagen gibt. Dann entscheiden wir uns dagegen und starren weiter aneinander vorbei nach draußen. Fliegen ist wie Fahrstuhl fahren, denke ich. In Gedanken summe ich *The Girl from Ipanema.*

Nur etwas über einen Tag ist es her, seit ich mit Julian und dem schönen Mädchen über die Havel paddelte. Das Wasser war kühl, zu kalt zum Baden, Julian lag auf einer Luftmatratze, die wir an das Heck meines Boots gebunden hatten, das schöne Mädchen paddelte zu meiner Rechten. Die Sonne schien uns in den Nacken, wir tranken Alster aus Flaschen, und Julian trug den unsäglichen Hut seines Vaters. Das schöne Mädchen und ich sangen *Michel war ein Lausejunge.*

Es mag irgendwann gegen sechs Uhr morgens gewesen sein, als ich gemeinsam mit dem schönen Mädchen an der Bushaltestelle stand. Wir warteten auf den Bus, der mich zum Flughafen bringen sollte. Die Augen brannten uns von zu wenig Schlaf, hinter den Bäumen dämmerte es langsam, und plötzlich fiel dem schönen Mädchen ein, dass es mich vermissen würde. Von einem Moment auf den anderen veränderte sich ihr Blick, und sie sah tieftraurig aus. Als hätte sie noch nie zuvor darüber nachgedacht. Sie legte mir den Kopf auf die Schulter und kuschelte sich an meinen Hals. Wir saßen auf rostigen Welldrahtsitzen. Vor uns auf den

Pflastersteinen klebten Kaugummireste. Ich war wirklich ungemein verliebt.

»Do you want anything else to drink, Sir?«

»Another orange juice, please. Thanks.« Ich zwinkere mir eine Träne aus dem Augenwinkel.

Langsam, aber sicher schiebt sich Miami in unser Blickfeld. Die von Einfamilienhäusern eingefassten Straßen der Vororte säumen die Stadt wie unsaubere Nähte. Lauter angelegte Seen und Kanäle. Dahinter die Salzwiesen. Alles viereckig, denke ich. Künstlich und viereckig.

Auf der Oberfläche meines Orangensaftes bilden sich kleine Kreise. Sie schwappen gegen die Innenwand des Plastikbechers und schlagen zurück. Hinter mir liegt ein ganzes Leben. Und vor mir liegt ein ganzes Leben. Und am Ende werden beide eins sein. Am Ende ist immer alles eins.

PROBLEME

»Scheiße. Und jetzt?«

11. Juni 2013, Panama City

Ein neuer Kontinent. Ich öffne das Fenster des Taxis und rieche die Luft. Abgase und Staub wehen mir entgegen, gepaart mit Feuchtigkeit und dem Duft des Vanillebaums, der vor der gesprungenen Windschutzscheibe schaukelt. Alles rauscht an mir vorbei. Hoch aufschießende Bürohäuser, Wolkenkratzer, die in alle erdenklichen Richtungen streben, riesige Werbebildschirme. Dazwischen Flüsse, unter deren Brücken Bauarbeiter dösen. Palmen, Mango- und Papayabäume.

Der Fahrer redet, wild gestikulierend, auf mich ein, ohne sich auch nur im Geringsten darum zu scheren, ob ich ein Wort verstehe: »¡... no hablan nada, los gringos! ¡No español, no portugués, no inglés, nada! ¿Y tú, amigo? ¿Adónde vas?«

Mein Spanisch habe ich mir mit einem *Power-Sprachkurs* von Pons beigebracht, *Spanisch lernen in vier Wochen.*

»Sí, sí, me llamo Nils, soy de Alemania«, sage ich.

Bisher habe ich es auf Seite zwei geschafft.

»¿No, no, Panama by Luís, eh?«

»Ahhh ... Claro, Panama by Luís, sí.«

»¿Via Corredor Sur?«

Ich erinnere mich an die senfgelben Straßen in Google Maps, die den Weg zu meinem Hostel beschrieben. »Via Corredor Sur, sí.«

Panama City ist der wirtschaftliche Puls Mittelamerikas. Millionen von Gütern fließen durch den Panamakanal in die Stadt und werden von dort in die umliegenden Lande gepumpt. Die Stadt atmet Autos. Wir folgen der Corredor Sur durch eine Brack- und Mangrovenlandschaft Richtung City, rechts eine ausgewaschene Flussmündung, Wellblechsiedlungen, die wie hohle Zähne in die Landschaft ragen.

Wir biegen von der Hauptstraße ab, dann noch einmal, dann halten wir vor einem gedrungenen, weiß gestrichenen Holzbau, der seltsam eingeschüchtert angesichts der riesigen Betonklötze um ihn herum wirkt. »Panama by Luís« steht auf einem mannsgroßen Banner vor dem Maschendrahtzaun. Ich bezahle, sage auf Wiedersehen und schultere meinen Rucksack.

Das Hostel, in dem ich mich befinde, ist eine ehemalige Tanzschule. An den Wänden hängen noch die Spiegel, eine Ballettstange ist auch dort. Ich weiß nicht, ob ich schwitze oder ob es die Feuchtigkeit der Luft ist, die sich in meinem Brusthaar verfängt. Meinen Rucksack habe ich unten in einem Sechserzimmer geparkt. Ich sitze auf einem abgezerrten Sofa im Aufenthaltsraum und versuche, den spärlichen Internetempfang zu nutzen, um Julian eine Nachricht zu schicken. Gerade geht ein gewaltiges Gewitter nieder.

»Lui!«, schreibe ich. »Lui, ich brauch deine Hilfe!«

Keine Antwort.

Es kann sein, dass es etwas naiv von mir war, ohne gültige Kreditkarte auf einen fremden Kontinent zu reisen, nur mit fünfzig Euro in der Tasche, aber ich meinte, irgendwann einmal gehört zu haben, dass ich mit meiner Postbankkarte auch im Ausland abheben könne. Dass es sich dabei allerdings nur um das europäische Ausland handelt und dass es auch da nur in Ausnahmefällen möglich ist, davon hatte ich nichts mitbekommen. Das musste mir erst der Geldautomat auf dem International Airport Tocumen klarmachen.

Man kann sich nicht vorstellen, was für ein Gefühl es ist, in einem fremden Land plötzlich ohne jegliche finanzielle Mittel dazustehen, wenn man es noch nicht selbst erlebt hat. Hundertmal schob ich meine Karte in den Automaten, probierte alle möglichen Funktionen aus, doch nichts passierte. Der Automat spuckte nichts aus. Hinzu kam, dass ich seit der Landung keinen Handyempfang hatte.

»Julian, meine Bankkarte funktioniert nicht.«

Nichts.

»Und mein Handy auch nicht.«

Die Frau an der Rezeption schaut mich mitleidig an. Ich habe ihr die Situation bereits erklärt. Draußen geht der Regen nieder. Donner grollt, Blitze zucken. Ich weiß nicht, wie sicher hier das Stromnetz ist.

Mit einem Mal erregt ein *Pling!* meine Aufmerksamkeit. Eine Antwort auf meinem Computer poppt auf: »Alter, weißt du, wie spät es ist?«

Verdammte Zeitverschiebung.

»Hör auf«, schreibe ich erleichtert. »Du sollst nicht so dick sein! Hilf mir lieber! Mein Handy und meine Geldkarte funktionieren nicht.«

»Ich weiß. Steht oben.«

»Ich brauch Geld.«

»Wie viel?«

»Keine Ahnung ...«

Ich stelle mir vor, wie Julian sein Handy zur Seite wirft und genervt seinen Computer hinter dem Bett hervorkramt.

»Liegt eine Frau neben dir?«, tippe ich.

»Nerv nicht.«

Er stellt mir ein paar schwer verständliche Fragen zu meiner Bankkarte und meinem Telefon, dann schreibt er: »Also, ich hab das mal gecheckt. Dein Handy ist Dualband. Du brauchst Quadband, wenn du in Amerika Empfang haben willst.«

»Scheiße. Und jetzt?«

»Jetzt funktioniert dein Handy nicht, du Olchi. Und natürlich kannst du mit einer einfachen Bankkarte kein Geld abheben! Du brauchst eine Kreditkarte!«

»Oh«, schreibe ich.

»Du fährst also ohne Handy, ohne Geld, ohne Spanischkenntnisse und ohne jemals auf einem Schiff gearbeitet zu haben in ein spanischsprachiges Land, um auf einem Schiff zu arbeiten?«

»Korrekt. Und?«

»Wie viel Geld soll ich dir schicken?«

»Vierhundert Euro?«

»Ich kümmer mich drum.«

Wir schreiben hin und her, wie und wo ich das Geld am besten bekomme und was die nächsten Schritte sind, während eine neue Besucherin das Hostel betritt. Sie wühlt vollkommen durchnässt und tief gebeugt vor der Rezeption, beziehungsweise vor meinem Gesicht, in ihrem Gepäck und sucht nach ihrem Ausweis.

»Lui?«, schreibe ich. »Da vorne steht die ganze Zeit eine Frau in durchsichtigen rosa Leggins mit Leopardentanga. Und ihr Hintern ist in meinem Gesicht.«

»Ist sie schön?«, fragt Julian.

»Leider nicht so sehr.«

»Hmpf. Sonst hättest du mit ihr schlafen und dafür Geld verlangen können.«

Kurz denke ich darüber nach, ob Prostitution im Notfall okay ist und ob ich das mit dem schönen Mädchen abklären müsste, dann streiche ich den Gedanken aus meinem Kopf.

»Ich geh also morgen zu Western Union, sag meinen Namen und krieg fünfhundert-noch-was Dollar, richtig?«

Keine Antwort.

»Sag, dass du's gelesen hast, dass ich recht habe und dass ich gut schlafen soll. Sonst kann ich nicht gut schlafen.«

Wieder keine Antwort.

Dann, nach einigen Minuten: »Du hast voll recht. Schlaf gut.«

⚓

STREIFZUG

»But I am hungry, baby!«

11. Juni 2013, immer noch Panama City

Am Morgen, als ich wegen des Jetlags nicht schlafen kann, höre ich die Papageien schreien. Jalousien dämpfen das Licht, im Zimmer riecht es nach Schlaf und Schweiß.

Ich erhebe mich so leise wie möglich, was schwierig ist, da der Federrost unter meinem Rücken schon bei der kleinsten Bewegung jämmerlich aufbegehrt. Ich gähne, rücke meine Boxershorts zurecht und schlurfe samt Kulturbeutel ins Bad. Rechts eine Dusche ohne Duschvorhang, die Fliesen gelb und stockfleckig. Vor mir ein Waschbecken, unter dem ein Auffangbehälter für benutztes Klopapier steht. Müde lasse ich mich auf den Toilettensitz fallen. Die Tür zum Zimmer schließt nicht richtig. Oben und unten klaffen breite Spalte, die jede akustische Äußerung im Bad zum kollektiven Hostel-Erlebnis machen. Der Spiegel an der Wand muss kaputt sein. Ich sehe total fertig darin aus.

Nach der Morgentoilette trete ich nach draußen. Das Gewitter hat die Luft rein gewaschen. Gestern haben sie hier Monopoly gespielt, unter dem Wellblechdach, jemand hatte Geburtstag, ein Stück Torte steht noch auf dem Tisch. Ein riesiger Mangobaum breitet seine Äste wie ein Schutzheiliger über das Anwesen.

Mein Vater hat mir einmal erzählt, wie ich als Kind auf eine Pappel geklettert bin. Ich saß hoch oben zwischen den kahlen Ästen – niemand wusste, wie ich da hinaufgekommen war – und schaute auf all die Menschen, die so klein waren und wie Ameisen ihren täglichen Gewohnheiten nachgingen, herab. Es gab mir eine gewisse Gelassenheit, zu erkennen, dass das Leben zumindest von Weitem in geordneten Bahnen verlief.

Ich muss damals sehr jung gewesen sein, und Vater muss unheimliche Angst um mich gehabt haben. Doch anstatt mir das Klettern zu verbieten, schenkte er mir Seil und Schuhe und meldete mich bei unserem nächsten Urlaub in den Alpen zu einem Kletterkurs an. Die Geschichte ist sinnbildlich für meine Kindheit. So oft stand ich mit offenen Armen an der Schwelle zur Welt, und Vater gab mir einen kleinen Schubs, der mich hinüberführte. Seine Hände erschienen mir damals so groß wie die Welt. Ich dachte, er könne mich einfach am Kopf packen, hochheben, ein Stück tragen und dann wieder absetzen.

Ein Schmunzeln huscht über meine Lippen. Von der Veranda blicke ich durch ein geöffnetes Fenster in die Küche, wo Arosa, die Haushälterin, zwischen Töpfen und Pfannen hin und her springt, um das Frühstück zuzubereiten.

»¿Quiéres?«, fragt sie und deutet auf eine kleine Pfanne, die bei schwacher Flamme auf dem Herd steht. Bevor ich antworten kann, hat sie bereits drei Pfannkuchen auf einen Teller geladen und sie mir samt Sirup durchs Fenster gereicht. Erst jetzt merke ich, wie hungrig ich bin.

Zum Super99 in der Avenida Belisario Porras geht es immer geradeaus. Ein voll klimatisierter Konsumtempel samt Tankstelle, Handyschalter, ATM und elektrischem Pony. Es gibt Milch in Fünfliterkanistern, Orangensaft und Bier in Vierzigerpacks. Es gibt Energydrinks und Cola, Chips und Erdnüsse sowie lauter bunte unbekannte Süßigkeiten, und alles andere auch und sogar noch mehr. Ich kaufe eine Dose Bohnen, eine Flasche Wasser und einen Vorteilspack Snickers, dann bin ich pleite.

Kurz darauf hänge ich in einem völlig überfüllten Linienbus an einer leidlich befestigten Haltestange und spüre, wie wir schwankend Richtung Innenstadt gleiten. In Panama City gibt es keine gekennzeichneten Bushaltestellen. Wenn man nicht weiß, wohin, stellt man sich einfach zur nächstgrößeren Menschenmenge und wartet ab, was passiert. Wenn man Glück hat, kommt irgendwann ein Bus. Wenn nicht, wird man im schlimmsten Fall ausgeraubt. Ich hatte Glück, und nach einigen Minuten kam ein klappriges orangefarbenes Gefährt, an dessen Stirnseite »Albrook Via España« stand. Jetzt klemme ich zwischen haarigen Achseln und glatt gekämmten Scheiteln und versuche auf Zehenspitzen, einen Blick durch die beschlagenen Fenster zu erhaschen.

Der Verkehr fließt zäh, es ist Rushhour. Hin und wieder kommen Teile verfallener Ruinen in den Blick. Richtige Ruinen aus Stein und Vergangenheit, nicht die halb abgerissenen Wellblechbehausungen, die wir gelegentlich an den Straßenecken sehen und deren Haut so löchrig ist wie das Fell der alten Hunde, die vor ihnen in der Sonne dösen. Die Ruinen gehören zu Panamá Viejo.

1671 wurde Panama City vom britischen Piratenkapitän Henry Morgan zerstört. Derselbe Captain Morgan, der uns heute so verwegen von den Rumflaschen angrinst. Panamá Viejo zerfiel mit der Zeit, doch die Hänge der neuen Stadt, die man am Fuße des Cerro Ancón neu erbaute, füllten sich mit Geld. Die Raubzüge der Spanier sorgten dafür, dass die Stadt als Umschlagplatz für Gold und Silber florierte.

Im 19. Jahrhundert beschlossen die USA, eine Eisenbahnstrecke zu bauen, um die beiden Weltmeere miteinander zu verbinden und so den internationalen Handel voranzutreiben, und innerhalb von fünf Jahren wurden sechsundsiebzig Gleiskilometer unter herben Verlusten in den Dschungel geschlagen.

Nur wenige Jahre später entschied man sich, die Anlagen zu erweitern, und 1903 begann man mit dem Bau des Panamakanals.

Über fünfundzwanzigtausend Menschenleben und mehrere insolvente Baufirmen kostete das Projekt, bis es 1914 fertiggestellt wurde und eine neue Ära des transkontinentalen Handels einläutete. Viele der Toten waren nach Übersee verschifft und dort für teures Geld an die medizinischen Hochschulen verkauft worden, um so die Verluste im Rahmen zu halten. Wer hätte auch wissen können, dass bald der Große Krieg über die Welt hereinbrechen würde und damit die Leichen im Überfluss zu Dumpingpreisen zu haben sein würden?

Die Verwaltung des Panamakanals oblag derweil den USA. Nach den Unabhängigkeitserklärungen gegenüber Spanien und Kolumbien war Panama schon lange zu einem Ziehkind der Vereinigten Staaten geworden. Im Jahr 1984 kam durch einen Militärputsch der abtrünnige panamaische General Manuel Noriega an die Macht, und erneut waren es die USA, die ihren Verbündeten aus der Patsche halfen. Fünf Jahre nach seinem Putsch schlugen sie Noriegas Herrschaft gewaltsam nieder.

Das scheint diese Stadt auszumachen, denke ich: der politische Einfluss der Vereinigten Staaten und ein verkatertes Dösen, verursacht durch den Konsum fuseligen Supermarktrums.

Auf der Via España verlasse ich den Bus. Der Verkehr ist so träge, dass ich das Gefühl habe, besser zu Fuß voranzukommen.

Die gesamte Stadt ist auf den Beinen, doch niemand scheint zu wissen, wohin. Und wirklich bei jedem kommt es mir so vor, als ob er Kopfschmerzen hätte. Eine Frau, ich kann nicht sagen, wie alt sie ist, holt zu mir auf. Sie hat nur noch wenige Zähne im Mund, ihre Haut ist braun und gegerbt, die Hände hat sie zu einer Schale geformt, die sie mir entgegenschiebt, während sie fordernd auf mich einspricht.

»Sorry, I can't give you anything«, sage ich. Meine Angst ist zu groß, dass ich bald selbst für den Rest meiner Tage von einem Sechserpack Snickers und ein paar kupfernen Minidollars leben muss. Doch die Frau redet weiter auf mich ein, die Hände bittend geöffnet, bis ich erneut ablehne und sie unter Fußstampfen und mit zornigem Gesicht schreit: »Man! But I am hungry, baby!« Hungrig und vehement.

Bilder schwirren durch meinen Kopf: wie ich selbst auf der Straße lebe, zahnlos und verwirrt, mit dreckigen Nägeln und dreckigen Füßen, kein Geld, keine Snickers, kein nichts. Das Hemd am Leib zerrissen, die Schuhe in Fetzen. Und dann meine Mutter, die sich sorgt.

Meine Mutter ist eine grazile Frau mit starkem Herzen. Sie hat vier Kinder geboren, die man ihr nicht ansieht, sie lacht viel, und wenn sie putzt, bindet sie sich die Haare zu zwei Zöpfen. Ihr gesamter Lebensinhalt scheint darin zu bestehen, ihre Umwelt glücklich zu machen. Wäre es nach *ihrer* Mutter gegangen, wäre ich in Bremen-Nord geblieben. »Wie kannst du ihn bloß gehen lassen?!«, hatte Oma Meme gefragt, als Mutter ihr von der Reise erzählte. Und Mutter hatte sie angeschaut und ihr keine Antwort gegeben, weil sie keine wusste.

Die Sorge meiner Mutter ist mir immer die größte Sorge gewesen. Während Vaters Aufgabe darin bestand, mir einen Stoß hinaus in die Welt zu geben, versuchte sie stets, mich festzuhalten. Als ich ein Jahr alt war, trennten sie sich.

Im Geiste sehe ich sie vor der Haustür stehen. Arm in Arm, die Gesichter zwischen Stolz und Melancholie. »Lebe wild und gefährlich, mein Junge!«, ruft mein Vater und winkt. Und Mutter fügt an: »Aber komm heil zurück!«

In der Nähe des Regierungspalastes, wo sich unter einer Autobahnunterführung die Armut tummelt, liegen Limetten- und Orangenschalen im Rinnstein. Schlepper rufen nach Kunden, Omnibusse preschen vorbei, ein Esel schaut mich aus fliegenumschwirrten Augen an.

Was mache ich hier?, denke ich. Wie soll ich das bloß vier Monate aushalten? Zu Hause am See ist immer ein Platz für mich frei, und am Südplatz gibt es Bier – wie konnte ich das einfach so hinter mir lassen? Und wie soll ich eigentlich auf dieses verdammte Schiff kommen? Alles, was ich habe, sind ein paar nichtssagende Mails, keinen Vertrag, keine Sicherheit, nichts. Nicht einmal Geld! Warum habe ich mich bloß auf das alles eingelassen?

Ja, warum eigentlich?

⚓

— VON SPANIEN NACH DITHMARSCHEN ZUR SEE —

»Dein Vater hat übrigens den Computer dagelassen.«

10. SEPTEMBER 2012, SCALA, SPANIEN

Wir saßen in der kleinen weiß gestrichenen Zweizimmerwohnung am Fuß der Pyrenäen, meine Knie waren braun gebrannt, und mein Nacken auch, das Fahrrad hatte ich im Hinterhof abgestellt. Tanja hatte Muscheln gekocht.

Ich befand mich auf einer Radtour von Italien nach Katalonien, wo ich einen alten Freund besuchen wollte, und Tanja, meine Cousine, war meine vorletzte Station. In zwei Tagen wollte ich weiter nach Barcelona fahren.

Meine Cousine war nach dem Abitur nach Spanien gegangen und hatte überall gejobbt, wo es ihr möglich war. Zurzeit leitete sie einen Campingplatz samt Surfschule in Sant Pere Pescador, zwei Stunden nördlich von Barcelona.

»Dein Vater hat übrigens den Computer dagelassen«, sagte sie, während sie auf ein Bündel auf dem Wohnzimmertisch deutete.

Mein Netbook war bei einem Regensturz vor ein paar Tagen kaputtgegangen, und ich hatte meinen Vater per Telefon darum gebeten, mir auszuhelfen. Er hatte Tanja einige Tage vor mir besuchen wollen und versprochen, sich etwas zu überlegen. Nun lag in ihrem Wohnzimmer, eingewickelt in die rot-gelb gestreifte

Flagge Kataloniens, ein Laptop in der Größe eines Ufos. Es war ein altes Medion-Gerät, mattsilbern und anthrazit, mit dem Gewicht zweier Kürbisse und der Ästhetik eines Einbauschranks. Der alte Laptop meines Großvaters.

Ich pulte das Fleisch aus der Schale einer Muschel und tunkte es zusammen mit einem Stück Brot in die Sauce. Die Flüssigkeit hing mir überall im Bart. Muscheln kann man einfach nicht ordentlich essen.

»Hast du ihn schon ausprobiert?«, fragte ich, nachdem ich gekaut hatte.

Tanja schüttelte den Kopf.

Wir tranken Weißwein und spanisches Bier, und irgendwann holte ich den Computer an den Tisch. Ich stellte mir vor, wie er zu rattern beginnen würde, wie sich goldene Zahnrädchen in seinem Innern drehten, eine Dampfmaschine Rauch ausstieß und mit jedem Klicken ein Pfeifen und Schnaufen ertönte, sobald ich ihn einschaltete. Der Bildschirm würde flackern und rauschen, und dann würde das Gerät mit einem lauten Knall implodieren.

Doch nichts dergleichen geschah. Der Computer funktionierte einwandfrei. Das Eichhörnchen, das mich nach dem Hochfahren mit riesigen und glänzenden Augen vom Desktop aus anblickte, wirkte überlebensgroß und leicht irre. Nur ein einziger Ordner war auf dem Schreibtisch zu sehen: »Opa«. Darin waren Reden und Anekdoten verschiedener Trauergäste zu seiner Beerdigung gespeichert, Beileidsbekundungen, auch ein Text von mir war dabei. Papa hatte hier alles gesammelt.

Es gab auch Fotos, die zur Gestaltung der Todesanzeige verwendet worden waren: die Hände meines Opas, zum Sterben gefaltet, gelb und knotig, den Ehering an der rechten Hand. Ohne den dazugehörigen Körper sahen sie seltsam starr aus. Ich fand Bilder seiner letzten Tage, von meiner Familie und meinen Großeltern, Fotos von Silvester und von einem Heißluftballon.

Und dann war darin noch ein weiterer Ordner: »Erinnerungen«. Mein Vater, in Windeln, auf dem Schoß meines Großvaters;

Opa, das Haar spärlich, der Bauch stattlich. Ein Familienfoto mit Oma Gustel und meiner Tante Petra mit Schleife im Haar. Und dann Fotos aus der Heimat: von Marne, von der Deichstraße 20, vom Gasthaus Boie.

Opa Hans wurde in Dithmarschen geboren. Zwei Meter über Null. In einem kleinen Ort zwischen Heide und Helse, mittendrin in Schleswig-Holstein, nur ein paar Meter weiter zum nächsten Kohlfeld. Die Häuser waren flach, die Schuppen blechgedeckt, und wenn man sich auf die Zehenspitzen stellte, konnte man bis zum Ende der Südermarsch blicken.

Das war 1934. Hier aß man Blutsuppe, Mehlbüdel und Birn', Bohn' un' Speck. Während die Kumpel im Saarbecken nie wussten, für wen sie ihre Kohle gerade abbauten, schritt hier der Kohlanbau wunderbar voran. Die Kinder spielten Tüdelband und Kibbel-Kabbel, und während des Kriegs sammelten sie Granatsplitter. Die besten waren die, die noch warm waren.

Die Alliierten kamen und gingen wieder, sie hinterließen Blockschokolade und Kaffeepulver, und dann kamen die Flüchtlinge, und es wurde eng in Marne, wo Opa lebte. Doch der Kohl stand gut, und die Bauern konnten Hilfe gebrauchen. Es war eine glückliche Kindheit, wenn man große Augen und einen jungen Verstand hatte. Und abgesehen von Kniestrümpfen und Sonntagsanzügen, muss es wohl sehr gut auszuhalten gewesen sein.

Käthe und Hermann Boie, die Eltern meines Großvaters, waren angesehene Menschen in Marne. Sie waren die Eigentümer des Gasthauses Boie, samt Kneipe, Fremdenzimmern und Viehwaage. Noch heute wird Großtante Karen dafür gerühmt, die schnellste Krabbenpulerin Norddeutschlands gewesen zu sein.

Uropa Hermann war zunächst Wäscher. Sein Vater hatte ein Wirtshaus mit Tanzgelegenheit in Meldorf gehabt, wo es eine große Waschküche gab. Als junger Mann fuhr Hermann mit dem Fahrrad über die Dörfer, sammelte Kleider und Laken ein, reinigte sie und fuhr sie anschließend wieder aus. Nachdem ein Brand während des Zweiten Weltkriegs das Wirtshaus in Meldorf zerstört hatte, folgte Uropa Hermann dem Vorbild seines Vaters und eröffnete ein neues Wirtshaus in Marne.

Mein Großvater Hans war als Erstgeborener von sechs Kindern dazu bestimmt, das Gasthaus Boie später zu übernehmen. Aber Opa wollte eigentlich nie Koch werden. Er wollte die Welt sehen. Und so besuchte er zwar noch die Kochschulen in Flensburg und Kiel, doch dann ergriff er die erstbeste Möglichkeit, dem kleinbürgerlichen Horizont seiner Heimat zu entfliehen, und fuhr zur See. Die Hamburg Südamerikanische Dampfschifffahrts-Gesellschaft hatte damals eine neue Flotte für den Liniendienst zwischen Amerika und Europa in Auftrag gegeben, und Opa heuerte als Kochsmaat an.

»Um sieben Uhr sollten wir auslaufen«, schrieb er kurz vor der ersten Reise in sein *Tagebuch und Küchenbuch*:

An Bord wird jetzt krampfhaft gerechnet, ob wir es bis Donnerstag bis nach Jersey schaffen. Da erkennt man die Optimisten und die Pessimisten, denn keiner hat Lust, Weihnachten auf See zu feiern. Die E-Maschine läuft jetzt wieder, sodass einem Auslaufen nichts im Weg steht. Heute Nachmittag werden wir Proviant nehmen. Zu Mittag: Königsberger Klopse.

Ich sehe ihn vor mir: als jungen Mann mit vollem Haar an der Reling eines Schiffes. Er muss damals so alt wie ich gewesen sein. Er steht am Geländer, den Körper in Richtung des Fotografen gedreht, im Hintergrund ein opulenter Viermaster. »Blick auf *Pamir* (abgesoffen)«, steht darunter.

Tanja und ich klickten uns durch den gesamten Ordner. Alles war abfotografiert und digitalisiert worden. Es waren so viele Bilder, dass es Stunden gedauert haben muss, bis wir damit fertig waren. Ich sah Opa in Kittel und mit Kartoffelschälmesser in der Kombüse sitzen, im Bug, gegen einen Anker gelehnt, seine Schwester auf der Reling im Hamburger Hafen. Bis dahin hatte ich kaum etwas über Opas Seefahrtzeit gewusst. Erst jetzt konnte ich mir das

Fernweh vorstellen, das ihn sein Lebtag begleitet haben musste, und das Heimweh, das ihn mit jedem Auslaufen ergriff. All die Brücken, die er fotografiert hatte, die fremden Häfen und Küsten. Fünf Jahre lang war er zur See gefahren. Dann hatte er meine Tanten, meinen Vater und damit indirekt auch mich gezeugt.

Die Sonne verschwand hinter den Hausdächern der Vorstadt. Tanja und ich hatten Tränen in den Augen. Wir saßen da, in der kleinen weiß gestrichenen Zweizimmerwohnung am Fuß der Pyrenäen, in geschnürten Schuhen und dreckigen T-Shirts, und wussten nicht, was wir sagen sollten.

Opa Hans hatte die Weltmeere besegelt. Er hatte Australien, Argentinien und den Zuckerhut gesehen. Dabei war für ihn eigentlich nur das Gebiet zwischen Jadebusen und Nord-Ostsee-Kanal vorgesehen gewesen.

Gerade hatte ich mein Grundstudium in der Regelstudienzeit abgeschlossen. Während meiner Schulzeit hatte ich für eine Lokalzeitung geschrieben, anstatt selbst Zeitungen auszutragen, und während des Studiums verdiente ich mein Geld als Slam-Poet. Meine Finger habe ich selten für etwas anders benutzt als zum Schreiben. Ich hielt mich brav an die gesellschaftlichen Vorgaben und würde bald bereit für ein anständiges Berufsleben sein. Das war nie mein Plan gewesen.

Kurz vor seinem Tod hatte mein Vater Opa gefragt, ob es noch irgendetwas gebe, was er der Welt mitteilen möge. Irgendetwas Großes, das noch gesagt werden müsse. Und Opa hatte sich einen gebührenden Moment Zeit gelassen, hatte tief Luft geholt, und dann hatte er gesagt: »Man muss nicht immer alles mitmachen.«

Und plötzlich stand mein Entschluss fest: Ich wollte zur See fahren.

⚓

AUF ABSPRUNG

»Alles ist aufregend und andersartig und neu.«

11. Juni 2013, Panama City

Wenn ich jetzt an die Probleme der ersten Tage denke, kommt mir alles so banal vor. Ich hätte nur ein wenig Vertrauen haben müssen. Natürlich gab es noch weitere Krisen: Ich brauchte einen Zugangscode, um das Geld bei der Western Union abzuheben, den Julian mir nicht gegeben hatte. Ich eilte zwischen Botschaft und Western Union hin und her, um mich nach anderen Methoden der Geldbeschaffung zu erkundigen, in dem Wissen, dass in Deutschland jetzt Nacht und mein Handy funktionsuntüchtig war. Ich fuhr zurück zum Hostel, um all meine Nachrichten nach einem eventuellen Code zu durchsuchen. Schließlich flirtete ich so lang mit der Dame vom Empfang der Botschaft, bis sie mir erlaubte, in Deutschland anzurufen und Julian aus dem Bett zu klingeln, damit er mir die nötigen Infos gab.

Die ganze Zeit hing mir dabei das Herz in der Hose. Außerdem hatte ich nur noch zwei Snickers.

»Guten Tag, hier spricht Mariaxenia Vargas Lopez von der Deutschen Botschaft in Panama City«, meldete sich Mariaxenia Vargas Lopez von der Deutschen Botschaft in Panama City. »Sind Sie wach? Gut. Ich werde Sie nun mit einem Freund verbinden, wenn Sie damit einverstanden sind.«

»…«

»Hallo? Julian?«

»Wuff.«

»Du hast mir irgendeinen Code nicht gegeben, den ich brauche, um an mei…, also, an dein Geld zu kommen.«

»Hm?«

»Irgendein Code, der auf der Quittung stehen müsste.«

»Ist das dein Ernst?«

»Jepp.«

»Ooooch, du Palme.«

»Ey, das ist nicht meine ...«

»Warte.«

Ich hörte Julian rascheln, die Dame vom Empfang war weiterhin sehr nett, und bald hatte ich nicht nur den benötigten Code, sondern auch den Kontakt zu Frau Mariaxenia Vargas Lopez, falls weitere Probleme auftreten sollten. Außerdem steckte nun ein sehr beruhigender und unglaublich grüner Haufen Dollar unter meinen Fußsohlen.

»Alles ist aufregend und andersartig und neu«, schreibe ich am Abend in einer langen Mail an meinen Vater. Und plötzlich habe ich das Gefühl, dass ich jedes Problem auf der Welt lösen kann.

Am folgenden Morgen nehme ich den Bus nach Casco Viejo, in die neue Altstadt. Dorthin, wo laut Reiseführerintelligenz das Herz der Stadt am intensivsten schlägt.

An der Plaza Cinco de Mayo, am Ende der Avenida Central, steige ich aus. Der Platz markiert den Anfang einer in die Jahre gekommenen Fußgängerzone. Grünspan klebt an den Häusern, die allmählich abblätternden Werbeträger über den Ladenzeilen erzählen von einstiger Blüte und schwindender Kaufkraft.

Geht man von der Plaza aus nach Süden und folgt der Avenida Balboa Richtung Osten, gelangt man zum Mercado des Mariscos, wo in einer geräumigen Markthalle Fisch und Meeresfrüchte aller Art serviert werden. Man sitzt auf weißen Plastikstühlen entlang einer weißen Balkonbalustrade und speist an einfachen Plastiktischen. Ich entscheide mich für Corvina, Bratfisch mit Reis und Bohnen, dazu frittierte Bananen und eine Limettenscheibe. Unter mir, zwischen den Eismaschinen und Fliesengängen, die wedelnden Arme der Händler.

Draußen über dem Hafengelände heben sich die Umrisse von Geiern und Fregattvögeln gegen den Himmel ab. In niedriger Höhe kreisen sie über ihrer Beute. Es ist Ebbe, viele der Fischerkähne liegen trocken. Sie sehen aus wie Schildkröten, die auf den Rücken gepurzelt sind.

Nach dem Essen folge ich der Avenida Eloy Alfaro in die Altstadt. Ich passiere fahrende Händler und Segelbedarf in heruntergekommenen Schaufenstern, ein einsamer Alter sitzt an der Straße, trinkt Kaffee und spielt Schach gegen sich selbst. Hinter ihm, wo sich die Straße in einer Kurve langsam an den Hügel schmiegt, liegt das Withe Lion. Ein Stundenhotel mit Schreibfehler, in dem es billige Drogen und erfahrene Frauen gibt.

In der Calle 9a Este schallt Elektromusik an mein Ohr. Junge Kerle stehen auf den Balkonen eines von Seeluft zerfressenen Kolonialbaus, sie lachen und unterhalten sich in Backpackersprech über ihre letzten Aufenthalte im Norden des Landes, tragen Achsel-Hemden in verwaschenen Pastellfarben und Bart, wer ihn sich leisten kann. Die Mädchen daneben haben einzelne Dreadlocks im Haar. Panama City sei nur eine Zwischenstation, sagen sie, sie wollten weg, raus aus dem Moloch, vielleicht noch »den Stadtpark machen« und dann möglichst schnell nach Südamerika.

»You don't wanna stay in Panama City! It's crazy here! Too ugly! And the food? Ough. I stay with *this*«, sagt einer der Typen. Er prüft den Inhalt einer Dose Balboa in der Sonne, was keinen Sinn ergibt, da das Metall vollkommen blickdicht ist, dann nimmt er einen tiefen Schluck von dem Bier.

Der Balkon, auf dem er steht, gehört zum Luna's Castle, dem Szenetreff für Hipster und Backpacker in Mittelamerika. »A bit looney and very friendly, it's the kind of hostel people keep talking about long after their trip«, schreibt der *Lonely Planet* in seiner neuesten Ausgabe. Es geht die Legende um, dass sich ein Amerikaner vor ein paar Jahren nackt und unter Drogeneinfluss vom Balkon des Hostels gestürzt haben soll. Er habe sich für Superman gehalten und sei nur mit einem Handtuch in den Händen gesprungen. Von solchen Geschichten lebt dieser Ort.

Ich versuche, mir Opa hier vorzustellen.

Am 7. Oktober 1953 erhielt er sein erstes Seefahrtsbuch im Seemannsamt von Brunsbüttelkoog. Mit neunzehn Jahren. Bereits acht Monate später verließ er den Hamburger Hafen auf großer Fahrt.

Über Bremen verlief die Reise nach Rio de Janeiro. Der Michel versank in der Nordsee, und in der untergehenden Sonne tauchte der Zuckerhut auf. Die Häfen boten prachtvolle Straßen und schummrige Spelunken. Die Mädchen hatten klebrige Haut und dunkles Haar. Opa lernte Spanisch und schälte Kartoffeln.

»Du hast einen Teil deiner Sehnsucht erreicht«, schrieb Uroma Käthe 1954 an ihren Sohn. »Und wollen wir hoffen, dass es in deinem Leben immer nach deinen gesteckten Zielen geht.«

Ich sehe ihn am Balkongeländer des Luna's Castle stehen, eine Zigarette rauchend, mit hungrigem Blick auf die Welt. In den Straßen hört man Akkordeonspieler statt Nicolas Jaar. Opa ist stiller als die Menschen hier, vielleicht auch ein wenig demütiger. Denn seine Welt ist noch eine Landkarte und keine Folge von Mausklicks.

Ich wandere weiter, zwischen blätterndem Putz und südlichen Farben, sehe den Regierungspalast, die Plaza de la Independencia und das Teatro Nacional, wo der Prunk der Kolonialzeit konserviert ist. Auf der langen Uferpromenade Paseo las Bovedas, deren Laubengänge den Blick auf die Skyline rahmen, spielt ein Mann Trompete. In der einen Hand hält er sein Instrument, in der anderen einen Regenschirm, den er gegen die Sonne aufgespannt hat. Niemand außer mir ist da, der ihm zuhört, und er gibt mit geschlossenen Augen das Konzert seines Lebens.

Es ist bröckelnder Reichtum, der hier in den Innenhöfen modert. Leere Mauern und Fenster, die Geschichten von Vergangenem erzählen. Da wohnt eine Familie von drei Generationen unter Wellblech, dort ein Bankenmogul hinter Marmor. Auf ein Stück Betonwand inmitten all der Gassen hat jemand auf den Putz geschrieben: »Rie suena canta siempre.« Lache, träume, singe immer.

Der Nachmittag führt mich nach Miraflores, zum Westende des Kanals, wo jährlich über vierzehntausend Schiffe die Verbindung zwischen Pazifik und Atlantik passieren. Hier riecht es nach Abgasen und Ferne. Pelikane umkreisen in trägem Flug die Anlage, riesige Containerschiffe werden von futuristisch anmutenden Lokomotiven durch die Schleusen gezogen. Wenn sich die Tore öffnen, stoßen die Pelikane nieder, um nach auftreibenden Fischen zu tauchen. Dahinter beginnt der Dschungel.

Ein Foto meines Großvaters zeigt einen Dampfer bei der Fahrt durch den Kanal. Ich stehe an etwa derselben Stelle, wo das Bild aufgenommen wurde. Und in diesem Moment verstehe ich, dass ich in seinen Spuren wandle. Ich bin hinterm Deich, weit weg von zu Hause, ich habe einen Teil meiner Sehnsucht erreicht. Hoffen wir, dass es immer nach meinen gesteckten Zielen geht.

⚓

ABFAHRT

»Stahlratte. *Become a sailor.*«

13. Juni 2013,
dritter Tag nach der Ankunft in Panama City

Es ist fünf Uhr morgens, die Stadt schläft, selbst Arosa ist noch nicht wach. Ich sitze auf der Terrasse des Panama by Luís, vor mir mein geöffneter Laptop, auf dem Tisch die Gläser der letzten Nacht. Irgendwo über mir raschelt ein Vogel.

Sobald ich weiß, wo du in Panama City steckst, kann ich die Transportleute anrufen, damit die dich dort aufgabeln. Die fahren dich dann nach San Blas, von wo aus es per Kanu weitergeht bis zum Schiff. Alle kennen mich dort, und wenn du sagst, du willst ›zur Stahlratte *zu Lale‹, dann wissen alle Bescheid, und du wirst ohne Weiteres zu uns gelangen. So weit dann erst mal ... bis in Kürze, Lars*

Das hat mir der Kapitän geschrieben. Vor einer halben Stunde hätten die Transportleute da sein müssen.

Neben mir sitzen drei Italiener, braun gebrannt und sommersprossig, die Brust zu breit für ihre Schultern. Auch sie wollen nach San Blas. »Isla Robinson«, erzählen sie mit feierfreudiger Stimme. »Party at the beach. Party and coconuts, haha, and rum, yeah!« An ihren Handgelenken baumeln noch die Armbänder irgendeines Klubs, der seine Türen erst gegen Morgengrauen geschlossen hat.

Wir hören das Knirschen von Reifen auf Kies, dann Hupen.

»To San Blas?«, fragt der Fahrer durch das heruntergekurbelte Fenster.

Als er aussteigt, um uns beim Einladen des Gepäcks zu helfen, offenbart er uns einen stattlichen Bauch. Nacheinander schiebt er die vier Rucksäcke hinter die Rückbank, doch dann wird er stutzig.

»¡No, no! No quatro. ¡Tres!« Er hebt vier Finger der linken Hand und schüttelt den Kopf. Dann zählt er uns ab, hält drei Finger nach oben und nickt.

Wir schauen uns verwirrt an.

In diesem Moment kommt Luís, der Hostelbesitzer, die Treppe herunter in den Innenhof und schaltet sich in das Gespräch ein.

»You need to be three persons. Not four.«

»But we are four«, sage ich und halte zum besseren Verständnis vier Finger nach oben.

Der Fahrer schüttelt den Kopf. »Tres.« Er zeigt drei Finger.

Die Italiener machen ein komisches Gesicht, dann steigen sie an mir vorbei in den Wagen.

»No quatro. Tres«, wiederholt der Fahrer, an mich gewandt.

»Not four. Thr...«

»I know«, unterbreche ich Luís. »But I booked that taxi!«

»No quat...«

»YES!«

Der Fahrer grinst erleichtert, als ob alles geklärt wäre, dann schreitet er zur Fahrertür.

»But I need to go to San Blas!«, rufe ich. »To *Stahlratte*! To Lale!«

»To *Stahlratte?*« Der Fahrer dreht sich noch einmal um. Eine quälend lange Weile scheint er zu überlegen, dann antwortet er: »No. Ese carro va a San Blas.«

»I need to call«, wende ich mich an Luís, in der Aufregung beinahe meine Englischkenntnisse vergessend. »Can I use your phone?«

Unschlüssig reicht er mir sein Telefon. Ich reiße meinen Laptop aus dem Rucksack. Irgendwo habe ich doch die Nummer gespeichert!

Nach dem siebten Tuten meldet sich eine verschlafene Stimme.

»Hallo?«, frage ich. »Hallo, Lars?«

Ein tiefes Dröhnen zeugt von einer mit Inbrunst geputzten Nase. »Bidde?«

»Lars! Hier Nils, ich wollte doch heute auf die *Stahlratte*!«

»Is' richtig.«

»Der Jeep ist voll. Die lassen mich nicht mitfahren!«

»Aha ... Watt?«

»Keine Ahnung, ich sprech die Sprache nicht!«

»Gib mal her!«

Ich reiche das Handy weiter, und nach einigem unverständlichen Gerede höre ich lautes Gebrüll am anderen Ende der Leitung. Es klingt, als würde Lars die Situation deichseln.

Die Fahrer und er reden noch eine Weile weiter, dann wird mir das Telefon zurückgereicht.

»Is' alles geregelt jetzt«, sagt Lars. »Die haben dich vergessen. Die schicken jetzt ein neues Taxi, das dich zum Schiff bringt. Kann ein paar Stunden dauern.«

»Ein paar Stunden?«, frage ich entsetzt.

»Keine Ahnung, wie lange das dauert. Die Jungs sind nicht so fix. Halt dich bereit. Und Alex kriegt erst mal einen Arschvoll.«

»Wer ist Alex?«

»Der Chef. Bis später.«

»Solo tres«, wiederholt der Fahrer kleinlaut. Er sieht mich fast entschuldigend an. Dann zieht er die Wagentür hinter sich zu und fährt davon.

Ich setze mich auf meinen Rucksack und stütze meine Stirn auf die Hände.

»You still need me?«, fragt Luís aus dem Hintergrund. Aus der Küche dringt Geklapper. Arosa beginnt, das Frühstück zuzubereiten.

Eine halbe Stunde später sitze ich im Taxi. Ein weiterer Jeep, vollgestopft mit Touristen, ist gekommen und hat mich eingesammelt. Wieder geht es über die Corredor Sur, diesmal aus der Stadt hinaus. Die Straßen von Panama City, die Skyline, alles wird kleiner. Vorfreude macht sich in mir breit.

Das Auto ist bis auf den letzten Platz besetzt. In den beiden vorderen Reihen vier schweigsame und leicht verkaterte Europäer, neben mir auf der Rückbank Lydia, eine Deutsche. Sie trägt einen bastenen Sonnenhut, unter dem rotes Haar hervorlugt.

»Das ist ja witzig, dass du auch aus Deutschland kommst!«, stellt sie euphorisch fest. »Die Welt ist echt klein! Immer wieder trifft man Fremde, und dann merkt man, dass die gar nicht fremd sind, sondern aus dem eigenen Land kommen! Und immer trifft man sich wieder. Ich hab Leute schon in Singapur getroffen und dann hier wiedergefunden! Krass, oder? Wir sehen uns bestimmt auch noch mal! Das ist immer so! Und woher kommst du?«

»Na ... aus Deutschland«, sage ich.

Lydia fängt an zu gackern. »Klaro, Hase! Aber *woher* aus Deutschland?«

»Ach so ... Also, ich bin in Hamburg geboren und in Bremen aufgewachsen.«

»Hamburg? Super! Da war ich noch nie. Da muss ich unbedingt mal hin! Wir können ja mal Nummern austauschen! Oder hast du Facebook?«

Bevor ich antworten kann, hat Lydia einen neuen Gedanken.

»Und Bremen? Wo liegt das denn?«

»Also, bei Hamburg ...«

»Aaaach sooo! Na, ich komm aus dem Süden, da kommt man da oben halt nicht so hin. Deutschland müsste man eigentlich auch mal machen, oder? Liegt ja so nah!« Lydia lacht laut über ihren eigenen Witz.

Ich bin etwas überfordert. Eigentlich hatte ich gehofft, hier Spanisch zu lernen, und nicht damit gerechnet, direkt auf Deutsche zu treffen.

»Und ... woher kommst du?«, frage ich.

»Na, aus Deutschland!« Lydia lacht wieder. »Spaß! Schweinfurt. Kennst du das?«

»Klar, Schweinfurt, da war ich schon mal.«

Lydia quiekt auf. »Echt, du kennst das? Das ist ja der Hammer!«

»Ja, da ist doch die große Militärbasis der Amerikaner, oder? Ihr habt doch die, wie war das noch mal, die höchste Etablissement-dichte Deutschlands!«

»Wie meinst'n das?«

»Na, wegen der GIs!«

»Also, was jetzt, was meinst'n du mit *Etablissement*?«

»Puffs! Für die Soldaten! Zum ...«

Lydia schaut mich pikiert an. Das kommt davon, wenn man Menschen so früh am Morgen so viel reden lässt.

»Also ...«, sagt sie, um irgendwie das Gespräch noch zu einem würdigen Ende zu bringen. »Da seid ihr in Hamburg ja auch nicht schlecht, oder?«

»Voll!«, rufe ich einen Tick zu begeistert und lache.

Zum Glück verlangsamt unser Chauffeur bald die Fahrt und biegt, nachdem wir die Vorstädte hinter uns gelassen haben, auf den Parkplatz eines weiteren Super99 ein. Nacheinander verlassen wir den Wagen, der Fahrer bedeutet uns, ihm zu folgen.

»Migración«, sagt er.

Es mag zunächst verwirrend sein, innerhalb eines Landes gleich zweimal einzureisen, doch Kuna Yala, der indigene Name für San Blas, ist von Staats wegen eine semiautonome Region. Im Westen bis El Porvenir, im Osten bis zur Grenze Kolumbiens; ein etwa dreißig Kilometer breiter Streifen, der aus Küstenland und Inseln besteht. Das Gebiet steht zwar unter panamaischer Hoheit, doch in diesem Rahmen können die Kuna tun und lassen, was sie für richtig halten. Zwei indigene Abgeordnete im nationalen Parlament kümmern sich um Kuna-Belange, darüber hinaus haben die Kuna eine eigene Regierung. Die Polizei in Kuna Yala ist ebenfalls panamaisch, jedoch ausschließlich mit Kuna besetzt. So hat das Gesetz einen einigermaßen großen Spielraum. Einzig ein Zollposten vor der Küste von Cartí wird von panamaischen Soldaten geführt, wo die Pässe der ein- und ausreisenden Touristen sowie ihr Gepäck auf Drogen und verbotene Tier- und Pflanzenarten kontrolliert werden.

Wir überqueren den Parkplatz und steigen am Eingang des Super99 in einen leidlich instand gehaltenen Fahrstuhl, der uns unter Ruckeln und Surren ein Stockwerk nach oben fährt. Dort befindet sich ein weiterer Kundenparkplatz, auf dem lauter verdreckte Jeeps stehen. Durch eine schmale Tür in der Rückwand der Halle betreten wir ein schwach beleuchtetes Büro. Halb heruntergelassene Jalousien verhindern den Blick auf die Straße. Hinter einem Schreibtisch an der Stirnseite des Zimmers sitzen drei Kuna in Shirts und mit Military Caps auf dem Kopf, und davor steht, sitzt, liegt auf Rucksäcken und Umhängetaschen das Gros der Panama-Touristen.

»Hi, I'm Alexis«, begrüßt uns der mittlere Kuna. »We do now the immigration to Kuna Yala here. You see that lists?« Er deutet auf einen abgegriffenen Stapel Papier zu seiner Linken. »Please fill in your names, your passport number, the island you are going to visit and the purpose of your journey.«

Drei Kugelschreiber liegen aus, die Meute stürmt nach vorn und stürzt sich auf die Listen.

»Nils Straatmann«, schreibe ich. Und: »*Stahlratte*. Become a sailor.«

⚓

KUNA YALA

Das Volk, das niemals niederkniete

Etwa eine Stunde hat die Einreise gedauert. Niemand durfte den Raum verlassen, ehe sich nicht jeder in die Liste eingetragen und eine Gebühr von zehn Dollar bezahlt hatte, um Kuna Yala zu betreten. Nach einem letzten Einkauf im Supermarkt verteilen wir uns auf die Jeeps.

Lydia steht vor dem Kofferraum und versucht angestrengt, mehrere Dosen Bier, Sonnencreme, eine Flasche Rum, einen Schnorchel und allerhand anderen Kram in ihrem Gepäck unterzubringen. Mit einem Knie hält sie die Einkaufstasche in Position, während sie mit beiden Händen die Dinge in ihren Rucksack stopft. Auf einmal kippt die Tasche zur Seite, und eine Schachtel Kondome fällt auf den Asphalt

Lydia läuft puterrot an. »Man weiß ja nie«, stammelt sie.

Und manchmal will man auch nicht wissen, denke ich.

Wir folgen dem Pan-American Highway, dessen Verkehr sich landeinwärts ausdünnt, bis wir bei El Llano auf einen sandigen Weg einbiegen. Nur ein paar Kilometer weiter endet der Pan-American Highway im Nichts. Würde man ihm bis dorthin folgen, fände man nur noch Naturreservate, Regenwaldforscher und Vogelkundler. Auf der gesamten Strecke zwischen Feuerland und Alaska gibt es lediglich einen Abschnitt, auf dem die Vegetation so undurchdringlich ist, dass Straßenbau unmöglich war: das Darién Gap. Das Dschungeldickicht zwischen Panama und Kolumbien, einst Hochburg der Drogenguerilla.

Allmählich weichen die Viehwiesen am Fenster immer dichter werdendem Farn. Palmen und riesige, majestätisch ausladende Bäume ziehen vorbei. Von den Ästen hängen Lianen herab. Mein Blick klebt an der Scheibe. Ich möchte Jaguare sehen! Und Faultiere! Und Ozelote!

Immer öfter müssen wir die Piste verlassen, um ausgefahrenen Schlagmulden auszuweichen. Und während die Bergrücken des panamaischen Inlands vorbeiziehen und unsere Mägen flau werden, geht mir durch den Kopf, was ich über Kuna Yala gelesen habe.

Einst kamen die Kuna von Kolumbien durch die Wälder des Darién nach Panama. Dort entdeckten sie die vorgelagerten Inseln für sich, die damals nur von Piraten, Schmugglern und Schatzsuchern genutzt wurden. Die Kuna rodeten die Mangroven, bauten Basthütten in den von Seesternen bevölkerten Sand und betraten das Festland bald nur noch, um zu arbeiten. Zum Ernten der Fruchtplantagen, Süßwasserschöpfen und zum Begraben ihrer Toten.

Ihren Ruf als »Volk, das niemals niederkniete«, erwarben sie sich einerseits durch das Desinteresse der Kolonisten an der bodenschatzarmen Gegend, andererseits durch ihre naive Brutalität. Als sich im 19. Jahrhundert ein paar Katholiken in das wirtschaftlich karge Inselgebiet verirrten, wurden sie freundlich empfangen. Man teilte die Mahlzeiten mit ihnen, lud sie zum Bleiben und Trinken ein und sprach mit ihnen mittels Händen und Füßen über die Welt und vor allem über Gott. Doch als es darum ging, dass die Gemeinde niederknien und den Segen des Herrn empfangen sollte, trieben kurz darauf die Körper und Häupter mehrerer stiller Märtyrer in verschiedene Richtungen der Karibik davon.

Dunklere Wolken zogen erst später auf. Per Erlass rief die damalige Regierung von Kolumbien die Comarca Tulenega aus, die im Wesentlichen mit den Grenzen Kuna Yalas übereinstimmte. Als Panama jedoch 1903 gegenüber Kolumbien seine Unabhängigkeit proklamierte, geriet der Erlass von 1870 in Vergessenheit. Die Comarca Tulenega wurde aufgeteilt; der größere Teil sollte zu Panama gehören, der kleinere zu Kolumbien.

Die neue Regierung unterdrückte die Comarca. Ausländer kamen im Streben nach Gold, Kautschuk und Schildkröten, die Kuna sollten hispanisiert werden. Wer sich dagegen wehrte, wurde in polizeilichen Gewahrsam genommen.

Am 20. April 1921 kam es zu einem ersten gewaltsamen Konflikt. Um die Loslösung von der Kultur der Kuna voranzutreiben, wurden die Frauen von der Regierung gezwungen, ihre traditionelle Kleidung abzulegen und den goldenen Ring aus ihren Nasen zu entfernen. Eine der Frauen schaffte es jedoch zu fliehen und eilte den Río Azucár hinauf, an dem an diesem Tag ein großer Kuna-Kongress abgehalten wurde. Die Polizei nahm die Familie der Flüchtigen in Gewahrsam und schickte einen Suchtrupp, um sie festzunehmen. In den folgenden Auseinandersetzungen starben drei Kuna und zwei Polizisten; die Körper der Beamten fand man am nächsten Tag, an Baumstämme gebunden, im Wasser stehen.

Anfang 1925 brach sich die Revolution der Kuna dann endgültig Bahn. Von den ständigen Erniedrigungen erzürnt, rief eine Versammlung der Kuna nach 26-tägiger Beratung am 11. Februar die Republik Tule aus, und zehn Tage später führte Nele Kantule die Kuna in den Aufstand. Eine knappe Woche dauerten die Kämpfe, an ihrem Ende beklagte man siebenundzwanzig Tote. Das Glück der Kuna war, dass die Amerikaner das frische Kanalprojekt zu verwalten hatten und keine Unruhen im Land gebrauchen konnten. So wirkten sie beschwichtigend auf die panamaische Regierung ein.

Unter den strengen Augen der USA unterzeichneten die Konfliktparteien schließlich einen Friedensvertrag, der den Kuna das Ausleben ihrer Bräuche und den Abzug der panamaischen Polizei aus ihren Gebieten garantierte, sofern sie bereit waren, die Ausrufung der Republik Tule zurückzunehmen und sich dem Hoheitsrecht des panamaischen Staates zu fügen. Ferner sollte es den Panameños ermöglicht werden, Schulen in der Region zu errichten; im Gegenzug sollten alle politischen Gefangenen freigelassen werden.

Heute ist Kuna Yala ein teilautonomes Gebiet, das innerhalb der Grenzen panamaischen Rechts von den Kuna selbst verwaltet wird; sie gelten als eines der letzten autonomen indigenen Völker der Erde.

Bei einer erneuten Bodenwelle schrecke ich auf. Beinahe wäre mir der Kopf auf die Brust gesackt. Ich klappe den Mund zu und schaue mich verstohlen um. Im Schlaf neige ich zu erhöhtem Speichelfluss. Lydias Schulter jedoch ist trocken und unbefleckt. Sie hat ohnehin genug damit zu kämpfen, sich nicht zu übergeben.

»Oh!« und »Ah!«, ruft der Fahrer plötzlich und grinst. Im nächsten Moment rufen wir alle »Oh! « und »Ah!«, denn die Hügelketten weichen zurück und geben den Blick auf den Golf von San Blas frei. Tausende Inselchen treiben im Wasser. Man sagt, die Gegend bestehe aus so vielen Inseln, wie das Jahr Tage habe. Bis fast an den Rand sind sie mit Palmen bewachsen, darum herum flimmernder Sandstrand. Schräg unter uns mündet ein Fluss ins Meer. Man kann genau erkennen, wo sich Salz- und Süßwasser scheiden.

»Hast du so was schon mal gesehen?«, fragt Lydia und blickt verzückt.

Ich schüttle den Kopf.

»Ich auch nicht! Nicht mal in Neuseeland!«

Dann muss sie würgen.

Nach einer kurzen Pause setzen wir die Fahrt fort. Es dauert nicht lange und wir erreichen Barsukun, eine kleine Lichtung am Rande des Dschungels, die als Hafen und Umschlagplatz für Rucksack- und Motorradtouristen in Kuna Yala dient. Eine bucklige Sandpiste führt uns die letzten Meter bis zum Ufer. Drei Basthäuser stehen auf der etwa fußballfeldgroßen Wiese, an der Einfahrt haben wir je zwei Dollar Parkgebühr zu zahlen, die wir durch einen Pokerchip quittiert bekommen. Der Río Cartí fließt als ruhiger Strom an uns vorbei. Dunkles Wasser, das sich in jahrhundertelanger Arbeit seinen Weg durch das Unterholz gefressen hat. Ein paar Plastikboote liegen am Ufer bereit.

Es herrscht geschäftiges Treiben. Unter dem größten der Bastdächer sitzen mehrere Gruppen Reisender, die aufgeregt durcheinanderreden. Pepsi-Flaschen stehen auf dem Boden, überall liegen Chips und Kekse und Balboa-Dosen. Ein einzelner Kapokbaum steht auf der Lichtung und spendet Schatten.

»Isla Robinson!«, ruft einer der Kuna, und eine Horde Touristen springt auf, um ihm zu seinem Boot zu folgen. Säcke mit Reis werden zur Verpflegung in den Bug geworfen, Kokosnüsse sowie Paletten voll Soda und Bier.

An einem kleinen Schreibtisch in der hintersten Basthütte sitzt ein schmächtiger Indianer in Nike-Shirt und abgeschnittenen Jeans und verwaltet eine rostige Kasse.

»To *Stahlratte,* to Lale«, spreche ich ihn an.

Der Indianer fährt sich mit der Hand übers Kinn. »¿Stáratta?«

»Steelrat.«

»Sta... Ahhhh, ¡Staratti! ¡Lale! ¡nuedi! ¿Está un loco, he?« Er pfeift und ruft einen umherirrenden Kuna mit dickem Bauch und verschwitzter Brust herbei. »¡Ey, a Staratti! ¡A Lale!« Er lacht laut.

Der gemeinte Kuna grinst und gibt mir die Hand. »Deutsch?«

»Ja.« Ich erwidere den Händedruck.

»Aha, perfekt. Gilberto. Komm, komm.«

Er führt mich durch die Massen gebräunter Leiber zu einem halb beladenen Boot am Ende der Lichtung und schwingt sich mit mir in den Kahn. »¡A Staratti!«, sagt er zum Bootsführer und deutet eine Trinkbewegung an. Und zu mir: »Schöne Frauen, Deutschland, he?«

Ich nicke grinsend.

Sobald wir auf den Fluss hinaustreiben, legt sich die Feuchtigkeit auf die Haut. Insekten schwirren durch die Luft, die Ärmel meines T-Shirts habe ich über die Schultern gekrempelt. Die Sonne brennt mit gefühlten vierzig Grad herab. Wir tuckern an Mangrovenhainen vorbei, an Kokos- und Bananenpalmen und immer wieder an Mangobäumen. Treibgut schwimmt im Wasser: Holzstämme, Styropor, ein Flip-Flop, kein Krokodil. Der Fluss verbreitert sich, dies muss die Mündung sein, die wir von den Bergen aus gesehen haben. Dann lässt die Vegetation nach. Ich erblicke einen schmalen Sandstrand und schließlich das Meer. Das echte Meer!

Als das tiefere Wasser erreicht ist, heult der Motor auf. Drei Inseln kommen in Sicht, dicht an dicht. Zwei Fischer treiben an uns vorbei, ein Bein über die Bordwand ihres Kanus hängend, am Boden lauter Fische, die ich sonst nur aus dem Aquarium meines Zahnarztes kenne.

Und dann endlich vor uns, mit den zum Schutz vor der Sonne zusammengekniffenen Augen kaum auszumachen: die *Stahlratte*!

TEIL 2

AN BORD

»Kann ich irgendwas kaputt machen?«

Die *Stahlratte* ist ein schwimmendes Denkmal. Achtunddreißig Meter lang, zwei Masten, sechs Segel, hundertzehn Jahre alt. Das Schiff transportiert Rucksack- und Motorradtouristen zwischen Panama und Kolumbien, Crew und Kapitän arbeiten ehrenamtlich, Hand für Koje, das Geld fließt stets in den Erhalt des betagten Schiffes.

Mit der *Stahlratte* war einst der Traum von einem alternativen Leben verbunden. Eine Gruppe von zwölf Aussteigern kaufte 1984 das Schiff, um neue Lebensweisen darauf auszuprobieren und die Welt zu umsegeln. Sie schafften es mehrmals bis in die Karibik, bevor das Geld alle war, das Schiff reparaturbedürftig wurde und die Crew sich zerstritt. Seit 2006 pendelt das Schiff nun zwischen Panama und Kolumbien und bedient den Tourismus, um das Schiff zu erhalten und Geld für die Fortsetzung der Reise zu sammeln. Obwohl bis heute mehrere Versuche gescheitert sind, lebt der Traum fort.

⚓

13. JUNI 2013, GOLF VON SAN BLAS, KUNA YALA

In dem Moment, als ich an Bord des Plastikkahns sitze und mich an den Metallaufbauten festhalte, als ich in der Ferne die *Stahlratte* sehe und den Bauch voller Erwartungen habe, in dem Moment fühle ich die Faszination, die Opa so sehr an die See gebunden haben muss.

Ich sehe Tausende Masten und Seile auf mich zukommen. Ich sehe die Rah und den Klüverbaum, und ich stelle mir vor, wie das Schiff unter Segeln steht und ich in den Wanten sitze, um den

Horizont zu überschauen. Die *Stahlratte* trägt ihren Namen zu Recht. Sie ist ein Ungetüm von einem Schiff. Weiß und rostig, und die Spanten blau verziert. Der Heckaufbau gleicht einer diffizil konstruierten Theaterloge, den unteren Teil bildet ein Balkon, aus dem sich das Meer gleich einer Kulisse beobachten lässt.

Wir verlangsamen das Tempo und gleiten hinter dem Ruder um das Schiff herum. Eine Pforte in der Bordwand ist geöffnet, eine Strickleiter weist mir den Weg an Bord.

»Moin! Ich bin Nils«, sage ich und reiche dem Mann am Ende der Leiter bewusst fest die Hand. Er hat schwarzes fingerlanges Haar, einen Dreitagebart, seine Unterarme und Waden sind sehnig, er sieht kernig und gelassen aus.

»Hi. I am Nick«, begrüßt er mich.

Nick ist offensichtlich weder Lars noch Crewmitglied, sondern mit seinem Motorrad unterwegs nach Argentinien. Weil sein Zeitplan es so ergab, hat er die *Stahlratte* bereits einen Tag eher geboardet. Er spricht breiten Südstaatenakzent, New Mexican, wie er berichtet, der Kapitän schlafe übrigens, er sei quasi allein an Bord.

Nick schlägt vor, mein Gepäck vorerst in der Messe abzustellen. Sie ist komplett aus Holz gearbeitet, einzig die Küchenzeile ist gefliest. Viele Bilder hängen an den Wänden, die Farbe löst sich teilweise auf.

Dann führt Nick mich herum. Das Weiß der *Stahlratte* ist strahlend, ohne zu blenden. In den Boden ist eine Art Granulat eingearbeitet, um ein Ausrutschen zu verhindern. Die Segel dösen an ihren Mastbäumen, zwei weitere vorne im Klüvernetz. Wenn man einen Moment still ist, spürt man, wie sich das Schiff mit dem Wind dreht. Nick zeigt mir das Oberdeck, den Schlafsaal und sein Motorrad, das, bereits vertäut und mit einer Plastikplane gesichert, an der Bordwand lehnt. Er bewegt sich dabei mit einer Selbstverständlichkeit über das Deck, die mir unangenehm ist, schließlich ist nicht er das neue Crewmitglied, sondern ich.

Gilberto hat es sich derweil in der Messe bequem gemacht. Er trinkt Balboa, das er sich aus einer Tiefkühltruhe an der Wand genommen hat. Zwei Kindern, die mit uns an Bord gekommen sind, wirft er Süßigkeiten zu. »Eins, zwei, drei, vier, fünf, sechs ... Sechs, haha! Sex! Schöne Augen! Deutschland, schöne Frauen, he?«

Ich nicke gutmütig.

Gilberto nimmt mich bei der Hand. »Scheißhaus? Komm, ich zeig dir Scheißhaus!«

Er führt mich an der Küche vorbei zu einer kleinen Kammer, deren Tür sich durch einen schmalen Bolzen verriegeln lässt. Wir betreten das Bad: eine Waschmaschine in der Ecke, ein Handtuchregal, ein Erste-Hilfe-Kasten und – »Scheißhaus!«, verkündet Gilberto stolz. »Kacken! Seeeehr anstrengend!« Er betätigt mehrmals einen Hebel, der die Ansaugpumpe für den Spülkasten bedient, und macht dabei ein Gesicht, als wäre es harte Arbeit. Fünfzehn, sechzehn Stöße, dann ist der Spülkasten gefüllt. Ich darf nicht krank werden, sonst hole ich mir einen Tennisarm.

Plötzlich hören wir ein Schnaufen und das Knarzen von Holzbohlen hinter uns. Jemand zieht die Nase hoch, ein Husten, und schließlich erscheint Lars am unteren Ende der Treppe, die in die Messe führt. Er trägt ein orangefarbenes T-Shirt und eine Unterhose.

Lars Wolfgang, in voller Größe und Montur, ist das, was man sich unter einem echten Kapitän vorstellt. Die Ähnlichkeit zu Ephraim Langstrumpf ist nicht zu leugnen. Das T-Shirt ist an einigen Stellen fleckig und zerrissen, die Unterhose ähnlich ramponiert. Sein kugelrunder Bauch scheint gar nicht zu seinen dünnen Beinchen zu passen, doch es ist ein Muskelbauch, stark und fest, von Bier und harter Arbeit gestählt. Um den Hals trägt er eine Kette mit dem Zahn eines wilden Tieres und einem Ring daran. Sein Haar wird langsam schütter, doch im Gegensatz zu meinem kann man es immer noch als voll bezeichnen. Es ist blond und meerwasserverfilzt. Natürlich trägt er einen Ohrring.

»Moin«, sagt Lars und gibt mir die Hand.

»Moin! Ich bin Nils. Wo soll ich mein Zeug hintun?«

»Ach, schmeiß erst mal da runter.« Er deutet die Treppe nach unten in den Schlafsaal. »Mal sehen, wo wir uns morgen alle unterbringen.«

Die zwei Kuna-Kinder kreischen, als sie Lale sehen, und hauen ihm auf den Po. Er dreht sich um und macht ein Geräusch wie ein Ungeheuer, woraufhin die beiden schreiend davonrennen.

»Sorry, bin krank«, erklärt er und zieht erneut die Nase hoch. Er geht in die Küche, nimmt sich eine Schüssel voll kalter Suppe, die dort auf dem Herd steht, und setzt sich zu Gilberto auf die Bank.

»Was ist das?«, frage ich.

»Zwiebeln, Knoblauch, Limettensaft. Wenn du krank bist: danach bist du es nicht mehr.«

»Kann ich schon irgendwas tun?«

»Ich zeig dir gleich mal den Maschinenraum.«

»Die Maschine muss stündlich gewartet werden, sobald wir unter Fahrt sind«, erläutert Lars, während er eine Brandschutztür aufstemmt, die den Maschinenraum vom Schlafsaal trennt. »Am besten, du legst dir eine Runde zurecht, in der du alle Stationen abarbeitest. Die Fettpressen für die Schraube müssen nachgezogen werden, die Kühlwasserkolben eingefettet, die Temperatur der Maschine und vom Stromgenerator muss kontrolliert werden. Maschine bei siebzig Grad, Generator nicht über achtzig. Dann müssen die Einspritzkolben geölt werden. Dafür hast du hier zwei Kannen. In der einen ist Öl, in der anderen ist Öl mit Diesel.« Er gibt einen Spritzer aus jeder Kanne auf das Metall des vorderen Motorblocks. Der erste ist gelb, der andere hat ungefähr die Farbe von Popel. »Das reine Öl von außen an die Kolben, das Öl-Diesel-Gemisch hier oben in die Mulden. Jeweils ein, zwei Spritzer.«

Wir bewegen uns auf losem Riffelblech, unter dem das Schwappen der Bilge zu hören ist. Dort unten sammelt sich aller Unrat, der auf dem Schiff anfällt. Rost, fauliges Wasser, Reste von Öl und Diesel, alles, was rinnen kann, rinnt hierher.

In der Mitte des Raumes steht der Motor. Überall an der Decke verlaufen Rohre, an denen Ventile und Thermometer verschraubt sind. Vorn in der Ecke befinden sich zwei Druckluftbehälter zum Starten der Maschine. Daneben ein Kompressor und ein ausgefallener Generator. Acht Motorkolben in vier Blöcken treiben das

Schiff an. Eine Leiter im hinteren Teil des Raumes führt einen schmalen Schacht hinauf.

»Da oben ist der Tagestank«, sagt Lars. »Der muss stündlich vollgemacht werden. Oben das Ventil auf, dann ungefähr hundert Schläge drauf. In den ganzen Tank passen zweihundert Schläge, also musste abschätzen, wie viel. Aber immer 'n bisschen Luft lassen, wegen Seegang. Nebenbei kannst du auch noch 'nen Blick auf den Desalinator werfen.«

Der Desalinator steht auf der anderen Seite des Raumes neben dem neuen Generator. Über ein Rohr wird Meerwasser angesaugt und unter hohem Druck durch verschiedene Membranen gepumpt, die das Wasser einem umgekehrten Osmosevorgang aussetzen, der Wasser und Salz trennt. Danach wird das entsalzte Wasser gefiltert und wahlweise in einen Haupttank im Bug – für Dusche und Waschmaschine – oder in einen kleineren Tank im Maschinenraum geleitet, wo es als Trinkwasser abgezapft werden kann.

»Fünfundfünfzig Bar Druck auf den Kompressor. Wichtig ist, dass du das Ventil oben am Tagestank immer wieder zudrehst, sonst ist der Diesel innerhalb von 'ner halben Stunde wieder unten, und dann sitzen wir da.«

Als wir den Maschinenraum verlassen, bin ich völlig verschwitzt. Wir waren nicht mal unter Fahrt, aber trotzdem war die Hitze fast unerträglich. An Schweiß werde ich mich wohl gewöhnen müssen.

»So, ich leg mich wieder hin«, sagt Lars, während die Brandschutztür hinter uns ins Schloss fällt. »Schau dich einfach um und sei neugierig.« Er dreht sich um und stapft in Richtung Bug.

Als er die Mitte des Schlafsaals erreicht hat, rufe ich ihm hinterher: »Eine Frage noch!«

»Hm?«

»Kann ich irgendwas kaputt machen, wenn ich darauf herumklettere?«

Lars schaut mich verständnislos an. »Was?«

»Na, kann irgendwas reißen oder brechen, muss ich bei irgendetwas vorsichtig sein, wenn ich mich dranhänge oder draufstelle?«

Er schüttelt den Kopf. »Hier kannst du nichts kaputt machen. Vorausgesetzt, du bist kein Idiot.«

Als er weiterstapft, sehe ich, dass er sein linkes Bein etwas nachzieht. Ein echter Pirat.

LERNEN

»Schmeckt wie Kartoffel, aber wächst an Bäumen.«

Ich stehe alleine im Schlafsaal. Über die Fenster in der Decke fällt fahles Licht herein. Die Scheiben könnten mal wieder geputzt werden. Eine große Luke im Dach ist geöffnet, durch die früher der Fisch in den Bauch des Schiffes geworfen wurde. Heute dient sie der Frischluftzufuhr. Es riecht feucht hier drin. Und nach Unbekanntem. Wenn ich ganz leise bin, kann ich den Raum die Geschichten von früher flüstern hören.

Vom Schlafsaal gehen acht Kammern ab. Fünf sind mit Doppelbetten ausgestattet, vier mit Hochbetten. Die Kammern sind spartanisch eingerichtet: Kissen und Bettlaken, ein Hängeregal, manche haben Spiegel und Tischchen, an jeder Wand befindet sich ein Ventilator. Ein purpurner Vorhang sorgt für ein Minimum an Privatsphäre. Im hinteren Teil, backbord der Brandschutztür, ist eine Leseecke mit Sofa eingerichtet. Jedes Regal ist mit einer Strebe gesichert, damit die Bücher bei Seegang nicht herausfallen.

Unter den Betten sind Schwimmwesten verstaut. Mir fällt auf, dass im gesamten Saal Klappen in den Boden eingelassen sind, unter denen sich Putz- oder Werkzeugmaterial befindet. Neben der hinteren Treppe, die den Eingang zum Maschinenraum verbirgt, hängen Wachsjacken und Ölzeug an der Wand. Eine Sicherheitsweste und ein Steiggurt sind auch dort. Links von der vorderen Treppe liegt die Werkzeugkammer. Darin hängen Hunderte

Seile, Schekel, ein Außenborder und ein Schweißgerät. Was alles in den Truhen am Boden verborgen ist, möchte ich gar nicht wissen. Daneben befindet sich eine weitere Tür.

Als ich sie öffne, stößt mir eine Wolke abgestandener Luft entgegen. Gerümpel fliegt durch die Gegend, Motorradhelme und ein Bodyboard. Hier muss seit Ewigkeiten nicht mehr aufgeräumt worden sein. Zunächst erkenne ich wenig, doch als sich meine Augen an die Dunkelheit gewöhnt haben, stockt mir der Atem. Unter einem Haufen von Plastikplanen, Schwimmnudeln, Schaumstoffkissen und Neoprenanzügen steht der Rum. Fein säuberlich in Kisten aufgestapelt, eine ganze Wagenladung voll. Ich nehme eine Flasche heraus und prüfe das Etikett. »Ron Cubay Añejo« steht darauf. »República de Cuba«. Dreihundert Flaschen, überschlage ich im Kopf. Das wären bei konstantem Konsum drei Flaschen pro Tag. Vorausgesetzt, ich lebe an den Sonntagen abstinent. Ich habe die Schatzkammer gefunden.

Nachdem ich den unteren Teil des Schiffes erkundet habe, begebe ich mich hinauf in die Takelage. Das unterste Seil der Wanten spannt sich, als ich teste, ob die Knoten belastbar sind. Meine Hände legen sich um die rostigen Stahlseile, mit jedem gewonnenen Meter erweitert sich meine Sicht. Ich lasse das Hauptdeck unter mir, den Heckaufbau, das Steuerhaus. Einige Solarplatten auf dem Steuerhaus versorgen das Schiff am Tag mit Strom. Ich sehe das Mittelschiff unter mir kleiner werden, das Beiboot darauf und die Kuna-Kinder, die unermüdlich über das Deck rennen. Nick sitzt an einem großen Tisch auf dem Oberdeck und arbeitet an seinem Computer. Der Wind wird stärker, die Wanten stetig schmaler. Mit jedem Schritt muss ich mehr darauf achten, den Halt nicht zu verlieren.

Auf Höhe der Rah lege ich eine Pause ein. Nur noch ein Stück, und ich könnte mich in den Mastkorb schwingen, doch dafür müsste ich mit den Händen umgreifen und hätte für einen Moment keinen Halt. Vorsichtig schiebe ich meinen Körper auf den Quermast. Als ich sitze, fühle ich mich ein wenig wie die Bauarbeiter auf dem berühmten Foto, die während ihrer Mittagspause auf einem Stahlträger über New York schweben. Die Kuna-Inseln unter mir offenbaren sich in ihrer vollen Größe. Die Basthütten stehen dicht an dicht, dazwischen ragen voluminöse Laubbäume empor. Keine Insel ist größer als zweieinhalb Fußballfelder. Kein Wunder, dass die Kuna alle so klein sind, denke ich. Auf irgendeine Weise müssen sie ja Platz finden.

Auf der anderen Seite der Bucht macht das Festland einen großen Bogen. Der Höhenrücken ahmt sanft die Form der Wellen nach. Ich sehe ein Motorboot näher kommen und klettere zurück auf das Deck.

»Ah, du hast den Mastkorb gefunden!«, begrüßt mich ein Typ in schwarzen Badeshorts, der an der Spitze des heraneilenden Bootes steht, auf Englisch. »Ich bin Xabi. Gut, dass du da bist, du kannst helfen!«

Er wirft mir ein Seil zu, das ich in Ermangelung einer besseren Idee am nächsten Haken mit einem Doppelknoten befestige. Im gleichen Augenblick kommt eine Melone geflogen.

»Hol ein paar Körbe aus der Despensa«, weist Xabi mich an. »Und bring die Melonen auf den Balkon.«

»Was ist die Despensa?«

»Die Speisekammer.«

Ich eile in die Vorratskammer, wo einige leere Kisten an der Wand lehnen. »Harry – Bäcker seit 1688« steht darauf. Ich schnappe sie mir und trage sie nach draußen.

»Nimm das!« Xabi hievt einen Karton voller Nudeln samt Soßen und Käse durch die Pforte in der Bordwand. Dann folgen eine Palette Milch und mehrere Paletten Soda und Bier.

Xabi ist einer meiner neuen Crewkollegen. Hinter ihm im Boot stehen Lio, ein Argentinier, und Meghan, eine Amerikanerin. Während Meghan alle Kleinteile in Kisten verpackt, reichen Lio und Xabi mir nach und nach den gesamten Einkauf herüber: Melonen, Papayas, Bananen, Maracujas, Limetten, Orangen, Avocados, Karotten, Salat, Gurken, Weißkohl, Mettwurst und so weiter. Eine schier unfassbare Menge an Nahrung stapelt sich an der Bordwand.

Drei Früchte kann ich beim besten Willen nicht einordnen. Sie sind etwa fußballgroß, rund und mit einer grünen drachenhautartigen Schale überzogen. »Fruta Pan«, sagt Xabi, als er meinen Blick bemerkt. Brotfrucht. »Schmeckt wie Kartoffel, aber wächst an Bäumen.«

Xabi ist um die dreißig Jahre alt. Er hat braune Augen und braune Haare und ein ansehnliches Wohlstandsbäuchlein, unter dem sich während der Arbeit die Bauchmuskeln abzeichnen. Um seine Augen bilden sich Lachfalten. Lio ist von eher ruhiger Natur. Er ist hager und groß und hat eine äußerst markante Nase. Er ist sehr schweigsam. Wenn er lacht, muss man mitlachen, denn es kommt einer Erlösung seines sonst so strengen Gesichts gleich. Meghan ist Meghan. Vielmehr muss man über sie nicht sagen. Manchmal kratzt sie sich und gibt Affengeräusche von sich, um den Jungs zu imponieren.

Als alle Lebensmittel geladen sind, trotten wir ins Heck des Schiffes, wo das Obst körbeweise in den Regalen steht, und Xabi dreht einen Joint.

»¿Quiéres?«, fragt mich Lio, als ich an der Reihe bin.

Ich nehme ein paar Züge.

Lio und Xabi sind seit knapp drei Monaten an Bord. Für Xabi ist es das dritte Mal auf der *Stahlratte*. Auf seiner ersten Fahrt vor zwei Jahren war er selbst Passagier, im folgenden Jahr heuerte er als Crewmitglied an. Bei Lio war es genauso. Er und Meghan haben sich auf dem Schiff kennengelernt, woraufhin sie kurzerhand ihren Aufenthalt verlängerte.

Auf den Rum angesprochen, berichtet Xabi, dass die *Stahlratte* just von einer Kuba-Tour komme, die einmal im Jahr gemacht werde, um den eintönigen Rhythmus zwischen Panama und Kolumbien zu unterbrechen. Kurz vor der Ankunft in San Blas habe ein Sturm gewütet. Drei Tage lang, ohne Unterbrechung. Der Kühlschrank hatte festgebunden werden müssen, das Wasser der Bilge war im Maschinenraum bis zur Decke geschlagen. Mehrere Segel waren in dem Unwetter gerissen, geschlafen worden war nur in Schichten.

»Ein einfaches Bett, mehr wollten wir nicht«, erzählt Meghan. »Eins, das sich nicht bewegt und nicht schaukelt. Und Kaffee kochen, ohne sich zu verbrennen.«

Wir lehnen an der rostigen Bordwand, der Joint dreht seine Runden, und niemand sagt etwas. Die Wellen schwappen von unten gegen den Rumpf des Schiffes.

»Also ... gibt's irgendwelche Pläne für heute Abend?«, frage ich nach einer Weile.

»Heute Nachmittag kommen die Motoristas«, sagt Xabi. »Wir müssen die Taue vorbereiten, aber das ist keine große Sache. Wenn du willst, kann ich's dir zeigen.«

»Oh, und heute Abend essen wir auf der Insel«, ergänzt Meghan. »Die Kuna haben einen ihrer Tänze vorbereitet, und es gibt Fisch und Reis und so.«

Ein Kuna-Kanu kommt aus der Ferne näher. Es legt längsseits an und holt Gilberto und die Kinder ab. Lio und Meghan gehen nach vorne, um einen kurzen Plausch zu halten, während ich mit Xabi in der Zwischenzeit die Seile zum Verladen der Motorräder vorbereite.

»Gut. Wir müssen bloß das Tau mit einem Palstek um die Balizas knoten.« Er nimmt ein etwa vier Meter langes Seil und legt es um einen der Spanten, die das Gerippe des Schiffes bilden. »Kannst du einen Palstek?«

»Nein ...«

»¡Míra! Du kennst die Geschichte von Loch Ness?« Er legt das Ende des Seils in seine rechte Hand, sodass ungefähr eine Unterarmlänge frei hängt.

»Jo«, antworte ich.

»Vale ... Das ist der See.« Er schlägt in das lose hängende Seil ein Auge und hält es mit dem Daumen fest. »Und das ist das Monster.« Er wedelt mit dem Ende des Seils. »Das Monster windet sich einmal im Kreis und springt aus dem See ...« Er führt das lose Ende des Seils in einem Bogen aus dem Auge heraus und hinter dem festen Ende entlang. »Schnappt sich den Typen, der vorne am See steht und taucht dann zurück in den See.« Das lose Ende des

Seils geht zurück durch das Auge, und Xabi hält es mit der linken Hand fest. »Der Typ versucht wegzulaufen ...« Er zieht mit einem Ruck am festen Ende des Seils. »Aber das Monster ist zu stark. Und fertig ist der Knoten.«

Vor Xabi baumelt ein fertiger Palstek nach unten.

»Jetzt du!«

»Okay.« Ich nehme mir eins der bereitliegenden Seile. »Das ist der See.« Ich forme ein Auge in das lose Ende des Seils.

»Ja, aber der See muss andersrum.«

»Warum?«

»Is' so.«

»Okay. Das ist der See.«

»Korrekt.«

»Das Monster windet sich einmal im Kreis und springt aus dem See.«

»Ja, aber jetzt ist es nicht rausgesprungen, sondern reingetaucht.«

»Andersrum?«

»Ja.«

»Mist, ich hab den See verloren.« Schnell forme ich ein neues Auge. »*Das* ist der See.«

»Anders rum.«

»Das ...?«

»Ja.«

»Das Monster windet sich einmal im Kreis und springt aus dem See... Schnappt sich den Typen ...«

»Schnappt ihn andersrum!«

»Schnappt sich den Typen ... und taucht zurück in den See.«

»Jetzt zieh.«

»Der Typ will weglaufen, doch das Monster ist ...«

»Du hast das Monster verloren.«

»Oh, ich habe das Monster verloren. Okay. Das Monster taucht zurück in den See ... Der Typ läuft weg ...« Ich ziehe am festen Ende des Seils. »Und fertig ist ...«

Vor meinen Augen löst sich der Knoten auf.

Nach etwa achtundzwanzig Versuchen schaffe ich meinen ersten Palstek. Er sitzt mehr schlecht als recht, sieht aus wie ein verunglückter Doppelknoten, aber mit jedem weiteren Knoten wird er besser werden.

Mit Xabis Hilfe versehe ich alle Spanten auf der Backbordseite mit Seilen, dann bringen wir zur Stoßdämpfung für die Maschinen alte Segeltücher an der Bordwand an. Das heißt, Xabi macht das alles. Ich schaue zu.

Bald kommt ein weiteres Kuna-Boot gefahren, mit kräftigen, kompakten Kerlen darauf, die uns berichten, dass die Motoristas an Land auf uns warten. Lale wird geweckt, und kurz drauf höre ich zum ersten Mal den rollenden Rhythmus der Schiffsmaschine. Ein holpriges, ansteigendes Stampfen, das sich allmählich zu einem gleichmäßigen Takt entwickelt. Tukkatakkatukkatakkatukkatakka …

Lio steht an der Ankerwinde und lässt über einen Hebel die Kette einfahren. Unter lautem Rasseln windet sie sich im Kettenkasten zurecht. Die Kuna springen zurück in ihr Boot und preschen über das glatt daliegende Wasser auf die andere Seite der Bucht. Wir folgen ihnen.

Ein robuster Steg am nordwestlichen Festland dient dem Verladen der Motorräder. Metallstangen ragen aus dem Beton, dort, wo das Wasser zu sehr gewütet hat. Wir fahren so nah wie möglich an den Steg heran, bis der Kapitän das Schiff zum Stillstand bringt. Nacheinander werden die Motorräder über die Rah an Deck gehoben, alles muss schnell gehen. Eine kräftige Seilwinde, die früher wahrscheinlich zum Heben der Netze verwendet wurde, hievt die Räder über die Reling. Dort stehen Lio und ein langhaariger, untersetzter Kuna namens Ceron und nehmen sie in Empfang. Meghan flitzt umher und schiebt Holzkeile unter die Ständer, reicht Seile oder dirigiert beim Einparken, wenn Lio und Ceron die Räder rückwärts an die Reling schieben. Xabi ist auf den Steg gesprungen und vertäut die noch zu verladenden Maschinen. Ich stehe dazwischen und bin mehr im Weg als alles andere.

Binnen einer Viertelstunde ist alles erledigt. Sechs Motorräder sind an der Bordwand geparkt und provisorisch gesichert. Der Käpt'n bringt das Schiff in sichere Entfernung zum Steg.

Nach und nach befördern die Kuna das Gepäck der Motorradfahrer an Bord, die das Spektakel mit bangen Blicken vom Festland beäugt haben. Mit schnellen Griffen landet es im Schlafsaal.

Dann kommen die Motorradfahrer für eine kurze Deckeinweisung an Bord, bevor sie auf die nahe gelegene Insel Cartí Yandup gebracht werden, wo wir sie zum Abendessen wiedersehen werden. Schließlich kehrt Ruhe ein.

Mit aller Achtsamkeit macht sich Xabi daran, die Motorräder zu vertäuen. »Lass ruhig«, sagt er, als ich versuche, ihm zur Hand zu gehen. »Im ersten Monat schaut man zu, im zweiten Monat lernt man, und im dritten Monat kann man dann wirklich mit Hand anlegen. Ich kenn das. Du brauchst dich nicht nutzlos fühlen.«

Am Abend setzen wir mit dem Dingi, dem kleinen Motorschlauchboot, das uns als Beiboot dient, nach Cartí Yandup über. Cerons Familie wohnt hier, und ein paar andere Kuna, die den Motorradfahrern Unterschlupf gewähren. Sechs Generationen, auf zwei Fußballfeldern vereint. Auch aus der Nähe wirkt die Insel nicht viel größer. Die meisten der Basthütten reichen mir bis zur Schulter, dazwischen spielen die Kinder Fußball mit Tennisbällen.

Im Garten von Ceron ist eine Tafel hergerichtet. Bleche voller Fisch, Reis, Bohnen, Avocados und Salat stehen bereit. Ceroncito, Cerons Sohn, springt durch die Gegend und lässt sich von Lars durch die Luft schmeißen. »¡Baila, baila, baila!«, ruft der Käpt'n. Lale, das begreife ich jetzt, ist nicht etwa eine Abkürzung für Lars. Es bedeutet »König der Karibik«.

Wir essen mit den Fingern. Die Gerichte sind einfach gehalten, der Reis in Kokosmilch gekocht, statt Kartoffeln gibt es Fruta Pan. Sie ist fester im Biss als Kartoffeln, ein wenig faseriger und schmeckt erdig. Ein wohliges Gefühl macht sich in meiner Magengegend breit. Einzig ein paar Motorradfahrer murren, dass keine Pommes auf dem Tisch stehen.

Zum Nachtisch gibt es den versprochenen Tanz. Je vier Jungen und Mädchen treten in traditionellen Gewändern auf. Ihre Kleider sind prächtig genäht, in Blau und Schwarz und mit bunten Mustern, die Mädchen tragen breite Perlenbänder um ihre Arme und Fußgelenke. Die Jungen spielen Panflöte. Die beiden Gruppen bewegen sich rhythmisch durcheinander, tanzen aufeinander zu und entfernen sich wieder, bilden Kreise und komplizierte Figuren, wie ein atmender Organismus dehnen sie sich aus und ziehen sich zusammen. Es ist kaum möglich, einem einzelnen Tänzer mit den Augen zu folgen.

Die Musik wird lauter und schneller, die Bewegungen immer hektischer. Die Schrittfolgen müssen seit Jahren und über Generationen hinweg einstudiert worden sein. Es ist ein unverständliches Wirrwarr von Mustern und Linien, das sich irgendwann am Boden als atemberaubendes Mandala abzeichnet. Die Perlenbänder der Mädchen rasseln bei jedem Schritt, die Farben verschwimmen in der Drehung der Körper. Nach etwa zwanzig Minuten bricht die Vorführung ab, und die Kuna verneigen sich schwer atmend vor uns. Ihre Kleider kleben nass an ihren Körpern.

Als wir eine Stunde später satt und müde zum Schiff aufbrechen, schwirrt mir der Kopf. Es mögen ein oder zwei Balboa zu viel gewesen sein, um all das Neue zu verkraften. Die voluminösen Bäume, die ich von Weitem gesehen hatte, haben sich als Brotfruchtbäume zu erkennen gegeben. Dunkelgrün, wie Dracheneier kurz vor dem Schlüpfen, hingen die Früchte im Schatten der Äste. Ich komme mir vor wie Gulliver in einer seiner fremden Welten.

Der Himmel über uns ist sternenklar. Wie viel mehr Lichter doch am Himmel zu sehen sind, wenn die Stadt um einen herum fehlt! Über dem schwarzen Höhenrücken des Festlandes prangt stolz das Kreuz des Südens. Meine Augen jucken von fehlendem Schlaf.

Als wir das Schiff erreichen, zeigt Meghan mir den Davit im Heck, den Kran, der zur Befestigung des Dingis auf hoher See vorgesehen ist. An der Reling davor sind vier Turnmatten gelagert.

»Ich werd mich draußen hinlegen«, sagt sie. »Auf dem großen Tisch. Wenn du auch willst, schnapp dir 'ne Matratze. Im Netz kann man auch ganz gut schlafen.«

»Danke«, erwidere ich. » Aber ...«

Sie grinst. »Jeder sollte in seiner ersten Nacht draußen schlafen.«

Aus der Dunkelheit tritt Lio an uns heran.

»Schläfst du auch draußen?«, frage ich.

Er lächelt leise. »Nein. Es wird regnen.«

Verwundert werfe ich einen Blick in den blanken Himmel.

Dann nehme ich mir eine der Matratzen und schleppe sie nach vorne in den Bug. Es ist schwer, sie ordentlich im Netz zu platzieren. Immer wieder rutsche ich an ihr herunter, oder sie zwingt mich in eine schmerzhafte Position. Eine gefühlte Ewigkeit wühle ich mich umher. Doch irgendwann schaffe ich es, meinen Körper in eine einigermaßen erträgliche Stellung zu bringen und meinen Kopf auf einem der Segel zu betten. Sobald ich das Laken über mein Gesicht ziehe, dämmere ich weg.

In der Nacht erwache ich davon, wie Meghan die Fenster zum Schlafsaal schließt. Ein leichter Nieselregen hat eingesetzt. Ich ziehe die Decke ein Stück höher und fühle mich wohl.

ANKER HOCH

Ich habe einen angemessenen Sonnenbrand auf den Schultern.

14. JUNI 2013, KLÜVERNETZ, GOLF VON SAN BLAS, KUNA YALA

Der Himmel über mir. Das Wasser. Das Schwanken. Meine Wirbelsäule fühlt sich gestaucht an. Jemand ruft meinen Namen.

»Ah, da bist du ja«, sagt Xabi, als ich seufzend den Kopf über die Bordwand hebe. Die Sonne hinter ihm sieht noch sehr jung aus.

»Wir dachten schon, du wärst ertrunken. Du kannst in die Küche gehen und beim Frühstück helfen!«

An Deck herrscht bereits reger Betrieb. Lio steht in der Küche und kocht Kaffee auf zwei Flammen, während auf einer dritten Flamme Rührei gart. Meghan bereitet am Tisch eine große Menge Guacamole zu, Lale sitzt daneben und trinkt Wasser. Er sieht elend aus.

»Hol mal zwei Körbe unter der Bank raus und füll sie mit Geschirr!«, sagt Meghan, als ich über die Süll trete. »Für zweiundzwanzig Leute, glaub ich. Nee, dreiundzwanzig, du bist jetzt ja auch da.«

Während Lio den Kaffee in eine Thermoskanne füllt, eine Kanne Tee aufsetzt und beginnt, Wurst und Käse auf zwei Platten zu schneiden, suche ich Besteck und Teller zusammen.

»Schüsseln auch!«, ruft Meghan. »Das kannst du dann alles hochbringen und den Tisch decken.«

Backbord der Messe führt eine Treppe auf das Achterdeck. Ein Gartenschlauch samt Duschbrause hängt in der Takelage, wo die Crew sich für gewöhnlich wäscht. Xabi sitzt oben in den Wanten und spannt ein Sonnensegel über den Tisch.

»Óptimo«, sagt er, als ich den Korb auf den Tisch stelle. »Ist das Brot schon im Ofen?«

Ich zucke mit den Schultern. »Keine Ahnung. Wie spät ist es eigentlich?«

Xabi verzieht nachdenklich das Gesicht. »Halb sieben ungefähr? Wir müssen uns beeilen, die ersten Motoristas warten schon am Steg.«

Zwei lederbekleidete Gestalten sitzen am Kai von Cartí Yandup und schauen zu uns herüber.

Der Tisch auf dem Achterdeck ist ungefähr vier Meter lang und zwei Meter breit – auf einer ähnlichen Grundfläche mussten zu Zeiten der Industrialisierung ganze Familien wohnen. Bald biegt er sich unter Brot, Eiern, Müsli, Joghurt, Kaffee, Tee und Kakao. Drum herum verläuft eine Bank. Einzig auf Höhe des Maschinenschachtes ist eine Aussparung gelassen.

Die Motoristas sehen fahl aus, als wir sie am Steg aufsammeln. Mit tiefen Augenringen und von Mücken zerstochenen Beinen kommen sie an Bord.

»Jeder gut geschlafen?«, fragt Meghan.

Als Antwort bloß Murren und Wirbelknacken.

Mit der steigenden Sonne tröpfeln auch die Rucksacktouristen ein. Die Haut der Backpacker leuchtet rot und braun, sie tragen Sonnenhüte und bunte Sonnenbrillen, und die meisten finden alles »awesome«.

»Wenn wir den Zoll hinter uns haben, können wir los«, sagt Xabi.

Zwei Einheimische, die mit wasserdichten Dienstausweisen ausgestattet sind, haben ihren Einbaum längsseits des Schiffes festgemacht. Lale umarmt sie herzlich und verschwindet mit ihnen im Salon. Als sie wieder herauskommen, wirken sie recht betrunken. Jeder von ihnen hat eine Flasche Rum dabei.

»¡Ancla!«, ruft Lale, nachdem sich der Einbaum unter leicht unkoordinierten Schlägen entfernt. »Abfahrt!«

Als der stampfende Rhythmus der Maschine unter Deck zu beben beginnt, klettere ich über die Bordwand ins Bugnetz und setze mich auf den Klüverbaum. Unter mir pflügt sich der Stahl in die Wellen. Die Palmen an den Stränden biegen sich ins Wasser, der Fahrtwind kühlt angenehm das Gesicht. Ein Schwarm fliegender Fische taucht backbord auf. Wie eine Lanze stoßen wir in die See.

Vor ein paar Tagen war alles noch so weit weg. Mein *Power-Sprachkurs* lag bis zum Abflug nach Panama unter meiner To-do-Liste; bis eine Woche vorher hatte ich so tief in der Fertigstellung einer Hausarbeit gesteckt, dass mir kaum Zeit für irgendwelche Vorbereitungen blieb. Gut, im letzten Winter hatte ich mich auf meine Seetauglichkeit testen lassen. Ich hatte mir ein Seefahrtsbuch besorgt, im tiefsten Schneesturm einen Hochseesicherheitskurs auf Rügen absolviert, wo die Luft nach Essig und Fischkonserven gerochen und die Schneewehen uns hüfthoch eingehüllt hatten. Die Küche des Jugendheims hatte uns auf die zermürbenden und entbehrungsreichen Monate auf See vorbereitet, bei halb gefrorenem Wasser hatten wir in Schutzanzügen ins Hafenbecken springen und Übungen an Rettungsinseln absolvieren müssen. Mit Atemmasken versehen und Brandäxten bewaffnet, hatten wir vermeintliche Verletzte aus vernebelten Containern geborgen. Doch am Ende hatte mich nichts auf das vorbereiten können, was mich hier nun erwartet.

Als das Schiff eine weitere Welle durchbricht, spritzt mir die Gischt bis an die Fußsohlen. Ein Korallenriff zieht unter der Meeresoberfläche vorbei. Das Wasser hat die Farbe des Himmels, und der Himmel hat die Farbe des Wassers; irgendwo dazwischen bewegen wir uns.

Lale hat sich eine kurze Hose angezogen. Unter seinen Augen befinden sich tiefe Schatten, seine Nase klingt noch immer wie die Posaunen zum Jüngsten Gericht. Er steht am Steuer auf dem Achterdeck, neben ihm Xabi, mit dem er sich auf Spanisch unterhält. Die meisten Touristen sind unter Deck gegangen, um Schlaf nachzuholen. Ein paar lehnen an den Rettungsinseln, tratschen und machen Fotos. Lio liegt auf einer der Sonnenliegen und liest.

»Du kannst gleich mal mit Xabi runter in die Maschine gehen und die Runde machen«, sagt Lale, ohne mich anzuschauen. »Kriegste das hin?«

»Ich denke schon«, antworte ich.

»Sobald wir auf hoher See sind, wirst du Nachtwache halten müssen. Dann muss das sitzen.«

Wir steigen durch den Schacht auf dem Achterdeck in den Maschinenraum. »Willst du's selbst versuchen?«, fragt Xabi, während er das Ventil für den Tagestank öffnet. Ich nicke.

Mithilfe eines Pinsels aus einem Lumpeneimer bestreiche ich die Kühlwasserkolben mit Fett. Es ist etwas vollkommen anderes, hier unten zu sein, wenn wir unter Fahrt sind. Das Rattern der Kolben, das Dröhnen des Generators – die Thermometer an den Motorblöcken zeigen neunundsechzig Grad. Viel kälter wird es um uns herum auch nicht sein.

»Am besten, du steigst immer über das Achterdeck ein und aus und beginnst mit dem Ventil. Dann vergisst du später auch nicht, es wieder zuzumachen«, erläutert Xabi, während ich Öl an den Motor gebe. Dampf steigt auf.

»Öl mit Diesel in die Mulden?«

»Sí.«

Achtzig Schläge auf den Tagestank, dann klettern wir zurück auf das Achterdeck.

»Hast du an alles gedacht?«, fragt Xabi.

»Glaube schon«, antworte ich.

»Du hast die Fettpressen vergessen. Das darf dir auf See nicht passieren. – Keine Sorge, hab ich schon gemacht«, ergänzt er, als ich wieder in den Schacht klettern will. Beim Innehalten tropft mir der Schweiß aus dem Bart.

Xabi grinst. »Wir haben schon überlegt, zwei Holzbänke unten reinzuziehen. Pinienaufguss, und ab geht's.«

Nachdem wir unsere Position ins Logbuch im Steuerhaus eingetragen haben, duschen wir uns ab.

»Deine Sachen wirst du am Ende alle wegschmeißen können«, sagt Xabi und weist mich auf einen Ölfleck auf meiner Badehose hin.

»Ach, die war eh alt«, antworte ich.

»Das werden sie bald alle sein.«

Für den Abend ist ein großes Barbecue am Strand vorgesehen. In zwei Tupperdosen steht mariniertes Fleisch auf der Küchentheke, zwei Motoristas mittleren Alters wurden zum Kartoffelnschälen abkommandiert. Wir haben einen Plan gemacht, nach dem jeder Passagier in der Küche helfen muss, um das Pensum zu bewältigen. Xabi zeigt mir Holzspieße, Pappteller und Metallbecher in der Despensa, die wir für den Transport in eine Kiste stapeln. Dann gibt er mir ein paar Möhren, die ich reiben soll.

»Möhren, Zwiebeln und Sonnenblumenöl. Mehr brauchst du nicht für einen guten Kartoffelsalat. Kartoffeln natürlich. Und viel Sonnenblumenöl. Kennst du das hier?« Er holt ein Bündel dunkelgrüner Blätter aus dem Kühlschrank. »Das ist Culantro. Zauberkraut.« Er zerreibt eins der Blätter mit den Fingern und hält es mir unter die Nase. Ein herber Geruch geht davon aus. »Schmeckt wie Koriander. Ist aber lange nicht so seifig auf der Zunge.«

Nachdem die Kartoffeln gekocht und die Zwiebeln und Möhren angebraten sind, vermengt Xabi alles miteinander und gibt eine gute Handvoll Culantro dazu.

Draußen kommt Coco Bandero in Sicht, eine Inselgruppe am östlichen Rand von San Blas. Die Kuna nennen sie Banedup. Fünf kleine Inseln sprießen aus dem Meer, eine davon mit nur zwei Palmen bewachsen. Dazwischen ziehen sich Korallenriffe in die Tiefe. Ein Wrack zwischen den Felsen am Horizont weist unheilverkündend auf die Außenriffe hin, dahinter beginnt das offene Meer.

Während Lale das Schiff durch die Fahrrinne lenkt, eilt Lio in den Bug, um den Anker klarzumachen. Als sich die *Stahlratte* ziemlich genau in der Mitte der Inselgruppe befindet, hält Lale vier Finger in die Höhe. »Maschine aus!«, ruft er, während Lio den Anker ablässt.

Die Kolben im Maschinenraum kommen zum Stillstand. Xabi öffnet die Blende zur Motorwelle und steckt einen rostigen Metallpfahl in ein Loch im Wellenrad. Mit aller Kraft stemmt er sich dagegen. »Wir müssen die Luft aus dem Motor pumpen«, presst er hervor, während sich das Rad schwerfällig in Bewegung setzt. »Sonst gibt's beim nächsten Mal einen Fehlstart.« Er ruckelt an den Kolben. »Wenn die Kolben sich nicht mehr bewegen, ist alles gut. Dann muss das Rad nur noch in Position gebracht werden.« Eine Markierung auf dem Rad zeigt die richtige Stellung an.

Draußen sind die Touristen zum Leben erwacht. Ipads, Smartphones und Digitalkameras zeigen in alle Richtungen. »Aaaaaawesome! This is, you know, awesome!«

Lale verschwindet kopfschüttelnd unter Deck.

Bevor wir das Grillgut an den Strand schaffen, ist Zeit zum Baden. Wir verteilen Schnorchel und Flossen, Schwimmnudeln, ein Surfbrett, und Xabi befestigt ein kurzes Tau an der Rah, an dem er sich in einem eleganten Bogen ins Wasser schwingt. »Aweeeeesome!«, schallt es durch die Reihen der Rucksacktouristen, dann folgen wir ihm.

Das Eintauchen in die Karibik ist wie der Sprung in eine Badewanne. Das Wasser ist lauwarm und salzig. Blasen um mich herum, meine Füße im Nichts, dann tauche ich auf. Unter mir sehe ich bis zum Grund.

»Du kannst mit mir auf der Insel Brenngut sammeln!«, ruft Xabi, der etwas abseits an einer Schwimmnudel treibt.

Wir schwimmen Richtung Strand. Im knietiefen Wasser leuchten die Seesterne. Ihre roten Körper sehen aus wie Vulkanlandschaften. Der Sand ist perlweiß, ab und zu krabbeln Krabben zwischen den Zehen. Treibgut liegt an der Flutgrenze, Palmblätter und Holzstücke. Eine herrenlose Hütte wacht darüber. Unter den Palmen reicht mir das Gras bis zu den Knien.

»Am besten sind die toten Blattreste am Stamm«, sagt Xabi, der an einer kleineren Palme stehen bleibt. »Da, wo die abgestorbenen Blätter abfallen.« Er zeigt mir einen vertrockneten Blattfetzen, der aussieht wie ein grob gestrickter Hanflappen. Dann teilen wir uns auf.

Die Insel misst nicht mehr als einen guten Steinwurf im Durchmesser. Auf der dem Ozean zugewandten Seite laufen korallenbewachsene Felsen in den Sand. Im Inselinneren findet man Blumen, deren Kelche in der Sonne zu schmelzen scheinen.

Einzig der Müll stört das Idyll. Leere Bierdosen, Weinflaschen, Styropor und Plastik übersäen den Boden. Ich erinnere mich, wie ich vor ein paar Jahren meine Badehose in einem Balzkampf in der Nordsee verlor. Vielleicht finde ich sie hier wieder. Jährlich werden beinahe sieben Millionen Tonnen Müll im Meer versenkt. Das sind rund 10,3 Milliarden iPads. Oder 62,5 Milliarden iPhones. Oder 46,5 Millionen Jumbo Schreiner – der dicke Restauranttester von *Galileo*. Man stelle sich vor, dass hier 46,5 Millionen Jumbo Schreiner gleichzeitig baden gehen. So wird einem das Ausmaß der Tragödie bewusst.

Stephan Lutter, Meeresforscher vom WWF, sagt, dass sich in vielen Bereichen des Ozeans sechsmal mehr Plastik als Plankton im Wasser befinde. An vielen Stränden bestehe der Sand mittlerweile zu einem größeren Teil aus klein geriebenen Plastikkügelchen als aus Sand. In Schottland haben sie vor einigen Jahren einen Zwergwal gefunden, der knapp achthundert Kilogramm Kunststoff im Bauch hatte. Das sind über fünf Jumbo Schreiner.

Bald habe ich zwei Arme voll Brennmaterial gesammelt und laufe zurück zur Hütte. Lio ist mit dem Dingi herübergefahren und trägt die ersten Körbe voll Essen an den Strand. Xabi hebt ein Loch für die Kohle aus, wenig später brennt ein ansehnliches Feuer in der Kuhle.

Die Touristen werden mit dem Boot übergesetzt, damit ihre elektronischen Geräte nicht nass werden. Einige haben Matratzen und Hängematten dabei. Julio, ein Kuna mit Knubbelnase, kommt mit seinem Motorboot gefahren und bringt Eis in einer Kühlbox. Die ersten Fleischspieße brutzeln bald über dem Feuer. Während wir uns die Bäuche vollschlagen, paddeln zwei Kuna-Damen heran und setzen sich abseits auf einen Baumstumpf. »Die Wächterinnen der Kokosplantagen«, erklärt Meghan.

Die Kokosnüsse sind das wichtigste Handelsprodukt der Kuna. Es herrscht ein reger Austausch mit Kolumbien, dessen Händler, wenn auch nicht mit Geld, so doch häufig mit Gütern und anderen Nahrungsmitteln bezahlen. Die Kokosnüsse sind eine Art Währung in Kuna Yala. Ausländern, auch Panameños, ist es verboten, die Früchte zu pflücken oder aufzusammeln. One Coconut, one Dollar. Hier wächst das Geld noch an den Bäumen.

Täglich rudern die beiden Frauen zu den ankernden Schiffen, um Schmuck und Molas zu verkaufen und Sodas abzugreifen oder ihre Handys aufzuladen, denn Strom gibt es in ihren Hütten nicht.

Molas sind Erzeugnisse des traditionellen Kunsthandwerks der Kuna: Stoffbahnen in etwa dreißig Zentimeter Länge und Breite, die, in mehreren Lagen übereinandergenäht, phantasievolle Muster ergeben und zur Tracht getragen werden. Es gibt die Theorie, die Kuna seien früher nackt herumgelaufen und hätten nur mit Bemalungen den Körper verziert. Der Gedanke klingt einleuchtend, erscheint Kleidung in den hiesigen klimatischen Verhältnissen doch eher überflüssig. Aber dann kamen die Europäer und führten nicht nur die Kleidung, sondern auch das Schamgefühl ein, und die Kuna begannen, sich Kostüme zu nähen. Aus den buntfarbigen Bemalungen der Körper wurden die traditionellen Trachtenmuster.

Meghan winkt den beiden Damen zu. »¡Vé, Rosalinda, coma!«

Es dauert eine Weile, bis sie ihre Scheu ablegen, doch dann bedienen sie sich an den Schalen voll Fleisch. Sie haben eigens verschließbare Dosen mitgebracht, in denen sie Reste für später aufheben. Die Einladung schien nur Formsache zu sein. Vermutlich handelt es sich hier um ein Ritual, das sich mit jeder Landung in Banedup wiederholt.

Der Abend wird länger, die Stimmung ausgelassener, und bald dröhnen die ersten Motorradfahrerkehlen zu verstimmten Gitarrenklängen durch die Nacht. Meghan und Lio unternehmen einen Spaziergang auf die dunkle Seite der Insel, Xabi hat sich eine Zigarette gedreht, die er, allein im knietiefen Wasser sitzend, raucht.

Ich lasse mich auf der anderen Seite des Feuers im Sand nieder und lehne mich zurück. Ich kann Beteigeuze sehen und den Großen Wagen. Sternschnuppen durchzucken den Himmel. Die Sonne hört hier niemals auf zu scheinen, denke ich. Selbst in der Nacht strahlen Milliarden von Sonnen durch die Milchstraße hindurch. Ich fühle mich wie Pi und Robinson, und ich habe einen angemessenen Sonnenbrand auf den Schultern.

⚓

COCO BANDERO

»Keine Sorge, die fressen keine Menschen.«

Im Heck des Schiffes, hinter der Messe, liegt der Salon – unser Wohnzimmer. Ein hölzerner Tisch, gesäumt von Sofas, ein Computer in der Ecke, ein Fernseher. Zwei Sessel stehen vor einem Regal voller Reise- und Segellektüre, an den Wänden hängen Bilder und Zierknoten. In den Boden eingelassen, zur Messe hin, befindet sich eine Luke mit niedrigem Süll. Darunter liegt *el agujero negro*, »das schwarze Loch«. Hier schlafe ich.

Der Raum ist mit Holz verkleidet und tiefschwarz. Ein einzelnes, etwa kopfgroßes Bullauge spendet Licht. Ein muffig riechendes Doppelbett wurde in den hinteren Teil gezogen; darunter verläuft die Welle zur Schiffsschraube.

Ich freue mich zunächst, als mir der Raum zugeteilt wird; neben der Kapitänskajüte im Bug, die man sich immerhin nur mit zwei fremden Menschen teilen muss, ist dies der einzige Ort an Bord mit tatsächlicher Privatsphäre. Doch sobald die Maschine läuft, verkehrt sich die Freude ins Gegenteil. Die Kammer liegt direkt hinter dem Maschinenraum; die Abwärme des Motors verwandelt sie in eine Sauna. Das Auspuffrohr, das am oberen Ende des Raumes entlangläuft, wirkt wie ein Verstärker. Vor mir das Knattern der Maschine, hinter mir das Tuckern der Schraube. Schließt man zur Nacht die Luke zum Salon, dringt kein Funken Licht mehr herein.

⚓

15. Juni 2013, Agujero negro, Coco Bandero, San Blas

Der Morgen beginnt mit dem Klappern von Geschirr. Der Ventilator am Kopfende meines Bettes wirbelt die Luft durcheinander. Meine Decke liegt zusammengeknüllt am Boden, ich bin nackt. Geschwind schlüpfe ich in Boxershorts und kurze Hose und werfe mir ein T-Shirt über, dann ziehe ich das T-Shirt wieder aus. Schließlich ziehe ich auch Boxershorts und Hose wieder aus und schnüre mir meine Badehose um den Leib. Als ich die Leiter zur Luke hinaufklettere, stoße ich mit voller Wucht gegen die Decke. Für einen kurzen Moment wird alles schwarz, fast falle ich zurück in mein Loch. Dann meistere ich, nun endgültig wach, auch die letzten Stufen.

Oben sind die Frühstückvorbereitungen bereits in vollem Gange. Ich greife mir Brett und Messer, werfe ein »Tschuldigung« in die Runde und schneide eine Tomate in Scheiben, um nicht weiter unangenehm aufzufallen.

»Entschuldige dich nicht«, entgegnet Lio. »Sei lieber pünktlich.«

Ich verkneife mir eine Antwort und drapiere stattdessen die geschnittene Tomate auf ein Tablett. Mein Schädel brummt noch immer.

»Du kannst Früchte für den Obstsalat holen«, sagt Meghan. »Hinten im Heck.«

Als ich zurückkehre und Anstalten mache, eine Papaya aufzuschneiden, schaut Meghan mich kritisch an. »Weißt du, wie man das macht?«

»Yoahh... Nein.«

»Okay. So nämlich nicht.«

»Wie denn?«

»In der Mitte durchschneiden, die Samen raus. In Streifen teilen, einritzen und dann das Fleisch mit dem Messer in die Schale schaben. Klar?«

Ich nicke verunsichert. Gib mir eine Möhre, und ich schäle sie. Gib mir Petersilie, und ich hacke sie. Aber wie soll ich mit Früchten umgehen, die ich noch nie zuvor gesehen habe? Dann stellt mich eine neue Frucht vor eine unlösbare Aufgabe.

»Passionsfrucht«, erklärt Meghan.

»Maracuja?«

»Ja. Halbieren, mit 'nem Löffel das Innere rauskratzen.«

Nach dem ersten Schnitt verstehe ich, woher die Passionsfurcht ihren Namen hat. Das Fleisch ist leuchtend gelb, saftig und von betörendem Geruch. Es hat unweigerlich etwas Sexuelles.

Ursprünglich wurde die Passionsfrucht von den spanischen Konquistadoren nach der Passion Christi benannt. *Passiflora incarnata*, die »fleischgewordene Leidensblume«. Die Blütenblätter sollten die Apostel symbolisieren, ausgenommen Judas und Petrus – Ersterer hatte Jesus schließlich verraten und Letzterer ihn dreimal verleugnet –, der innere Blütenkranz stand für die Dornenkrone, die Staubblätter für die Wunden und die Griffel für die Nägel, mit denen Jesus ans Kreuz geschlagen wurde. So weit, so unsexy. Doch wer schon einmal eine Maracujablüte gesehen hat und wer das Fleisch aus dem Inneren der Frucht gekratzt hat, der wird darin nicht unbedingt den Heiland erkannt haben. Eher eine in aufreizende Spitze gekleidete Pflanzenart, die sich zum Liebesakt mit den Bienen hergerichtet hat.

Nachdem der Obstsalat und die restlichen Beilagen auf dem Achterdeck serviert wurden, wasche ich mir an der Duschbrause auf dem Hauptdeck die Hände. Ich überblicke das Wasser, als plötzlich ein Delfin vor mir aus den Fluten schießt. In eleganten Bögen schwingt er seinen Körper durch die Wellen, vielleicht acht, neun Meter von mir entfernt. Dann, in einem finalen Sprung mit halber Rolle, sagt er Auf Wiedersehen und wünscht uns Glück für die morgige Überfahrt.

»Hast du das gerade gesehen?«, frage ich Xabi, als ich zurück auf das Achterdeck eile. Er hilft sich gerade mit einer Portion Rührei.

»Was denn?«

»Den Delfin!«

»Klasse«, sagt Meghan. »Dein erster?«

»Ja!«, rufe ich.

»Glückwunsch. Vielleicht siehst du ja auch bald einen Hai.«

»Was?« Ich zögere. »Einen Hai?«

»Keine Sorge, die fressen keine Menschen.«

»Was denn für Haie?«

»Wirst du sehen«, wirft Lio ein. »Wenn du Glück hast.«

Nach dem Frühstück bieten wir den Gästen an, sie zur Two Palm Tree Island zu fahren, wo sie schnorcheln oder Schiffbrüchige spielen können.

»Und was gibt's da sonst so?«, fragt ein Amerikaner in Dreiviertelhosen und Sandalen.

»Nichts.« Lio lächelt. »Das macht die Insel aus. Da ist nichts!«

Der Amerikaner zieht ein gelangweiltes Gesicht.

»Nehmt ordentlich Sonnencreme und Wasser mit!«, sagt Xabi. »Am besten, ihr sucht euch schon hier ein passendes Schnorchelset zusammen. Und vergesst ein T-Shirt nicht!«

Nachdem wir die ersten Gäste zur Insel gebracht haben und Xabi mir erklärt hat, wie man das Dingi durch das Riff steuert, fragen uns zwei Backpacker, als wir zurück an Bord sind, ob es auch möglich sei, die Strecke zu schwimmen.

»Phhhhhh ...«, macht Xabi. Ihm ist anzumerken, dass er die Idee für bescheuert hält.

»Ich komm mit!«, rufe ich. »Ich kann euch führen! Hin schaffen wir es auf jeden Fall, und zurück lassen wir uns notfalls mitnehmen.« Endlich sehe ich eine Möglichkeit, etwas Nützliches zu tun.

Wenig später weiß ich jedoch nicht mehr, ob ich den Mund nicht zu voll genommen habe. Die Sicht ist bis in fünfzehn Meter Tiefe glasklar, doch sobald wir in tiefere Gewässer gelangen, verschwimmt der Grund hinter blauen Schatten. Eine bedrohliche Leere spannt sich unter uns auf. Ich muss an die Haie denken.

Das Blau wird immer dunkler. Ob es hundert oder zweihundert Meter hinabgeht, kann ich nicht sagen. Jeden Moment könnte ein Schatten aus der Dunkelheit auftauchen und mit geöffnetem Maul auf uns zurasen.

Erst als ich wieder festen Boden um mich herum sehen kann, weicht die Bedrohung aus der Dunkelheit zurück. Wiesen aus Seegras erstrecken sich über den Meeresgrund, der sich bis einen halben Meter unter die Wasseroberfläche erhebt. Sobald sich das Wasser mit Leben füllt, verwandelt es sich in ein Paradies. Neonfische stieben vorbei, Doktorfische mit ihrer Sichel am Schwanz, alles ist in Bewegung. Es gibt nur noch Farben und die irrsinnigen Formen der Korallen. Da sind Lebewesen, die wie trockene Gerippe von Blättern aussehen. Neongrüne und violette Augen, die an Fäden hängen. Felsen, die mit rotem Samt überzogen sind. Und dazwischen die Papageifische, die still und flink wie Pinselstriche durch ein Aquarell ziehen.

Doch irgendwann deutet Jonas, einer der Backpacker, an, weiterschwimmen zu wollen, und unter uns tut sich wieder die unsichtbare Tiefe auf.

Wahrscheinlich ist meine Angst völlig irrational. Sobald eine Gefahr einen Namen bekommt, verliert sie an Brisanz. Aber so lange sie finster dort unten umherschwirrt, hilft mir dieser Gedanke nicht weiter. Als Kind hatte ich häufig Angst vor Einbrechern. Ich konnte erst schlafen, wenn ich alle Verstecke potenzieller Mörder und Entführer aufgespürt und mir einen Plan zurechtgelegt hatte, wie ich ihnen gegenübertreten könnte. Manchmal genügte es, mir zu sagen: »Okay, wenn nun eben ein Mörder kommt, mit einer Axt in der Hand, und niemand dich hört, dann ist das eben so. Finde dich damit ab. Du bist sechs Jahre alt, du hast ein gutes Leben geführt, wenn du Glück hast, wirst du wiedergeboren, im besten Falle als Rockstar.« Anschließend dachte ich darüber nach, wie cool es wäre, ein Rockstar zu sein, und schlief über diese Gedanken ein.

So vertreibe ich mir die Zeit, bis der Strand in Sicht kommt und ich meine Gruppe an Land führe. Einer der Motoristas sitzt unter einer der Palmen und applaudiert uns. Die zweite Palme steht nahezu waagerecht und dient ihm als Sitzgelegenheit.

Two Palm Tree Island ist kreisrund und in etwa neunzig Schritten zu umlaufen. Im Sand liegen Muscheln, Seeigelschalen und zwei Champagnerflaschen, die auf einen romantischen Abend zweier Wohlhabender hinweisen. Die Inseln hier haben sich in den letzten Jahren zu einem Geheimtipp unter den Schönen und Reichen der Welt entwickelt. Bill Gates ist gerne hier, Ricardo Martinelli, der ehemalige Präsident Panamas, oder auch Dietrich Mateschitz, der Erfinder von Red Bull.

Während meine beiden Begleiter sich zurück in die Fluten stürzen, setze ich mich zu dem Motorista und genieße die Ruhe. Nur mein Atem und das Rauschen der Wellen. Ein Insekt kriecht über meinen Bauch. Ich strecke meine Arme aus und schließe die Augen.

Als wir eine halbe Stunde später eng an eng in dem prall gefüllten Dingi sitzen, werfe ich einen Blick zurück. Die Außenriffe sind nicht weit von uns entfernt. Man kann gut erkennen, wo das Wrack zwischen den scharfkantigen Felsen auf Grund gelaufen ist. Es zu erreichen ist allerdings unmöglich: Zu hoch ist die Brandung, zu flach das Wasser. Niemand will dort von einer Welle über die Korallen geschleift werden.

Zum Abendessen soll es Langusten geben. Ein großer Topf mit kochendem Meerwasser steht auf dem Herd. Julio, der Kuna mit der Knubbelnase, hat uns drei Kisten der Tiere gebracht. Mit ihren endlosen Fühlern und den unzähligen Beinen kriechen sie in der Küche übereinander hinweg.

»Wenn du willst, kannst du sie zubereiten«, sagt Meghan, während ich mit halb angeekeltem, halb fasziniertem Blick über den Kisten stehe. »Am besten, du greifst dir gleich vier oder fünf an den Fühlern und wirfst sie in den Topf. Pass auf, dass du den Deckel schnell drauftust, sonst spritzt es.«

»Was? Also ... lebend?«, frage ich entgeistert.

Meghan nickt entschuldigend.

»Echt jetzt? Geht das nicht auch anders?«

Sie klopft mir auf die Schulter. »So ist das Leben ...«

Mir dreht sich der Magen um. Eine Handvoll Lebewesen bei lebendigem Leib kochen? Wenn das das Leben ist, na dann guten Appetit.

Viel zu zaghaft greife ich die Fühler einer Languste, und prompt zieht sie ihren Körper zusammen und reißt mir die Finger auf. Ihre Schale ist äußerst hart. Die Fühler sind mit Widerhaken besetzt.

»Au!«, rufe ich.

Lio schaut grinsend herüber. »Handschuhe?«, fragt er.

»Warum hast du das nicht gleich gesagt?«

»Ich wollte sehen, wie du dich anstellst.« Dann wirft er mir ein Paar Arbeitshandschuhe zu.

Ich greife fünf Langusten und werfe sie in das brühheiße Wasser. Sobald sie das Wasser berühren, geht ein irres Fiepen von ihnen aus. Sie zucken und zittern, und kochendes Wasser spritzt überall umher. Schnell drücke ich den Deckel auf den Topf. Der Behälter rasselt noch ein wenig auf dem Herd herum, dann wird es still.

Insgesamt sechs Mal muss ich den Topf öffnen und weitere Langusten hineinwerfen.

Als sich später die Teller um mich leeren, schmeckt mir kein einziger Happen. Einzig bei dem Gedanken, dass ich die Tiere nicht umsonst getötet haben will, kriege ich das Fleisch hinunter.

»Als Smutje musstest du die Crew bei Laune halten«, schrieb mir mein Vater einmal über Opas Zeit auf See. »Damals hieß es kreativ und nicht zimperlich sein. Ein großer Teil der Stimmung an Deck hing vom leiblichen Wohl ab.«

Ich gehe früh zu Bett, denn ich möchte fit für die morgige Überfahrt sein. Um sechs Uhr wollen wir auslaufen.

AUF HOHER SEE

»Schreien und springen!«

16. Juni 2013, Coco Bandero, Kuna Yala

Um 5.30 Uhr vibriert sich mein Handy von der Bettkante auf den Boden. Vom Lärm, den es beim Aufprall verursacht, werde ich wach.

Obwohl ich den Wecker auf eine halbe Stunde vor Abfahrt gestellt habe, sind Xabi und Lio schon vor mir in der Küche. Wenn

Lale aufsteht, soll alles vorbereitet sein, sagt Xabi. Um schlechte Laune zu vermeiden. Er wirft den Generator an und stellt bis auf die Hauptstromversorgung alle anderen Verbrauchsgeräte ab – Vorkehrungen für das Heben des Ankers. Lio steht am Herd und kocht Kaffee.

6.11 Uhr: Anker auf in Coco Bandero. Lale hat sich aus seiner Koje geschält und mit grimmigem Gesicht und ohne Worte eine Tasse Kaffee hinuntergestürzt. Er verschwindet in der Maschine, kurz darauf setzt sich der Motor in Gang.

»¡Anclaaaa!«

Diesmal stehe ich an der Bordwand und achte darauf, dass mit der Kette alles in Ordnung geht. Als die Ankerfluken unter der Wasseroberfläche in Sicht kommen, gebe ich Lio ein Zeichen. Er fährt die Kette langsamer ein, bis der Anker in Kontakt mit der Bordwand steht und unter lautem Poltern zur Seite kippt. Bremse festziehen, Winde aus, die Verzahnung zwischen Winde und Kette lösen. Dann Deck waschen.

Während wir mit langen Schrubbern zugange sind, passiert das Schiff die äußeren Riffe. Die ersten Touristen erscheinen auf dem Achterdeck. Die See wird kabbeliger, der durch das Putzmittel rutschig gewordene Boden bietet kaum noch Halt. Mein Schrubber verkantet sich, ein Satz, und ich sitze mit nassem Hintern auf dem Deck. Gelächter. Mein Steißbein schmerzt. Toller Seemann.

Zum Frühstück wird eine gummiartige Decke über den Tisch ausgebreitet, um das Verrutschen des Geschirrs zu verhindern. Alle Küchengeräte werden festgezurrt, alles, was offen herumliegt, in Kisten verpackt. Nur wenige Gäste machen einen guten Eindruck. Es wird kaum gegessen, kaum geredet, die meisten laufen mit einem Stechapfelpflaster hinter dem Ohr herum, gegen die Seekrankheit.

»Ingwer«, sagt Meghan. »Das Beste, was du gegen Seekrankheit tun kannst, ist Ingwer! Und draußen sein. Wenn du siehst, wie und warum sich das Schiff bewegt, hast du schon halb gewonnen.«

Tatsächlich habe ich keine Ahnung, ob *ich* eigentlich seefest bin. Bis jetzt fühle ich mich gut, aber was, wenn ich mich bei den ersten größeren Wellen übergeben muss? Wenn ich vollkommen unbrauchbar in der Koje hänge und auf ein paar Wurzelfasern kaue? Ich hoffe nur, dass ich die Gene meines Großvaters geerbt habe.

Als die Seekarte die mittelblaue Färbung für eine Wassertiefe von über zweihundert Meter annimmt, übergibt Lale das Kommando an Lio. Wir haben einen Plan ausgemacht, nach dem jeder von uns drei bis vier Stunden Wache halten und sich um die Maschine kümmern soll. Während Lio entspannt auf der Bank vor dem Steuerstand fläzt, sitzt Xabi auf einem Plastikstuhl an der Reling und beobachtet die Wellen. Hin und wieder steht er auf, als hätte er etwas entdeckt, greift zum Fernglas und mustert die Wasseroberfläche.

»Hast du schon was gegessen?«, frage ich, während ich mich neben ihn an die Reling stelle und auf einem Stück Baguette mit Wurst kaue.

»Noooo«, antwortet er und verzieht das Gesicht. Er tut das auf eine Weise, bei der er sehr viel Emphase auf die Mundwinkel legt, sodass viel mehr die Form der Lippen als die Worte selbst dem Gesagten Ausdruck verleihen. »Keinen Hunger.« Sein Blick wird starr, er reckt sich, dann lässt er sich wieder zurückfallen.

»Was machst'n da?«

»Kokain.«

»Was?«

»Kokain. In den Wellen.« Er legt das Fernglas beiseite und schaut mich an. »Das gibt's hier öfter. Schwarze Päckchen, reissackgroß. Mit Plastikfolie umwickelt. Die schwimmen so 'ne Handbreit unter der Wasseroberfläche.«

»Und wo kommen die her?«

»Keine Ahnung. Die meisten sind wahrscheinlich über Bord gegangen. Wir sind hier zwischen Panama und Kolumbien, was glaubst du eigentlich? Das ist eine der Hauptdrogenrouten!«

Die meisten der kolumbianischen Drogenkuriere sind keine ausgebildeten Seemänner, sondern junge und verzweifelte Menschen auf der Suche nach schnellem Profit. Es soll oft passieren, dass eines der Kurierboote in den Riffen den Kurs verliert oder havariert. Oder dass Ladung im Sturm über Bord geht. Es soll auch vorkommen, dass die Kuna ihnen nur gegen ein Handgeld oder materielle Entschädigung den Weg zurück aufs offene Meer zeigen. Der häufigste Fall aber ist, dass den Kuna beim Fischen eins der Päckchen gegen den Einbaum treibt oder sie sie beim Spaziergang am Strand finden. In meiner Vorstellung haben sie ein ganzes Lager für die Fundstücke eingerichtet.

»Es gibt den Culo de Pollo hier«, erzählt Xabi weiter. »Das bedeutet ›Arsch des Huhns‹. Ein Geisterunwetter, das innerhalb von zehn Minuten aufzieht, eine Viertelstunde wütet und jäh wieder verschwindet. Außer ein paar umgeschmissenen Basthütten und ein paar Packen Kokain im Wasser ist danach alles wieder, wie es vorher war. Bei den Unwettern, die hier letzte Woche gewütet haben, müsste es mit dem Teufel zugehen, wenn hier nichts im Wasser treibt ... Oberste Regel«, diesmal schaut er mich direkt an, »wenn du ein Paket entdeckst, dann schrei und spring! Nicht warten, niemanden heranholen, nicht drauf zeigen, einfach schreien und springen.«

Ich grinse.

»Sollte man es nicht besser wie beim Mann-über-Bord machen?«, frage ich. »Hilfe rufen, Blickkontakt und mit dem Finger draufzeigen? Und dann springt jemand anderes ins Wasser?«

»Mann! Wir reden hier nicht von irgendeinem Typen, der ertrinkt, wir reden von Kokain! Ein Packen finanziert den Rest deines Lebens! Ein Ertrinkender ist in Bewegung, Kokain nicht. Schreien und springen! Mann-über-Bord kannst du von mir aus machen, wenn das Kokain geborgen ist. Irgendjemand muss dich ja wieder raus...« Er fährt hoch, greift nach dem Fernglas, doch dann lässt er sich schon wieder auf den Stuhl fallen. »Schreien und springen. Merk dir das. Auch wichtig: machen – nicht denken.« Er lacht und klopft mir auf die Schulter.

Während ich neben Xabi auf das Wasser starre, ergehe ich mich in Tagträumen darüber, was ich alles mit einem Paket Kokain machen würde. Weißer Anzug, weißer Gehstock, weißer Hut, das ist mal klar. Vielleicht auch ein weißes Pferd. Ein Hubschrauber wäre nicht schlecht, aber kein Muss. Doch dann fällt mir auf, dass ich keine Ahnung habe, wie ich das Kokain überhaupt loswerden soll. Ich bin ein kleiner Schisser, der es nicht mal schafft, im örtlichen Kiosk Panini-Sticker zu klauen.

Ich frage Xabi, was er damit anstellen würde.

»Ich würde mir ein Hausboot kaufen«, antwortet er.

»Ein Hausboot?!«

»Ja, und ein Anwesen mit Pool, wo das Hausboot drin schwimmen kann.«

Wir schweigen eine Weile, dann fahre ich fort: »Und, hast du schon mal was gefunden?«

»Nö ...«

»Und kennst du wen, der was gefunden hat?«

»Hm ... Nö.«

»Und kennst du wen, der einen kennt?«

»Ich glaube, Lale kennt wen.«

»Hm.«

Trotzdem fühle ich mich wie ein Pirat auf Schatzsuche. Eine Weile stehe ich noch an der Reling und starre aufs Meer. Dann laufe ich auf und ab und übe humpeln. Irgendwo werde ich eine Augenklappe auftreiben müssen.

Dass viele Piraten Augenklappen trugen, hatte übrigens vor allem mit der damaligen Methode zur Positionsbestimmung an Bord zu tun. Heute kann jeder zweite Pokémonfänger seinen Standort per GPS ablesen, doch früher war das anders. Da gab es zum Beispiel noch gar keine Pokémons. Um den Breitengrad auf See zu bestimmen, musste man mithilfe eines Sextanten den Winkel zu einem Fixstern beziehungsweise zur Sonne berechnen. Hierbei musste man für einen längeren Zeitraum direkt ins Sonnenlicht starren. Wenn man den Winkel hatte, wurde im *Nautical Almanac*, einem Standardwerk für Seefahrer, nachgeschlagen, an welchem Punkt der Erde das fixierte Objekt in einem 90-Grad-Winkel zum Beobachter stand. Aus der sich ergebenden Differenz zum just gemessenen Winkel ergab sich ein Dreieck beziehungsweise ein Zylinder, auf dessen äußerem Ring das Schiff lag. Durch eine zweite Messung nach einem gebührenden zeitlichen Abstand ergab sich ein zweiter Ring, der den ersten an zwei Punkten schnitt. Auf dem zur vorherigen Messung näheren der beiden Punkte, so wurde angenommen, sollte sich das Schiff befinden.

Man kann sich vorstellen, dass es nicht sehr gesund ist, seine Augen über einen längeren Zeitraum dem direkten Sonnenlicht auszusetzen. Dass viele Seeleute folglich Augenklappen tragen mussten, ergibt da Sinn. Warum so viele Piraten allerdings Holzbeine hatten, darüber lässt sich wenig sagen; aber grundsätzlich gilt: Wer Wunden mit Schießpulver ausbrennt, der zersägt auch gerne Beine.

Die Wellen gewinnen an Höhe, je weiter wir uns vom Festland entfernen. Der Bug geht auf und ab, und ich muss meine Beine fest um den Klüverbaum schlingen, um nicht abgeworfen zu werden. Das Festland ist nur noch blauer Dunst. Kokain haben wir bisher keines gesichtet, dafür allerhand Treibgut. Kokosnüsse, Seegras, Styropor.

Auf hoher See lassen wir drei mit Blinkern versehene Angelschnüre hinter uns durchs Wasser gleiten, um mit etwas Glück ein Mittagessen zu erwischen. Eben haben wir eine Holzmakrele gefangen. Sie wog knapp sechzehn Pfund, jetzt liegt sie erstochen und glänzend an einem der Abflüsse in der Bordwand, um auszubluten. Auch im Tod ist das Tier noch majestätisch anzusehen.

Das Rollen des Schiffes verursacht Kribbeln im Bauch. Es fühlt sich an wie Verliebtsein. Die Sonne brennt auf uns nieder, doch der Wind nimmt ihr die Kraft. Ich habe mir ein Tuch um den Kopf gebunden, da eine Mütze dem Fahrtwind nicht standhalten würde. Dann macht Lärm mich darauf aufmerksam, dass hinter mir das Großsegel gehisst wird. Mithilfe der Winde, die wir auch für die Motorräder benutzt haben, zieht Xabi das Segel nach oben. Schnell springe ich vom Klüverbaum zurück ins Schiff. Bevor ich die Winde erreiche, fängt Lio mich ab.

»Alle Segel hoch?«, frage ich

»Nein. Zu wenig Wind. Nur zwei.« Er deutet auf ein weiteres Segel, das entknotet auf dem Mittelschiff liegt. Dann befestigt er ein Tau an der Spitze des Segels und erklärt mir den Ablauf: »Der Fisherman hat zwei Falls. Also eigentlich ein Fall und eine Schot.«

»Was sind Falls?«

»Taue zum Hissen der Segel.«

»Der Fisherman ist das Segel?«

»Ja. Ein Tau ziehen wir da vorne an der Messe hoch, eins hier am Mast. Schnell und gleichmäßig, sonst reißt der Stoff. Verstanden?«

Ich nicke.

»Gut. Such dir zwei Leute, dann geht's los.«

Sogleich sind Meghan sowie zwei Franzosen an meiner Seite. Die ersten Meter des Segels lassen sich wie von alleine ziehen, doch dann bietet der Stoff dem Wind immer mehr Angriffsfläche, und wir müssen alle Kraft aufwenden, um Höhe zu gewinnen. Unsere Hände fliegen durch die Gegend, krallen sich ins Seil, greifen daneben und ineinander, die Koordination geht drunter und drüber.

»Jump!«, schreit Lio von der anderen Seite des Schiffes.

Der Aufstieg stockt. Das Segel ist fast oben, doch ohne die fehlende Spannung flattert es lose im Wind. Unter lauten Peitschenhieben knallt der Stoff aufeinander.

»Jump!!«

Ich verstehe nicht, was er meint, doch da windet Lio schon sein Tau um die Klampe am Boden und eilt herüber. Er greift das Seil mit beiden Händen und stößt mich zur Seite. Mit einem Satz springt er auf das Belegbrett, das zum Befestigen der Taue an den Mast geschweißt ist, und wirft seinen Oberkörper nach hinten. Das Fall spannt sich, das Segel steigt. Er schlingt das Tau um einen Holzpflock, um es zu sichern, und klettert erneut auf das Brett. Noch einmal wirft er sich nach hinten, das Seil strafft sich, dann windet er es in mehreren Schlaufen um den Pflock und rollt es auf. Das Segel steht nun ruhig im Wind.

»Nächstes Mal«, sagt Lio verärgert zu mir, *»think!«*
Dann lässt er mich stehen.
Ich fühle mich wie ein Vollidiot.

Das Abendessen verläuft ähnlich dem Frühstück. Wir kochen Linsensuppe; wer möchte, kann sich bedienen. Den Topf müssen wir mit Schraubzwingen auf dem Herd fixieren, damit er im Seegang nicht verrutscht. Im Kühlschrank schaukeln die Lebensmittel von Wand zu Wand. Ich entdecke eine faule Brotfrucht in den Obstkisten im Heck und versuche, sie von Bord zu werfen. Doch als ich Schwung hole, macht das Schiff einen Satz nach unten und die Brotfrucht klatscht über mir an die Decke des Balkons.

Nachdem Xabi mir die Wache für den Abend übergeben hat, begleitet er mich auf meinem ersten Gang durch die Maschine. Tagestank, Kühlwasserkolben, Thermometer an Generator und Blöcken checken, Öl an die Kolben, Grün in die Mulden, Tagestank füllen, Tagestank schließen. Fettpressen. Nicht die Fettpressen vergessen. Dann die Koordinaten im Steuerhaus eintragen.

Als wir aus dem Schacht hinauf zum Achterdeck kriechen, ist es stockduster. Einzig die Sterne werfen ihre Lichter in die See. Der Ansatz der roten und grünen Positionslichter, die hinter der Blende auf Back- und Steuerbord leuchten, ist zu erahnen. Xabi verabschiedet sich, und ich setze mich, ausgerüstet mit Buch und Stirnlampe, auf die Bank vor dem Steuerstand.

Die *Stahlratte* gleitet ungeachtet der Dünung durch den Ozean. Das Werder-W, von Unkundigen Kassiopeia genannt, steht über mir, das Kreuz des Südens zu meiner Rechten. Kein Schiff am Horizont. Bei höheren Wellen spritzt ein Schwall Gischt über den Bug. Die Segel liegen gefaltet in den Seilen, laut Seekarte haben wir ein Drittel unserer Strecke hinter uns. Es war ein langer Tag.

Als ich gegen 21 Uhr das erste Mal allein in die Maschine hinunterklettere, wirft mich eine Welle gegen den Motor. Ich versuche, mich abzustützen, doch das Ding ist scheiße heiß. Sofort zeichnet sich ein Brandmal an meinem Unterarm ab. Es ist nicht leicht, den Stand gegen die überraschende Wucht zu halten. Noch dazu, wenn es kaum etwas gibt, an dem man sich festhalten kann. In ständiger Habachtstellung kämpfe ich mich durch den Raum.

Nur wenige Sekunden nachdem ich den Maschinenschacht wieder verlassen habe, ist der Schweiß auf meiner Brust bereits getrocknet. Gänsehaut überzieht meine Arme. Dieses Gefühl habe ich bis heute nicht vergessen: an Deck stehen, von unten beschienen durch den Maschinenschacht, über mir die Sterne, um mich herum die See. Dazwischen nur der Wind, der in unsichtbaren Schwaden den Schweiß vom Körper leckt. Wie ein eigenständiges Wesen, das an meinen Härchen zupft. Das kann doch nicht alles nur Physik um uns herum sein, denke ich.

Im Rückblick waren diese Momente mit das Einprägsamste, das ich auf meiner Reise erlebt habe. Auf den Nachtwachen hielten mich meine Gedanken komplett gefangen. Nichts konnte mich ablenken, ich war vollkommen mit mir selbst beschäftigt.

Als Lio mich gegen 23 Uhr ablöst, falle ich todmüde ins Bett.

ACHTERBAHN

Da falle ich eher trunken auf die Gleise vorm Muddy!

17. Juni 2013, Agujero negro, irgendwo auf hoher See

Mitten in der Nacht erwache ich schweißgebadet. Die Hitze aus dem Maschinenraum, dazu das Schwanken des Schiffes. Durch das Bullauge sehe ich einen Teil der Bordwand. Es ist ein bizarres Bild, wie die Sterne darüber durch den Himmel taumeln.

Wenn mich nicht alles täuscht, haben die Wellen weiter zugenommen. In meinem schlaftrunkenen Hirn kommt es mir wieder in den Sinn, dass das Schiff hundertzehn Jahre alt ist. Was, wenn das Heck einfach abbricht? Wie viel Zeit habe ich dann noch? Mein einziger Fluchtweg führt durch die Luke in den Salon. Irgendwie muss ich, so schnell es geht, hinaufkommen. Und dann auf das Achterdeck, Rettungsinseln klarmachen. E-Pirb, Radartransponder, alles mitnehmen. Die Inseln zusammenbinden. Und überleben. Bei diesen Wassertemperaturen sollte das eine Weile möglich sein. Außerdem habe ich irgendwo noch ein Snickers.

Auf und nieder geht das Schiff, auf und nieder, und ich versuche, die Richtung der Wellen zu identifizieren. Eigentlich ist es wie eine Achterbahnfahrt. Eine ewige Achterbahnfahrt, für die ich nicht mal Eintritt bezahlt habe. Auf und nieder, auf und nieder, wie im Heide Park Soltau.

Ich schließe die Augen. Ein Fehler, wie ich sofort feststellen muss. Mein Magen krampft, ich reiße die Augen wieder auf und mache das Licht an. Bloß nicht dran denken, denke ich, und denke dran. Ich kämpfe gegen das Gefühl, das sich immer stärker in meiner Bauchgegend breitmacht, und schließlich, als der Kampf verloren scheint, werfe ich mich auf die Leiter zur Luke. Ob das Heck nun bricht oder nicht, erst mal bin ich dran.

Man könnte meinen, es sei gefährlich, sich nachts bei Wellengang über die Reling eines mehr als hundert Jahre alten Schiffes zu übergeben, doch tatsächlich fühle ich mich in diesem Augenblick so sicher wie nie. In den Sekunden, da mein Magen alles hinaustreibt, auch die Furcht, bin ich hoch konzentriert. Meine Finger krallen sich in die Wanten, meine Füße sind zwischen Deck und Bordwand verkeilt, mein Inneres versinkt in der See.

Die gefährlichsten Momente sind die, in denen man nachlässig ist, geht es mir durch den Kopf. Da falle ich eher trunken auf die Gleise vorm Muddy und werde von der S-Bahn Richtung Farge überfahren! Dann erwischt mich eine Welle und wischt mir die Stückchen aus dem Bart. Ich taumle zurück.

Xabi sitzt in seinem Plastikstuhl an der Reling auf dem Achterdeck und raucht eine Zigarette. Das hier scheint sein Platz zu sein. Fast wirkt es, als meditiere er. Es ist fünf Uhr, bald wird es hell werden. Ich lege mich auf die Liege neben ihm und lasse ihn schweigen.

»Warum schläfst du nicht?«, fragt er, nachdem er die Zigarette schon lange aufgeraucht hat.

»Kann nicht.«

»Seekrank?«

Ich antworte nicht.

Wie Meghan prophezeit hat, geht es mir im Freien besser. Die frische Luft und das Rauschen des Meeres beruhigen. Alles, was ablenkt, ist gut. Außerdem bin ich nicht alleine.

»Wann kommen wir an?«, frage ich, nur um irgendetwas zu fragen.

Xabi verzieht die Mundwinkel. »Schwer zu sagen. Wir kommen gut voran. Zehn? Elf?«

Das Schiff schwankt weiter in den Wellen hin und her, und langsam habe ich das Gefühl, mich wieder regen zu können. Einzig ein paar der größeren Wellen bereiten mir noch Unwohlsein. Die Lider werden mir schwer.

Doch mit einem Mal gibt es einen Ruck. Eine Welle, so hoch wie das Achterdeck, erfasst das Schiff und wirft es zur Seite. Meine Liege verselbstständigt sich, und plötzlich fliege ich durch die Luft. Es dauert kaum ein Augenzwinkern, dann hänge ich in der Reling. Mit beiden Händen klammere ich mich an die Eisenstangen.

»Was war das denn?«, ruft Xabi, während er mir zu Hilfe eilt, die Liege beiseitetritt und mich wieder auf die Beine zieht.

»Keine Ahnung!«, stammele ich.

»Mann! Setz dich erst mal!« Xabi nimmt ein Seil, das zum Verknoten des Sonnendachs unterm Tisch liegt, und befestigt damit die Liege. »Alles okay?«

Ich nicke.

»Hast du was im Wasser entdeckt, oder was?«

Ich muss lachen.

»Geh mal zu Bett, sobald du wieder klarkommst.«

Als ich im schummrigen Licht der Kammer auf meiner Matratze liege, wummert mein Herz noch immer. An Schlaf ist nicht zu denken.

Ich hole das Bild des schönen Mädchens hervor, das sie mir zum Abschied geschenkt hat. Sie hat es in Folie geschweißt, damit die Witterung oder ein Schiffbruch ihm nichts anhaben können. Sie sieht sehr schön darauf aus. Auf den Wangen trägt sie blaue und grüne Streifen, Kriegsbemalung für eine Indianerparty. In ihr Haar hat sie ein buntes Band geflochten.

Eigentlich sieht sie immer sehr schön aus, denke ich. Außer nach dem Aufwachen – dann hat sie Streifen im Gesicht und ihre Augen sind ganz verquollen. Aber auch das gehört so.

Als sie mich zum Flughafen begleitete, fiel mir ein, dass niemand meine Daten hatte, falls mir etwas zustoßen sollte. Ich war bereits eingecheckt und bedeutete ihr durch die Plexiglasscheibe, die uns trennte, einen Moment zu warten. Ich riss eine Seite aus meinem Notizblock, die ich in Windeseile mit all meinen E-Mail-Accounts, Bankdaten und Passwörtern beschrieb. Dann versiegelte ich das Ganze mit einem Fidelius-Zauber und schrieb Worte darunter, die geheim sind. Ein Beamter reichte ihr den Brief weiter.

Ich beschaue mir das Bild im Licht meiner Stirnlampe und schlafe darüber ein. Kein sinkendes Schiff der Welt könnte mich jetzt mehr wecken.

⚓

MARSCH UND GEEST

»Ihr lebt ja nur auf Hoffnung für diese paar glücklichen Stunden.«

Opa Hans hatte Oma Gustel in Kiel kennengelernt. Er stand in seinem dritten Lehrjahr als Koch und hatte noch ein Jahr zu absolvieren, als Oma gerade ihre Ausbildung begann.

Die beiden kamen aus Verhältnissen, wie sie unterschiedlicher kaum hätten sein können. Es begann schon mit der Geologie: Opa stammte aus Dithmarschen, Oma aus der Geest. Dithmarschen ist gewissermaßen aus dem Meer gewachsen: Jeder Meter wurde in langen Kämpfen der Tide abgerungen, der Boden ist fett und feucht, das Blöken der Schafe vom Deich klingt in den Ohren. Die Stadt Geesthacht ist dagegen ackerbautechnisch nicht mehr als eine Schutthalde. Endmoränen aus Sand und Geröll, von eiszeitlichen Gletschern in die Landschaft gewalzt. Sandige Höhenrücken voll Kiefernwuchs.

Opa lief Oma in der Anfangszeit beinahe hinterher. Er begleitete sie nach der Arbeit nach Hause, führte sie aus, machte ihr Aufwartungen, doch Oma war entweder zu schüchtern oder zu jung oder zu wählerisch, um sich klar zu ihm zu bekennen. Sie war sechzehn Jahre alt, es war 1953 und Wirtschaftswunder, und Kiel war so vielfältig und hoffnungsvoll wie die Möglichkeiten, die vor ihr lagen. Am 12. Dezember 1953 schrieb Opa Hans in sein *Tagebuch und Küchenbuch*:

Heute ist ein schöner Tag. Wir sollten nach 7-tägiger Werftzeit auslaufen, doch als wir die Maschinenprobe abnahmen, explodierte das E-Aggregat derart, dass wir ein paar Tage länger hier liegen müssen. Heute Abend möchte ich nach Kiel. Hoffentlich treff' ich Gustel.

Er fuhr per Anhalter, ein Schiffshändler nahm ihn mit, doch als er die Mensa seiner alten Schule erreichte, platzte er unversehens in die Vorbereitungen zu einem Dreihundert-Personen-à-la-carte-Dinner, woraufhin er wohl oder übel mit einspringen musste. Am Ende des Abends war er bezüglich Gustel keinen Schritt weitergekommen. Zwei Tage später schrieb er:

Ich bin mir nicht darüber klar geworden, ob mich Gustel nun mag oder nicht. Auf dem Heimweg hatten wir wieder das leidige Thema Kochen, sodass kein Übergang zu »dem« Thema möglich war, und um in eine Wirtschaft zu gehen und bei einer Flasche Wein zu sitzen, war es zu spät.

Also Ergebnis der Fahrt? Nur die Eröffnung einer Korrespondenz mit ihr. Im Brief lässt sich ja vieles leichter sagen, und ansonsten werde ich mich doch noch nach einem anderen Mädchen umsehen müssen. Hier kann nur der Zufall oder die Bestimmung helfen.

Wie die Korrespondenz mit Gustel weiter verlief, ist schwer zu sagen, jedenfalls gab es bald eine zweite Dame in Opas Leben. Nur zwei Wochen später, das Schiff lag gerade in Jersey vor Anker und Weihnachten hatte den Matrosen einen ordentlichen Kater beschert, schrieb er:

Ich habe heute nach Nierswalde geschrieben und ganz schwach durchblicken lassen, dass ich mich für Gisela interessiere. Bei ihr hatte ich damals, was wenig vorkommt, das Gefühl, dass ich sie lieben könnte. Es war ein herrlicher Flirt auf Gegenseitigkeit, der einen vor Herzbeklemmung alles vergessen und nur an sie denken ließ. Dies kleine Erlebnis ließ mich wieder an die Liebe glauben. Sein Mädel kann man nicht suchen, das Schicksal bringt es einem, und dann, nur wirklich dann, wenn man es fühlt, wenn einem schwach wird, dann soll man es festhalten. Ich glaube, ich könnte es bei Gisela, und dabei hatte ich sie schon beinahe vergessen.

War es das blanke Begehren, die Phantastereien auf See oder der schwermütige Geist des britischen Ales, der sich auf Opas Sinne gelegt hatte? Gisela jedenfalls ließ ihn nicht los:

Letzte Nacht im Traum sah ich sie plötzlich wieder vor mir sitzen. Es war in einem Kino. Ich saß schräg hinter ihr, sie voll und glücklich lächelnd, mit ihren Augen. Oh diese Augen, nie werde ich ihren Zauber vergessen!

Ich versuchte, nach anderen Mädels zu gucken, aber es gelang mir nicht, sie sah sich zu auffallend nach mir um, zu strahlend.

Den ganzen Tag verfolgte mich noch dieses Bild. Ein deutsches Mädel, das ist noch was, da hat man was. Puh, was ein Traum nicht alles anrichten kann.

Es ist ein Rätsel.

Hier wird bereits die Sehnsucht deutlich, die Opa verspürte: nach der Heimat und nach einem Mädel, das ihn dort verortete.

Doch er hatte sich entschlossen, Seemann zu werden. Und er wurde es mit der Zeit immer mehr: Äquatortaufe, Landgänge, Beziehungen unterwegs, Sturm und Drang. Im November 1954, ein Jahr später, schrieb Käthe Boie an ihren Sohn: »Bekommst du auch immer Post von deinen Freundinnen? Oder sind sie dir schon untreu?« Immerhin, eine der Damen scheint Oma gewesen zu sein: »Von Gustel kam auch eine Karte. Sie ist im Europäischen Hof. Wenn du nach Hamburg kommst, kannst du sie ja mal besuchen.«

Und bald besuchte Opa Gustel nicht nur zu Hause. Er folgte ihr sogar in den Urlaub. 1956 unternahm sie eine Reise nach Jugoslawien, und Opa, der nur wenig später im Hamburger Hafen einlief, reiste ihr hinterher. Oma war über seinen Besuch zunächst recht wenig amüsiert, hatte sie doch gerade einen jungen Mann aus Essen kennengelernt. Aber Opa schwärmte ihr von den fliegenden Fischen und den Wäldern Südamerikas vor, und sie zeigte ihm am Ende, wie man von drei Metern einen Kopfsprung macht.

Omas Vater, Karl Schmeckthal, war nicht gerade begeistert von der neuen Liaison. Er war Erster Stadtrat und Stadtkämmerer von Geesthacht, oberster Herr der Finanzen. Er hatte Oma die Ausbildungsstelle zur Köchin besorgt und er wollte, dass sie einen Beamten heiratete. Dieser möhrenschnippelnde Kombüsenjunge aus Dithmarschen passte da nicht ins Bild.

Doch Oma und Opa setzten sich durch. Am 4. Juli 1957 heirateten Hans und Gustel Boie in der St.-Salvatoris-Kirche zu Geesthacht, ein halbes Jahr später quittierte Opa seinen Dienst. Er war vierundzwanzig Jahre alt, so alt wie ich jetzt, seine letzte Heuer betrug 868 DM und 32 Pfennige. Dreizehn Monate später kam meine Tante Petra zur Welt.

Und so blieb neben den grimmigen Augen Karl Schmeckthals am Ende nur die Warnung meiner Uroma Käthe, die sich ungehört im Wind verlor:

Mein Junge, für dich ist es gut, wenn du eine kleine Freundin hast, die treu zu dir hält, aber binde dich noch nicht. Ihr seid noch jung, und Freundschaft könnt ihr trotzdem halten. Es ist aber schön, wenn du nach Hamburg kommst und weißt, da ist ein Mensch, der auf dich wartet. Denn ihr lebt ja nur auf Hoffnung für diese paar glücklichen Stunden.

⚓

ANKUNFT

»Okay ... spricht hier irgendjemand Spanisch?«

17. Juni 2013, vor der Küste Bolívars

Der Seegang hat nachgelassen, die Wogen haben sich geglättet. Laut Karte befinden wir uns nicht mehr weit von der kolumbianischen Küste entfernt. Mein Zustand ist immer noch schlecht. Mir ist schwindlig, ich fühle mich schwach. Beim Aufwachen habe ich winzige rote Punkte an meiner Hüfte und unter meinen Achseln entdeckt.

Wir sitzen auf dem Achterdeck. Meghan, Lio, Xabi und ich. Niemand von uns spricht. Eine Vertrautheit schwingt in der Luft, die auch mich betrifft. Über einer dunstigen See geht die Sonne auf. Bald werden wir ihre Wärme auf der Haut spüren können. Meine erste Tour ist so gut wie gemeistert.

Lale lehnt in Unterhose und mit freiem Oberkörper an der Reling und schaut in den Morgen. Er hat wieder das Steuer übernommen. Das Funkgerät knackt, als er Kontakt zu den Hafenbehörden aufnimmt: »Port Control. This is Starátti.« Er sieht zufrieden aus.

Wir begeben uns in die Messe, um das Frühstück vorzubereiten, während draußen das Festland in Sichtweite gelangt. Vereinzelt stehen Behausungen an der Küste, darunter ein riesiges unvollendetes Bauwerk, das aussieht wie ein Gerippe aus Holz. Eine

Kirche vielleicht. Auf dem Wasser treiben Fischerboote, nicht viel größer als Nussschalen. Vor der Hafeneinfahrt liegt eine Insel. Sie ist dicht bewachsen, eine Wehrmauer verläuft darauf, die sich auf dem Festland fortsetzt. Sie markiert den äußeren Ring der alten Verteidigungslinie Cartagenas.

Vier Mal fiel Cartagena in seiner Geschichte, bis die Wehranlagen derart perfektioniert waren, dass die Stadt als uneinnehmbar galt. An der historischen Mauer, die beinahe die gesamte Altstadt umgibt, hat sich schon so mancher Pirat die vom Rum zerfressenen Zähne ausgebissen. 1741 wehrte General Blas de Lezo eine englische Flotte von hundertsechsundachtzig Schiffen ab. Zuvor hatte er in verschiedenen Kämpfen bereits ein Auge, einen Arm und ein Bein verloren, das Volk nannte ihn nur »den halben Mann«. In diesem letzten Kampf verlor er sein zweites Bein, und wenig später auch sein Leben.

Was Cartagena in seiner Vergangenheit so wertvoll machte, war seine Bedeutung als Umschlagplatz für Sklaven, Gold und Silber sowie Waffen. Die Stadt war das Tor zu Südamerika. Zweimal jährlich kam die spanische Flotte, um Waffen gegen Gold, Perlen und Schmuck zu tauschen. Als der Freiheitskämpfer Simón Bolívar 1811 die Unabhängigkeit Cartagenas ausrief, zeigte sich jedoch, dass sich die Spanier mit der Errichtung der Verteidigungsanlagen ins eigene Fleisch geschnitten hatten. Das europäische Mutterland war zudem von Napoleon besetzt, was die Aufständischen in Übersee wohlweislich ausnutzten. So konnte Spanien erst vier Jahre später eine Streitmacht entsenden, die groß genug war, um die Rebellion niederzuschlagen; die viermonatige Belagerung ging nicht ohne herbe Verluste auf beiden Seiten aus.

Auch heute noch liegt der Hauptstützpunkt der kolumbianischen Flotte in der Bahía de Cartagena. Hat man die Einfahrt zur Bucht hinter sich gelassen, leitet einen das grün-orange Bojensystem Richtung Hafen. Wir sehen dunkelgraue kantige Kolosse, darauf schweres Geschütz, Radare und Hubschrauber. Zwei Düsenjets fliegen über uns hinweg, als würden sie unserem Schiff Geleitschutz geben.

Vor dem Hafen erstreckt sich die Landzunge Bocagrande. Wie ein schützender Arm ragt sie in die Bucht, um die Einwohner vor widrigen Winden zu bewahren. Einst war Bocagrande eine eigenständige Insel, doch mithilfe von Sand und Asphalt wurde sie dem Festland angeschlossen. Hier liegt das High-Class-Viertel: Gucci, Versace, Ray Ban, Hilton und Sheraton.

Die ersten Touristen stolpern verschlafen aus ihren Kojen. Von der Sonne geblendet, bestaunen sie die neue Aussicht. Vielen ist die Erleichterung darüber anzumerken, dass die Fahrt nun bald vorbei ist. Mir selbst geht es ähnlich. Obwohl der Wellengang beinahe nichtig ist, fühle ich mich immer schlimmer. Hunger habe ich keinen, das Schwindelgefühl nimmt zu.

Während wir das Sonnensegel über die Frühstückstafel spannen, erreichen wir den Containerterminal Puerto de Cartagena. Sechs bewegliche Kräne winden ihre Frachten auf und ab, schieben ihre Arme über das Wasser, um in atemberaubender Geschwindigkeit die unablässig nachrückenden Schiffe zu löschen und zu laden.

Und dann ist da ein Gefühl von Heimat. Übereinandergestapelt zu Türmen aus Metall, wie bei einem Lego-Spiel, rote Container mit weißer Aufschrift: »Hamburg Süd«.

Die Hamburg Südamerikanische Dampfschifffahrts-Gesellschaft wurde 1871 als Aktiengesellschaft gegründet. Zweimal, während der Weltkriege, ging die gesamte Flotte verloren, doch immer wurde sie neu aufgebaut. Später kaufte die Oetker-Gruppe das Unternehmen auf.

Ab 1953 war Opa Mitglied der neuen Handelsflotte der Hamburg Südamerikanischen Dampfschifffahrts-Gesellschaft. Die Flotte bestand aus schnellen und wirtschaftlichen Frachtern, die viel Stauraum boten sowie luxuriöse Kabinen für Reisende nach Südamerika. Diese Klasse der sogenannten Santa-Schiffe war hundertsechsundvierzig Meter lang, achtzehn Meter breit und elf Meter hoch. Die Containerschiffe dagegen, die uns hier am Terminal gegenüberliegen, sind mehr als achtmal so groß. Und trotzdem:

Während früher das Löschen der Schiffsladung bis zu zwei Wochen in Anspruch nehmen konnte, sind heute für die emsigen Stahlkräne maximal acht Stunden vorgesehen. Die Welt ist eine schnellere geworden. Selbst von der Hamburg Südamerikanischen Dampfschifffahrts-Gesellschaft ist nur noch die Kurzform geblieben. Hamburg Süd.

Hier, knapp neuntausend Kilometer von zu Hause entfernt, fühle ich mich einem Teil meines Großvaters näher als je zuvor.

Die *Stahlratte* passiert den Containerterminal und erreicht das Hafenbecken. Ein paar Katamarane liegen dort, kleinere Segelboote, Einmaster. Drei Lotsenschiffe dümpeln im Wasser, auf den Prellpollern schlafen Pelikane. Etwas weiter entfernt die Marina, wo hölzerne Stege ins Wasser ragen, an denen unzählige Segelboote und Motorjachten festgemacht haben.

»Schon gepackt?«, fragt Lale in die Runde am Frühstückstisch. Allgemeines Murmeln. »Dann wird's Zeit!«

Mit einem Mal muss alles sehr schnell gehen. Die Touristen schwärmen aus, um ihre Habseligkeiten zusammenzusuchen, der Anker fährt ab, fünfzig Meter Kette, ich stoppe unter Lios Aufsicht die Maschine. Dann das Dingi klarmachen. Für die Überfahrt hatten wir es im Heck gesichert, nun lassen wir es am Davit hinab und hängen den Außenborder ein. Lale telefoniert, er redet hektisch und zu meiner Verwunderung auf Deutsch. Die ersten Touristen werden in das Dingi verfrachtet.

Ich selbst taumle zwischen Gepäckstücken, herumeilenden Menschen und tausend Stimmen umher, bis ich mich plötzlich am Motor des Dingis wiederfinde. Xabi sitzt vorne im Bug, für einen Platzwechsel ist keine Zeit. Unsicher erhebe ich mich vom Bootsschlauch, um einen besseren Überblick zu gewinnen. Es ist das erste Mal, dass ich das Dingi steuern soll. Nachdem ich den Motor endlich zum Laufen bekommen habe, schießt das Boot mit einem Satz nach vorne. Sofort lasse ich die Benzinzufuhr los, und mit einem erneuten Ruck kommen wir zum Stehen. Die Touristen schauen mich verunsichert an.

»¡Tranquilo!«, ruft Xabi mir zu und senkt beruhigend die Hände.

Neuer Versuch. Langsam die Benzinzufuhr aufdrehen, allmählich beschleunigen, lenken. Eigentlich ist der Weg leicht, doch selbst beim Autofahren habe ich häufig das Problem, auf gerader Strecke grundlos nach links oder rechts zu lenken. Kurven schaffe ich, Kurven sind super, aber Geradeausfahren ist meine Nemesis. Noch dazu, wenn kein Leitsystem eingezeichnet ist, über das ich feindseligen Schiffen ausweichen kann. Nach drei Beinahe-Kollisionen erreichen wir schließlich die Mole.

Danilo, ein angeheirateter Cousin des Käpt'n, steht bereits auf den Planken und begrüßt uns. »¡Oye! ¿Cómo estáis? ¿Dónde está Lale?«, ruft er durch seine Zahnspange. Er trägt ein Muskelshirt und einen Rattenschwanz in seinem ansonsten kurzen Haar.

»¡Oye, marica!«, ruft Xabi und springt im selben Moment, in dem ich das Boot gegen den Steg ramme, von Bord. In Windeseile werden die Touristen und ihr Gepäck aus dem Boot geladen, dann drückt mir Xabi einen Zettel mit der Adresse der Migración sowie ein paar Geldscheine in die Hand.

»Sag den Leuten, sie sollen Taxis anhalten. Niemals mehr als fünftausend Pesos bezahlen. Wenn du alle rübergeholt hast, fahrt ihr gemeinsam los!«

Und schon eilt er auf die Straße, um ein Mototaxi anzuhalten, das ihn direkt zur Migración bringen soll, wo er die Formalitäten vorbereiten will. Wir anderen bleiben zurück.

»Okay ... spricht hier irgendjemand Spanisch?«, frage ich unsicher in die Runde. Schweigen. Danilo würde wohl die Hand heben, doch er versteht mich nicht.

Wie kann man denn einem halb seekranken Möchtegernmatrosen ohne jegliche Schiffserfahrung, geschweige denn Landes- und Spanischkenntnisse, die Verantwortung über ein Boot und eine Gruppe ausländischer Touristen übertragen und erwarten, dass das gut ausgeht?, frage ich mich – und als mir auffällt, dass das hier wohl jeder denkt, fühle ich mich schlecht.

»Hm. Versucht, ein paar Taxis anzuhalten. Ich bin gleich zurück.«

Als ich mich wieder zur *Stahlratte* aufmache, um den zweiten Schwung Touristen zu holen, schießt das Dingi erneut nach vorn, und ich falle beinahe von Bord. Nur mit Mühe und Not schaffe ich es, alle Gäste wohlbehalten an Land zu bringen. Auf der letzten Tour setze ich Danilo zum Schiff über, damit er in der Zeit unserer Abwesenheit darauf aufpasst. Dann sammle ich Lale, Meghan und Lio ein.

»Du musst nichts weiter tun«, sagt Meghan zu mir, als wir das Ufer erreichen. Mir ist offenbar anzusehen, dass ich mich kaum noch auf den Beinen halten kann. Auch jetzt, wo ich längere Zeit an Land stehe, hört das Schaukeln in meinem Kopf nicht auf. »Steig einfach ins Taxi, der Fahrer weiß Bescheid. Am Ende gibst du ihm fünftausend Pesos, und alles ist gut.«

Die klimatisierte Luft des Taxis kühlt angenehm das Gemüt. Sie dringt über die Poren der Haut in den Körper und dämpft dort das nervöse Pochen meines Herzens. Endlich ein Moment zum Entspannen. Hinter abgedunkelten Scheiben rollen wir durch einen Irrgarten aus Straßen voller Eselskarren, Laster und Sportwagen. Wir folgen einer breiten Straße, die am Fuße eines Hügels entlangführt, dann biegen wir mehrmals ab und halten unter einem voluminösen Baum, dessen ausladende Äste die gesamte Straße in Schatten tauchen. Ich gebe dem Fahrer fünftausend Pesos, und wir verabschieden uns. Die Hitze beim Öffnen der Tür schlägt mir wie ein Fausthieb ins Gesicht.

In der Migración ist es nur unwesentlich kälter. Ventilatoren an der Decke wirbeln durch die Luft, doch verschaffen bis auf einen leisen Windhauch kaum Abkühlung. Das Gebäude ist ein eleganter Kolonialbau: Pastelltöne, reich verzierte Flügeltüren, Deckenfresken. Eine gefühlte Ewigkeit müssen wir auf breiten Ledersesseln ausharren, während auf zwei Flachbildschirmen an den Wänden das kolumbianische n-tv auf uns niederrieselt. Ich versuche, mich auf meinen Körper zu konzentrieren. Die Seekrankheit lässt mich nicht los, der Boden schwankt wie im Sturm. Und langsam kommen mir Zweifel, ob es sich bei meinem Unwohlsein wirklich um Seekrankheit handelt.

Dann, endlich, bekommen wir unsere Pässe zurück, und ein Mann in beiger Uniform klärt uns darüber auf, dass wir gehen können.

Zurück an Bord, falle ich in einen traumlosen und schweißfeuchten Schlaf.

Ich kann nicht einschätzen, wie lange ich geschlafen habe, aber von Deck sind Arbeitsgeräusche zu hören. Ich werfe mir etwas zum Anziehen über, erklimme die Leiter zum Salon und komme gerade noch rechtzeitig, um zu sehen, wie Xabi, auf einem Motorrad sitzend, an einen Steg an der Mole chauffiert wird.

Die Motoristas stehen am Ufer, den Helm in der Hand, bereit zur Abfahrt, und ich meine, ihre bangen Blicke zu erkennen, als sie zuschauen, wie ihre geliebten Maschinen von einem lächerlichen Schlauchboot durchs Wasser getragen werden.

Es ist erstaunlich, mit welcher Routine Lale, Danilo, Xabi und Lio arbeiten. Es hat etwas von einem Tanz: Das Dingi wird längsseits mit zwei Tauen am Schiffsrumpf fixiert, Lale bedient die Winde, an deren Seil ein Motorrad eingehängt wird, während Danilo und Lio das Gefährt mit den Händen führen. Sobald es über die Bordwand gehoben ist und sich langsam absenkt, klettert Danilo ins Boot, um die Maschine gemeinsam mit Xabi anzunehmen. Schließlich springt Xabi auf und hält den Rumpf mit den Füßen am Boden in Position. Danilo löst die Vertauung, Lale klettert ins Boot und bedient den Außenborder. Währenddessen holt Lio die losen Taue ein und bereitet das nächste Motorrad vor.

Zuletzt kehrt Xabi allein von der Mole zurück, denn in Cartagena schläft Lale für gewöhnlich an Land. Er fährt mit Danilo nach Hause, in die Vororte, wo seine Familie auf ihn wartet, die er drei Monate lang nicht gesehen hat.

Meghan war in der Zwischenzeit einkaufen. Ein Festmahl aus Maracujas, Physalis, Schokoeis und Aloe-Vera-Drinks steht auf dem Tisch; außerdem hat sie drei Telefonkarten mitgebracht, die wir in zwei Handys setzen, um in Cartagena kommunizieren zu können. Mit der dritten bestücken wir einen Internetstick, und sobald wir uns die Bäuche vollgeschlagen haben, verschwindet Xabi vor dem Computer im Salon. Lio und Meghan verziehen sich in ihre Kammer. Ich klettere auf das Achterdeck und lege mich dort in die Hängematte. Die *Stahlratte* wirkt nun wie verlassen. Alles ist still. Pure Erschöpfung drückt mich in den Stoff.

Jetzt, wo all die Anspannung von mir abfällt, dringt das Unwohlsein, das ich die ganze Zeit über mit mir herumgeschleppt habe, erst richtig durch. Ich spüre es in mir rumoren. Ich kämpfe, so gut ich kann, dagegen an, doch dann tritt das, wovor ich mich gefürchtet habe, wirklich ein: Ich habe Durchfall. So lautstark, dass es jeder auf dem Schiff mitbekommen muss. Der Rest des Tages besteht nur noch aus Trinken, Dösen und Flüssigkeitausscheiden. Eine Krankheit auf See ist eben nicht immer Seekrankheit. Ich habe mir einen Virus eingefangen.

DER HAFENAGENT VON CARTAGENA

»Man kann vor sich selbst nicht weglaufen.«

18. Juni 2013, Cartagena, Kolumbien

Der folgende Tag soll der Erholung dienen, erst morgen werden wir mit den Wartungsarbeiten am Schiff beginnen. Ich verbringe die Hälfte des Vormittags auf der Toilette. Irgendwann muss ich den Arm an der Pumpe wechseln, um die Belastung der Muskeln einigermaßen gleichmäßig zu verteilen. Dass ich gegenüber der Crew vehement in brüchigem Spanisch behaupte, dass es mir schlecht gehe, weil ich »Krankenschwester« sei, macht die Sache nicht unbedingt besser.

In den Pausen zwischen den Sitzungen schreibe ich in die Heimat. Es sollen Unwetter aufziehen, die Deiche in Norddeutschland sind schwer belastet. In den entstehenden Wasserflächen werden Mücken brüten und womöglich eine Plage hervorrufen.

Ich finde es immer erstaunlich, dass die Zeit auch dort voranschreitet, wo ich mich nicht befinde. Panama und Kolumbien begannen genau in dem Moment für mich zu existieren, als ich die Länder das erste Mal betrat. All die Feldzüge und Schlachten, die ihre heutige Gestalt schufen, die Evolution, die Kontinentalplattenverschiebungen, die Ureinwohner und Spanier, das Blutvergießen, das alles fand irgendwann vor mir und ohne mein Zutun statt. Genauso wie jetzt das Leben in Deutschland: In Bremen, in Hamburg, bei meinen Freunden, meiner Familie, überall schreitet die Zeit voran, und ich sitze hier auf einem Schiff und habe nur Einfluss auf mich und mein Leben. Letztendlich bin ich nur einer von Milliarden von Menschen. Und nur einer von Abermilliarden physischen Prozessen, die wiederum von anderen Prozessen geleitet werden, die wiederum von anderen Prozessen geleitet werden. Wie viel Kontrolle habe ich denn? Mein ganzes Wesen ist ja lediglich das Zusammenspiel von Prozessen. Am Ende bleibt mir nur, die Ereignisse so zu nehmen, wie sie kommen, und das Beste daraus zu machen. Ich muss auf Toilette.

Um 15 Uhr soll ich mich mit einem Herbert vor dem Carulla, dem Supermarkt im Hafenviertel La Manga, treffen, um mit ihm einige Dinge bezüglich der Einreise nach Kolumbien zu klären. Doch vorher möchte ich die Stadt erkunden. Ich lasse mich von Xabi an der Mole absetzen und mir den Weg ins Zentrum erklären: »Al reloj.« Zur Uhr.

Abermals geht es durch Straßen, die ich nicht kenne, vorbei an einem öffentlichen Sportplatz, über eine große Brücke in die Altstadt. Der Torre del Reloj ist ein schlanker gelber Turm hinter ihren Toren und das Erste, was mir ins Auge fällt, als ich die Mauern zum Stadtkern hinter mir gelassen habe. Ursprünglich diente er als Ausguck und Waffenarsenal in den Kriegen gegen die Piraten und später in den Unabhängigkeitskriegen. Über mehrere Belagerungen hinweg schützte er die Spanier und Kolumbianer vor den

Engländern, die Kolumbianer vor den Spaniern, die Spanier vor den Kolumbianern und so weiter. Während all die Gewalt am Bestand der Stadt zerrte, überstand der Turm die Wirren. In der Folgezeit führte ökonomische Isolation vonseiten Europas die Wirtschaft in den Ruin, und eine Cholera-Epidemie raffte große Teile der mühsam wachsenden Bevölkerung dahin. 1815 galt Cartagena als Geisterstadt. Nur von ein paar Sklaven bewohnt. Doch der Turm stand.

Und 1876, vierundfünfzig Jahre nach den letzten kriegerischen Handlungen, nach Eroberungen und Rückeroberung und Jahrzehnten der Krisen und der Bürgeraufstände, wurde die Uhr in die Fassade des Turms eingearbeitet. Das Zifferblatt war ein Countdown zu einer neuen, glanzvollen Ära. Ein Symbol für kommenden Reichtum. Zeit ist Geld – und ab 1880 ging es wieder aufwärts mit Cartagena.

Mir bleibt nicht viel Zeit, die Stadt zu erkunden. Vielmehr eile ich durch die größten Gassen und Straßen, schaue in einzelne Geschäfte und lande schließlich auf der mäßig beleuchteten Toilette eines nicht klimatisierten Cafés, wo ich meinen erneut bockenden Körperfunktionen nachgeben muss. Anschließend begebe ich mich zurück zum Hafen, um Herbert zu treffen.

Der Supermarkt liegt unweit der Mole. Ein Handyverkäufer steht davor, den ich laut Xabi ansprechen kann, um für ein paar Centavos auf dem Schiff anzurufen und mich abholen zu lassen. Wie ein Tiger im Zoo streife ich neben ihm auf und ab, immer wieder einen Schritt in die klimatisierte Luft des Carulla wagend, doch nie zu lange, um meinen Kontaktmann auf keinen Fall zu verpassen. Ich trage ein schwarzes *Stahlratten*-T-Shirt als Erkennungsmerkmal, das die Hitze der Umgebung förmlich aufzusaugen scheint.

Einen Herbert stelle ich mir herrschaftlich vor. Herbert, das klingt elegant, da steckt der Herr schon im Namen. Bert dagegen klingt nach Sesamstraße. Ich halte also nach einer eleganten gelben Puppe Ausschau. Als Bert nach einer Stunde immer noch nicht erschienen ist, rufe ich den Käpt'n an.

»Sach mal, Lale, wie sieht Herbert eigentlich aus?«

»Wieso, ihr wolltet euch doch schon vor einer Stunde treffen?!«

»Jo. Aber bisher war er noch nicht da. Entweder ist er nicht aufgetaucht, oder wir haben uns verpasst.«

»Scheiße. Ich ruf den mal an. Ruf mich gleich zurück!«

Ich lege auf, warte fünf Minuten und bitte dann den Handyverkäufer um ein weiteres Telefonat.

»Pass auf, Herbert ist unterwegs. Irgendwas mit Stau, der Idiot. In einer halben Stunde ist er da.«

Nach einer weiteren Stunde fährt ein Wagen vor. Jemand kurbelt das hintere Fenster herunter und fragt: »Bist du Nils? Von der *Stahlratte*?«

Ich nicke.

»Na, dann mach hinne!«

Der Satz klingt wie ein Vorwurf. Ich steige ein und setze mich neben Herbert auf die Rückbank. Er trägt ein sehr, sehr langes grünes T-Shirt, seine Beine stecken in kurzen Hosen, und soweit ich das sehen kann, trägt er Socken in den Sandalen. Das T-Shirt scheint nicht nur Herberts schlaksigen Körper zu verbergen, auch irgendein kantiges Etwas ist darunter zu erkennen. Eine Kasse vielleicht? Ein Safe? Das Aussehen des Deutschen ist jedenfalls von einer Farblosigkeit, ja Mürrischkeit geprägt, wie ich sie selten gesehen habe; außer »hm« und »nein« hat sein Kommunikationsrepertoire nicht viel zu bieten.

Wir fahren entlang hoher Mauern und Stacheldraht, bis wir das Zollgebiet erreichen. Die Wartehalle ist brechend voll. Müde, hoffnungslose Gestalten auf Drahtstühlen. Doch Herbert eilt einfach an allen vorbei, blafft eine Frau an einem Tresen an, und schon werden wir an einen eigenen Sachbearbeiter verwiesen. Ich schüttele ein paar Hände, sage höflich »Buenos días«, und Herbert stellt mich als Kapitän der *Stahlratte* vor.

Für Diskussionen bleibt wenig Raum, ich nicke freundlich, und schon habe ich einige Formulare unterschrieben, die es mir erlauben, mein Schiff für einen Zeitraum von vier Monaten nach Kolumbien einzuführen. Nach etwa fünf Minuten ist alles getan, und plötzlich bin ich höchstamtlich der Kapitän der *Stahlratte*. Wenn Opa das wüsste.

»Und wieso bin *ich* jetzt der Käpt'n und nicht Lars?«, frage ich Herbert, während wir zurück zum Auto laufen.

»Weil Lars seinen Wohnsitz in Kolumbien hat und er das Schiff deshalb staatlich ...« Bla, bla, bla. Ich kann nie zuhören, wenn mir jemand etwas über »staatlich« erzählt. Da bin ich ganz Uli Hoeneß.

Als ich endlich auf die *Stahlratte* zurückkehre, geht die Sonne bereits unter. Wir sind hier nur zehn Breitengrade vom Äquator entfernt. Hitze und frühe Dunkelheit, das wird mich hier noch häufig verwirren.

»Sach mal, was ist Herbert eigentlich für 'n Kerl?«, frage ich Xabi, nachdem wir uns in der Messe zum Abendessen eingefunden haben.

»Ein Griesgram«, antwortet er. »Hast du wahrscheinlich gemerkt ... Aber effektiv!«

»Und was ist sein Job?«

»Er ist unser Hafenagent. Du kannst dein Schiff selbst hier einschiffen, zum Zollamt gehen und den ganzen Papierkram und die Einreise erledigen – oder du lässt es Herbert machen. Der macht es genauso, nur schneller.«

»Warum?«

»Weil alle Angst vor ihm haben. Die Leute sind diese deutsche Unfreundlichkeit doch gar nicht gewohnt, die haben da einfach keine Lust drauf. Und ehe die sich ewig mit ihm rumschlagen müssen, machen sie lieber, was er sagt, und sind ihn schnell wieder los.«

»Ein bisschen wie die Mafia ...«

»Ja. Bloß ohne Waffen.«

»Sei dir da nicht so sicher«, wirft Meghan ein. »Hast du den Kasten unter seinem Hemd gesehen?«

»Wieso?«, fragt Xabi.

Meghan schaut nur vielsagend.

Xabi runzelt die Stirn. »Quatsch! Der ist wegen seinem Nierenleiden, oder so. Der Mann ist krank, Meghan ... Na ja, früher war er jedenfalls Kapitän, aber irgendwie ist er hier in Kolumbien gestrandet. Er ist eigentlich schon lange im Ruhestand. Macht das alles nur noch, um sich etwas dazuzuverdienen.«

Vielleicht ist es die See, die ihn so verdrießlich gestimmt hat, denke ich. Auch Lale schien mir bisher nicht der glücklichste Geselle zu sein. Ob das Salz die Sinne abstumpft?

Es ist ja immer auch eine Unzufriedenheit mit sich selbst und der eigenen Situation, die einen dazu bringt, wegzulaufen, etwas Neues im Leben zu suchen. Ich bin von zu Hause weg, um mehr von der Welt zu sehen, um mehr zu verstehen und zu erfahren und mal richtig zu arbeiten. Ich erinnere mich an eine Szene im Garten meines Vaters, als ich Holz hackte. Späne stoben durch die Gegend, der Schweiß stand mir auf der Stirn, Beil und ich waren eins, ich hatte eine riesige Euphorie in mir. Bis irgendwann die Kraft nachließ, das Beil im Schwung absackte und ich mir eine Platzwunde in den Kopf schlug. Ich wollte immer schon gerne mit den Händen arbeiten. Nur die Hände nicht mit mir. Um das zu ändern, hatte ich das Weite gesucht.

Aber was, wenn man alles gesehen hat? Wenn man so weit wie möglich davongelaufen ist und dann merkt, dass sich nichts weiter in der Ferne verbirgt als immer nur neue Horizonte, die unerreichbar bleiben? Vielleicht stellt sich dann irgendwann ein Gefühl ein, dass es nichts mehr gibt, das sich zu erreichen lohnt.

Mein ehemaliger Biolehrer hat einmal gesagt: »Man kann vor sich selbst nicht weglaufen. Man schleppt sich immer mit.« Ich glaube, er wollte nur einen Witz machen, aber es ist wohl das Weiseste und Wichtigste, das ich in meinen dreizehn Jahren Schule gelernt habe.

Und deshalb sollte das Ziel einer jeden Reise die Heimat sein. Wo auch immer die liegt.

⚓

ARBEIT

»Welcher Idiot ... «

19. Juni 2013, Cartagena, Kolumbien

Erneut weckt mich das Geräusch von Arbeit. Es ist mir peinlich, schon wieder ein Kapitel damit zu beginnen, aber das ist nichts gegen die Peinlichkeit, die ich verspüre, als ich mit verpenntem Gesicht an Deck erscheine. Es kann doch nicht sein, dass ich schon wieder verschlafen habe, während die anderen schuften! Der Neue, der feine Akademiker, der das Komfortabenteuer sucht! Nichts ist mir mehr zuwider, als dieses Bild an mir haften zu sehen.

Lale und die anderen verladen gerade einige Holzstämme, die wir auf dem Achterdeck gelagert hatten. Ich packe an, so gut es geht. Und immerhin schaffe ich es, mir einen Splitter in den Finger zu rammen, als Zeichen meiner Schufterei.

Nach einem kurzen Obst- und Kaffeefrühstück werden die Aufgaben für die nächsten Tage geplant. Der Bugmast soll entrostet werden, genauso die Front des Schlafsaals, die innere Bordwand und das Hauptdeck. Winkelschleifer werden verteilt, Verlängerungskabel verlegt, der Generator wird angeschmissen, um Starkstrom zu produzieren. Lio bereitet den Bootsmannstuhl vor, um sich in die Takelage am Mast zu hängen.

Meine besten Freunde werden in den nächsten Tagen die Polier- und die Schrubbscheibe. Die eine für feinere, die andere für gröbere Entrostungen. Ich arbeite unter Deck, hinter Mundschutz und Schutzbrille, in T-Shirt und Boxershorts. Am liebsten würde ich auch das T-Shirt ablegen, doch die Funken der Flex stieben gegen das Metall und springen zurück. Es riecht nach versengtem Haar. Kleine Brandlöcher zeichnen sich in meinem Bart ab. Je nachdem, wie ich die Flex halte, springen mir die Funken entweder ins Gesicht oder an den Oberarm. Letzterer ist bald schwarz und von Eisenspänen bedeckt, und immer wieder sind die Funken so heiß, dass winzig kleine Brandblasen entstehen.

Über mir hängt Lio im Mast. Zwanzig Meter über dem Meer, nur durch ein dünnes Seil gesichert, treibt er den Winkelschleifer in den Stahl. Alle drei Minuten ruft er: »¡Baja, baja!«, und Meghan, die das Seil führt, lässt ihn ein Stück hinunter.

Die vorderen Dachfenster im Schlafsaal wurden abmontiert, um für Durchzug und frische Luft zu sorgen und mir den Zugang zu den rostigen Stellen zu erleichtern. Ich arbeite über Kopf, auf einer Arbeitsplatte stehend, Schweiß in den Augen, und immer wieder die lahmen Arme ausschüttelnd. Meine Kleidung weist keinen trockenen Flecken mehr auf. Die Betten haben wir mit Plastikplanen abgehängt, denn auf dem Boden sammeln sich alle möglichen Arten von Dreck. Eben habe ich mir die Schrubbscheibe in den Daumen gerammt und ein etwa erbsengroßes Stück Fleisch herausgeschnitten. Ein Hoch auf meine letzte Tetanusimpfung. Immerhin, die Wunde blutet nicht. Die Hitze der Scheibe versiegelt sofort alle Äderchen.

Lale, der von Xabi an die Mole gefahren wurde, um Reparaturmaterial und Farbe zu kaufen, kehrt gegen Mittag zurück und bringt Danilo sowie mehrere Portionen Hähnchen mit. Außerdem hat er einen Spanier dabei.

»Hab ihn am Hafen aufgegabelt«, erklärt Lale. »Sacht, er kann schweißen.«

In den nächsten Tagen wird Antonio, oder »Tío«, wie er sich vorstellt, immer dort zur Stelle sein und mit seinem Schweißgerät flicken, wo der Rost das Schiff bis zur Löchrigkeit zerfressen hat.

Und schließlich, bevor es Abend wird und die *Stahlratte* mit offenen Wunden daliegt, müssen wir die entrosteten Stellen säubern und Schutzfarbe auftragen, damit sie über Nacht nicht korrodieren. Wir bedecken unsere Arbeiten mit Planen, entstöpseln alle Maschinen und verstauen sie im Schiffsbauch.

Unter der Dusche bemerke ich, dass die roten Punkte an meinem Körper schlimmer geworden sind. Sie haben sich zu Pusteln entwickelt, die nässen, wenn ich sie aufkratze.

Mitten in der Nacht geht ein gewaltiges Gewitter nieder. Donner grollt den Schiffsrumpf entlang. Ich klettere aus meiner Kammer, weil ich auf Toilette muss, da fallen mir die hinteren Fenster ein, die wir zur Belüftung des Schlafsaals offen gelassen haben. Ich eile nach draußen, verschraube die Luken und beschwere die Abdeckplanen über den ausgebauten Fenstern gegen den Wind.

Am Morgen sind jedoch alle Abdeckplanen verrutscht. Die bearbeiteten Stellen liegen offen, Wassertropfen haben sich darauf gesammelt. Sollte Feuchtigkeit unter die Farbe gedrungen sein, war die ganze Arbeit umsonst.

»Welcher Idiot ...«, flucht Lio, als er die Planen wieder zurechtrückt und dabei ein Schwall Wasser aus den Senken läuft, die sich in den Löchern der abmontierten Fenster gebildet haben. Wir haben Glück gehabt. Hätte es länger geregnet, hätten sich die Planen weiter mit Wasser gefüllt und wären in die Öffnungen hinabgerutscht, bis sie sich irgendwann in einem riesigen Schwall in den Schlafsaal ergossen hätten. Für die kommende Nacht werden wir Kisten über die Fenster schieben, um ein Einsinken der Planen zu vermeiden. In Gedanken gebe ich mir die Schuld an dem Fauxpas. Schließlich war ich der Letzte, der die Planen kontrolliert hat.

Der Tag wird zu heiß zum Arbeiten. Der Himmel ist mit einer faden Wolkenschicht bedeckt, nichts, was der Sonne etwas entgegensetzen könnte. Der Roststaub im Schlafsaal liegt träge am Boden, meine Arme brennen vom Funkenregen. Ich habe eine Beule am Kopf, eine Brandwunde am Arm, verschiedene Schnitte und Risse an Händen und Füßen und Ausschlag an den Hüften.

Mein graues T-Shirt, das ich zu meinem Arbeitsshirt erkoren habe, färbt sich mittlerweile rostrot. Die Metallpartikel haben sich im Stoff festgesetzt, wo sie unauswaschbar oxidieren. Höchstens eine Magnetkur könnte das Shirt vielleicht noch retten. Bis dahin bleibt der Herbst im Gewebe, und ein unangenehmes Jucken, das die Splitter auf der Haut verursachen.

Hitzepickel! Die roten Punkte an meinem Körper sind Hitzepickel! In einem Anflug von Raserei habe ich mir heute Morgen Xabis Rasierer genommen und jedes Haar von meinem Körper geschoren, das dem Schweiß eine Angriffsfläche bot. Unter den Achseln, im Schritt, am Kinn, auf der Brust, überall hatte sich das Salz, das nach dem Verdampfen des Schweißes übrig geblieben war, gesammelt und die Haut gereizt. Seit ich wieder wie zwölf aussehe, geht es mir besser. Einzig die Augenbrauen habe ich stehen lassen.

Ich sitze auf der Bordwand. Mein Blick schweift über das Hafenbecken, die Arbeit ruht, es ist Mittagspause. Endlich habe ich Zeit, die Pelikane zu beobachten. Wie sie träge auf den Prellpollern zwischen den Lotsenschiffen liegen, wie sie im Gleitflug den Hafen entlangjetten, im Sinkflug über dem Wasser nach Beute suchen und dann mit der Anmut eines Eimers herabstürzen und in einem halben Salto und mit geöffnetem Schnabel auf der Wasseroberfläche aufprallen.

Ihre fetten Körper sind viel zu grobschlächtig, als dass sie vernünftig eintauchen könnten. Sie haben nichts von der Eleganz einer Möwe oder gar eines Greifvogels; einzig das Volumen ihrer überdimensionalen Schnäbel scheint ihnen den einen oder anderen schuppigen Glückstreffer in den Rachen zu treiben und sie vor dem sicheren Hungertod zu bewahren. Sie erinnern mich ein wenig an meinen Kumpel Terrence. Dick und rund und mit großem Maul.

Wenig später steuert das nächste Gewitter auf uns zu. Der Himmel ist unberechenbar. Ich sehe die Wolken über den grünen Hügeln hinter der Stadt, da beginnt es schon zu nieseln. Eigentlich hatte ich gerade duschen wollen, doch nun erledigt sich das von selbst. Wir bedecken die Malerarbeiten mit Planen, dann kommen die ersten Böen. Wie aus dem Nichts reißen sie an Takelage und Tauwerk und geben unsere provisorischen Abdeckungen der Lächerlichkeit preis. Es ist ein kurzer, aber intensiver Kampf. Um uns herum gehen die Blitze nieder, innerhalb von wenigen Sekunden wird die Postkartenansicht von Bocagrande von grellen

Lichtern zerschlitzt. Als unsere Arbeit ausreichend gesichert ist, trockne ich mich ab und folge dem Schauspiel vom Heck des Schiffes. All der Regen. Endlich ein wenig Heimat.

⚓

HARTER HUND

»Es gibt kein Fallen.«

Es ist vermutlich schwer vorstellbar, unter welcher Anspannung ich in den ersten Wochen stand. Es war ein Gefühl fremder und eigener Erwartungshaltung, das mich komplett beherrschte. Ich wollte um jeden Preis ein guter Matrose sein. Jeden Fehler machte ich mir zum Vorwurf.

Dazu kam Lale. Es war schwer, ihn einzuschätzen, schließlich bekam ich ihn kaum zu Gesicht. Während wir arbeiteten, war er häufig an Land, um Besorgungen zu machen. Meist erschien er nur zu den Mahlzeiten. Dann besprachen wir die getane und kommende Arbeit, und schließlich verschwand er wieder, um Zeit mit seiner Familie zu verbringen. Das konnte ihm niemand verübeln. Ohnehin hatte ich das Gefühl, dass wir entspannter waren, wenn Lale nicht anwesend war. Seine Gegenwart löste ein Gefühl beklemmender Unruhe in der Mannschaft aus. Eine Mischung aus Ehrfurcht und Furcht. Niemand wollte ihm auch nur den geringsten Anlass geben, sich zu ärgern. Am allerwenigsten ich.

Denn Lales Ausstrahlung ist eine Macht. Er ist ein Berg von einem Menschen – sowohl äußerlich als auch innerlich. Der Anspruch, den er an seine Crew legt, ist der gleiche, den er an sich selbst hat, und bisher habe ich in keiner Weise das Gefühl, ihm genügen zu können. Es gibt Menschen, die die Dinge einfach anpacken und schauen, was passiert. Etwas zu machen heißt, Fehler zu machen, und aus Fehlern lernt man. Doch diese Art von Mensch bin ich nicht. Zumindest nicht hier auf dem Schiff. Ich fürchte mich davor, etwas falsch zu machen, fürchte mich vor dem Unmut, den das auslösen könnte, und davor, etwas kaputt zu machen, sodass wir über kurz oder lang sinken und alle jämmerlich ertrinken würden. Ich glaube, Stephen King sagte mal: »Eine große Phantasie ist eine göttliche Gabe, aber manchmal kann sie auch ein Fluch sein.« Mir fehlt die positive Grundeinstellung.

Dennoch zwinge ich mich zur Arbeit. Irgendwie muss ich ein Bein auf den Boden bekommen. Jeden Abend lerne ich Spanisch. Eine Stunde, zwei Stunden brüte ich im Schein der Lotsenschiffe über meinem Heft und büffle Vokabeln und Grammatik. Ich konzentriere mich, den anderen in ihren Gesprächen zu folgen, die einzelnen Wörter voneinander zu unterscheiden und einen Sinn in dem Brei von Lauten, den sie von sich geben, zu entdecken. Die wichtigsten Wörter für mich lauten bald:

¡Cuidádo! – Vorsicht!
¡No te preocupes! – Mach dir keinen Kopf!
¡Vále! – Okay!
No sé. – Keine Ahnung.
¿Dónde está ...? – Wo ist ...?
¿Puedes ayudarme? – Kannst du mir helfen?
Necesito ayuda. – Ich brauche Hilfe.
Está bien. – Na gut.
atrás – nach hinten
adelante – nach vorne
abajo – nach unten
¡Baja! – Senk ab!
arriba – nach oben
más – mehr
¡Más despacio por favor! – Langsamer bitte!
menos – weniger
¿Sabes? – Weißt du?
marica/maricón – Schwuli/Schwuchtel

Und schließlich beginne ich, einzelne Wörter zu verstehen. Kurze Sätze, Redewendungen, manchmal sogar Witze. Ich spüre den Boden unter meinen Füßen, bis Lale ihn mir wieder entzieht.

⚓

21. Juni 2013, Cartagena, Kolumbien

Wir sitzen in der Messe, wieder ist ein Gespräch im Gange. Als ich nachhake, um die Worte zu verstehen, unterbricht mich Lale: »Das ist ja phantastisch, dass du hier schön dein Spanisch auffrischst, aber kannst du mir sagen, wie unsere Segel heißen?«

Ich schaue ihn irritiert an. »Nein ... Ich habe ...«

Lale nickt. »Schön, dass du deine Ferien genießt. Aber wie wär's, wenn du Prioritäten setzt? Du bist hier auf einem Schiff! Überleg dir, was deine Aufgaben sind!«

»Ich habe nur gedacht ...«

»Erster Fehler.«

»Ich habe nur gedacht, wir sind hier zwei Wochen im Hafen, wir laufen erst in einer Woche aus, ich habe gedacht, vielleicht ist es wichtiger, dass ich mich mit meinen Kollegen verständigen kann. Ich kann doch nicht alles gleichzeitig lernen!«

Lale schenkt mir einen verächtlichen Blick.

Am Abend stelle ich mich vor die Schiffsskizze in der Messe, wo all die Begriffe für Segel, Taue und Masten auf Deutsch und Spanisch geschrieben stehen, und hämmere sie mir in den Kopf. Ich laufe mit Xabi das Deck ab, um mir all die Segel erklären zu lassen, wie und wann ich welches Fall bediene, welches Tau wo festgemacht wird und welches Segel wir wann hissen. Wir spielen verschiedene Szenarien durch, immer wieder, bis mein Kopf schwirrt. Xabi bekommt von mir die Erlaubnis, mich nun jederzeit aus den Federn zu holen, um mich über das Deck zu scheuchen und verschiedene Segelmanöver durchspielen zu lassen.

Als ich Lale am nächsten Tag bitte, mich die Segel abzufragen, wird sein Blick nur noch verächtlicher. »Sind wir hier in der Schule, oder was? Du sollst Verantwortung übernehmen. Für dich und das Schiff. Es gibt hier keine Noten!«

Wieder sind es Schläge auf mein Selbstbewusstsein. Alles, was ich bisher in meinem Leben gelernt habe, kommt mir hier unnütz vor. Und alles, was ich hier zum Überleben brauche, beherrsche ich nicht. Wie soll ich denn Verantwortung übernehmen, wenn ich mich an Bord kaum zurechtfinde? Zu Verantwortung gehören Können, Erfahrung und Know-how, und alles drei vermisse ich hier schmerzlich. Nicht mal Kochen traue ich mir noch zu.

⚓

22. Juni 2013, Cartagena, Kolumbien

Ein weiteres Ereignis stellt Lales und mein Verhältnis auf die Probe: Das Großsegel hat bei der letzten Fahrt einen Schmiss bekommen und muss genäht werden, da der Riss sich zu erweitern droht. Wir haben die Nähmaschine auf das Achterdeck gehievt, Lale steht über dem Segel, das auf dem Tisch liegt. Er schwitzt und schnauft, während er den Stoff immer wieder zurechtrückt, ein Stück vernäht und dann erneut zurechtrückt.

»Ich brauch mal eine Taille!«, schreit er auf Deutsch, und es ist klar, dass er mich meint.

»Was ist das?«, rufe ich vom Hauptdeck aus.

»In der Taukiste!«

Bevor ich noch einmal frage, eile ich zum Mittelschiff. Eine Taille, das wird ja nicht so schwer sein. Unruhig stehe ich vor den Seilen. Taue und Bändsel in allen möglichen Längen und Farben. Ein Klettergurt, in einem Netz verpackt. Klar, einen Klettergurt bindet man sich um die Taille!

Ich eile zurück, doch schon von Weitem höre ich Lale rufen: »Mann! Doch keinen Klettergurt! Eine Talje! Mit zwei Blöcken dran!«

Was zum Teufel sind Blöcke?

Doch in dem Moment schießt Xabi an mir vorbei, in der Hand ein schwarzes Tau, das in zwei Umlenkrollen eingearbeitet ist, sodass es einen Flaschenzug ergibt.

»No te preocupes«, flüstert er mir zu.

Ich wünschte, das wäre so einfach. Am Abend beschließe ich, die Crew über den Käpt'n auszufragen.

»Ach, Lale ist gar nicht so hart, wie du denkst«, sagt Meghan, während die anderen nicken. »Er hat halt immer mal wieder schlechte Laune.«

»Was würdest du denn machen, wenn du drei Monate von zu Hause wegfährst, die ganze Zeit deine Familie nicht siehst und dann auch noch mit so Kaputten wie uns rumhängen musst?«, setzt Xabi hinzu. »Und dann, wenn du mal Ruhe hast, erwischt dich ein Virus, der dich komplett lahmlegt. Das ist doch scheiße!«

»Ja, klar«, sage ich. »Ich fühle mich bloß wie der letzte Idiot, wenn er mir etwas erklärt!«

»Bist du ja auch in seinen Augen! Das sind wir alle, was glaubst du denn? Wir sind alle Süßwassermatrosen im Vergleich zu ihm! Tausendmal musst du tausend Leuten tausend Dinge erklären, die für dich das Einfachste der Welt sind. Die einfachsten Handgriffe entpuppen sich für die Idioten als Zauberei. Natürlich fragst du dich da, wie dumm man eigentlich sein kann. Ich meine, was kannst *du* wirklich gut?«

Die Frage überrumpelt mich. »Na, ähm ... Meinst du jetzt auf dem Schiff?«

»Nein, im echten Leben!«

»Vielleicht ... na ... Schreiben?«

Xabi schaut mich enttäuscht an. »Ist das dein Ernst? Rechtschreibung und so? Grammatik?«

»Nee, Geschicht... Fußball spielen!«

Ich bin kein brillanter Fußballer, aber einen langen Ball kann ich schlagen.

»Gut, dann stell dir vor, dass du über Jahre hinweg jeden zweiten Monat immer neuen Leuten die Grundregeln des Fußballs erklären musst. Nicht Abseits oder Umschaltspiel oder so, sondern ganz einfach: Dass man den Ball nicht mit der Hand berühren darf und so. ›Man darf den Ball nicht mit der Hand berühren?‹ – ›Nein, außer beim Einwurf.‹ – ›Aha. Und der Torwart?‹ – ›*Der* darf die Hände nehmen.‹ – ›Echt?‹ – ›Ja.‹ – ›Warum?‹ – ›Is' halt so.‹ – ›Und warum dürfen die anderen nicht?‹ – ›Is' halt wieder so.‹ – ›Kapier ich nicht.‹ So ungefähr. Verstehst du?«

Ich nicke. Vielleicht hat Xabi recht. »Und wie lange macht Lale das schon? Ich meine, was hat er vorher gemacht?«

»Keine Ahnung«, antwortet Xabi. »Zur See gefahren. Ich kenne niemanden, der was Genaues weiß. Wahrscheinlich weiß er es nicht mal mehr selbst. Es gibt tausend Legenden. Manche sagen, er war bei irgendeiner Aussteigergruppe, andere sagen, er war im Knast. Beides Schwachsinn, wenn du mich fragst. Und wieder andere sagen, er war bei Greenpeace und hat für die Manöver gefahren. Aber was soll Lale denn bei Greenpeace? Der lebt doch seinen eigenen Staat. Und mit dem anderen Zeug hat er doch auch nichts am Hut. Am besten, du fragst ihn selbst! Geschichten hat er genug. Ob sie wahr sind, sei dahingestellt. Wahrscheinlich war er einfach nur Fischer, und irgendwann waren die Meere leer.«

Ich werde mich hüten, Lale direkt nach solchen Details zu fragen. Knast könnte ich mir bei seiner Art ja beinahe vorstellen – auf der anderen Seite weiß ich nicht, ob das Leben auf See dich nicht noch härter macht als das im Knast.

»Feststeht, dass er ein harter Hund geworden ist über die Jahre«, fährt Xabi fort. »Und dass er viel Scheiße auf See erlebt hat. Das bleibt nicht aus. Und heute ist er so, wie er ist.«

Lio, der das gesamte Gespräch über nichts gesagt hat, erhebt nun seine Stimme: »Nils, Lale ist ein guter Mensch. Das wirst du merken. Nimm das nicht zu wichtig. Und nimm dich nicht zu wichtig.«

Dann lächelt er beinahe.

Viel konnte ich über Lale nicht in Erfahrung bringen, denke ich später, als ich in meiner Kammer liege und der Ventilator meinem Körper leidliche Abkühlung verschafft. Dass er ein harter Hund ist, wusste ich schon vorher, und den Rest konnte ich mir denken. Es kommt mir vor, als wäre ich das genaue Gegenteil von ihm. Und viel schlimmer ist: Ich glaube, er sieht das genauso.

Mir bleibt nur die Hoffnung, dass die anderen es am Anfang auch so schwer hatten. Und dass es irgendwann besser wird.

Xabis Frage geht mir nicht aus dem Kopf: »Was kannst du wirklich gut?« Darüber habe ich noch nie richtig nachgedacht.

Auch im Fußball war ich nie überragend. Es hat immer ein Stück gefehlt. Auf der Bühne beim Poetry Slam hatte ich Erfolg, aber es gab immer Leute, die besser oder erfolgreicher waren als ich. Mein Vater behauptet gerne, er sei ein »fröhlicher Dilettant«. Einer, der sich auf allen Gebieten ein wenig auskennt, aber nirgendwo Experte ist. Und plötzlich fällt mir ein, was ich kann. Was ich immer konnte und nie jemand besser beherrschte als ich: Fallen.

Als ich laufen konnte, wollte ich rennen; als ich Fahrrad fahren konnte, wollte ich freihändig fahren, beim Turnen vom Kopfstand in den Handstand auf den Rücken auf die Fresse. Ich bin in meinem Leben so häufig gefallen – ich tu mir nicht mehr weh.

Als Kleinkind wurde bei mir eine minimale cerebrale Dysfunktion diagnostiziert. Raumwahrnehmungsstörungen. Ich konnte weder hinken noch rückwärtslaufen. Kaum ein Foto aus der Zeit, auf dem ich nicht Schürfwunden im Gesicht hätte.

Einmal nahm Opa mich beiseite, als ich wieder heulend und mit aufgeschürften Ellenbogen auf dem Bordstein saß, und sagte: »Weißt du, was das Wichtigste ist, mien Jung? Es gibt kein Fallen. Es gibt nur Fliegen mit einem schmerzhaften Aufprall. Und wenn du das nächste Mal irgendwo hinfällst, schau dich um, ob du nicht noch 'ne Mark auf dem Boden findest. Denn so schnell kommst du da nicht wieder hin.« Dann drückte er mir ein Geldstück in die Hand, und alles war gut.

Heute habe ich gelernt, mich abzurollen. Und irgendwann werden mir die Aufgaben leichter von der Hand gehen. Irgendwann werde ich das alles hier genießen können.

EIN ERSTER LETZTER ABEND

In einem Abschied liegt häufig viel Kraft.

25. Juni 2013, Cartagena, Kolumbien

Meine Hand gleicht einem Schlachtfeld. Gestern habe ich mir eine Verbrennung über vier Finger zugezogen, als ich ein heißes Backblech aus dem Ofen holen wollte. Ich muss mehrmals am Tag duschen, um die Hautreizungen durch den Schweiß zu verhindern.

Die Arbeiten an Deck sind abgeschlossen. Der Mast, der vordere Schlafsaal und die Bordwand sind entrostet. Einzig die Gleitschiene für den Fisherman hakt noch. Es erfordert einiges Vertrauen in die gerade erlernten Knoten, wenn man eine Schaukel daran binden und sich den achtundzwanzig Meter hohen Mast herablassen muss, um die Spurrille des Segels einzufetten. »¡Baja, baja!«, rufe ich Danilo zu, der unter mir das Seil lockert. »¡Valeeeee!« Neben mir hängt ein Eimer, darin eine aufgeschnittene Plastikflasche voll Schmierfett. Mit den Füßen klammere ich mich an den Mast, die freie Hand versucht, das Gleichgewicht zu halten. Das unangenehme Gefühl im Bauch hat mittlerweile nachgelassen. Der Knoten sitzt stabil, ich kann sogar die Aussicht genießen. Im Süden der Containerterminal, im Norden die Hochhausnadeln von Bocagrande. Als ich am Boden ankomme, zittern meine Beine vor Anstrengung.

Morgen ist Lios und Meghans letzter Tag. An ihrer Stelle wird Tío die Crew ergänzen. Er war die letzte Woche fast täglich bei uns. Er ist ein gelassener Madrilene mit runder Brille und einer besonderen Vorliebe für spanische Gitarrenmusik. Er mag um die fünfzig sein. Sein braun-roter Bart steht stets zerzaust in alle Richtungen.

Eine meiner Lieblingsbeschäftigungen ist das allabendliche Duschen. Viel lieber würde ich baden, aber da gibt es ein Problem: Überall um uns herum sind wir von Wasser umgeben, doch niemand würde freiwillig hineinspringen. An manchen Tagen bildet sich eine bunte Schicht auf der Oberfläche, vom Diesel der Containerschiffe, wenn sie wieder einen Tankunfall hatten oder heimlich das Abwasser im Hafen verklappten.

Vor ein paar Tagen war ich mit dem Dingi unterwegs, um Danilo an der Mole abzusetzen; als ich zurückkam, begann es zu regnen. Ich eilte davon, um die Luken zum Schlafsaal zu verschließen, doch in der Hektik vergaß ich, das Dingi festzumachen. Als ich nach wenigen Momenten wieder an Ort und Stelle zurückkehrte, schwamm das Boot bereits unerreichbar im Hafenbecken. Es kostete mich mehr als nur ein bisschen Überwindung, das Dingi zu bergen. Die folgende Nacht hatte ich Angst, dass mir ein drittes Auge wachsen würde.

Jetzt ist es dunkel, die Sterne scheinen herab, und ein leichter Wind weht, der Gänsehaut verursacht. Wir duschen für gewöhnlich auf dem Außendeck, wo der Gartenschlauch in der Takelage hängt. Ich spüre, wie der gesamte Schmutz des Tages von mir abfällt und in den Abfluss in der Bordwand rinnt. Meine Haut ist bereits reichlich gebräunt, sodass sich ein leuchtender Kontrast an meinen Lenden abzeichnet. Ich bin mir sicher, mein Po könnte mit dem Mond konkurrieren. Mitunter kommt ein Partycruiser vorbei, auf dessen Vordeck die Mädels kreischen, sobald sie meinen blanken Hintern erblicken. Das sind die wenigen Momente, in denen ich Zuspruch erhalte. So viel Exhibitionismus sei erlaubt.

Während ich dusche, steht Xabi in der Küche und brät Frikadellen. Für den Abend haben wir ein Abschiedsessen geplant. Lio hat argentinischen Tango aufgelegt, der über das Achterdeck und durch die Boxen in der Messe dröhnt. Noch heute, wenn ich irgendwo argentinischen Tango höre, bin ich zurück auf dem Schiff. Dieser Abend ist mir als einer der schönsten im Gedächtnis geblieben: wie wir gemeinsam in der Küche sitzen, ein Festmahl vor uns, und anstoßen. Freundschaftlich. In einem Abschied liegt häufig viel Kraft.

Zum Nachtisch bereite ich Havanna Sail. Maracujasaft mit Soda und Rum. Das Lieblingsgetränk des schönen Mädchens. Als der Saft zur Neige geht, trinken wir den Rum pur.

⚓

1. Juli 2013, Cartagena, Kolumbien

Die Betten sind bezogen, die Despensa ist von Schädlingen befreit, der Einkauf für die kommende Überfahrt gemacht. Lio und Meghan sind abgereist. Alles ist vorbereitet für die nächste Tour. Den Nachmittag haben wir frei, und ich unternehme einen weiteren Versuch, Cartagena zu erkunden.

In der Altstadt, dort, wo früher Blas de Lezo kämpfte, spielt heute das Konzert des Reisetourismus: Straßenverkäufer, Schlepper, Hotels, Edelboutiquen und Plastikimitate. Dahinter findet man wundervoll bougainvilleabehangene Gässchen. Die Häuser tragen Pastelltöne. Die Kirchentüren sind zu den Messen weit geöffnet. Abseits des Tourismus werden die Farben intensiver. Die Menschen sind zurückhaltender, ärmlicher, ehrlicher. Auf der Plaza Trinidad wird sonntags Zumba getanzt. Sie zeigen dort auch Filme, auf einer selbst aufgestellten Großbildleinwand und mit rasselndem Ton. Sobald die Sonne untergeht, ist dort jeden Abend Straßenfest.

Hinter der Brücke der Hafen: Jachten, Hotels, allabendliche Workout Sessions der Betuchten. Ein paar Meter weiter das Arbeiterviertel, wo die Imbissbuden von Hand gezogen werden und auf den Straßen Fußball gespielt wird. Eine spärlich mit Graffiti beschmierte Mauer schottet das Viertel vom dahinterliegenden Containerterminal ab.

Und erst jetzt fällt mir auf: In meinen vierzehn Tagen in Cartagena habe ich nur zweimal das Schiff verlassen. Zu weit war der Weg zwischen Boot und Mole, zu müde die Augen, zu faul die Haut. Doch Cartagena ist auch von Weitem schön anzusehen. Bei Nacht, wenn die Kräne im Containerterminal zu leuchten beginnen, wenn die Hochhäuser von Bocagrande Augen bekommen und die Partycruiser unter schmalziger Musik in die Sterne fahren, dann liege ich manchmal auf dem Achterdeck, eine Mütze über der Stirn gegen die Helligkeit, Kopfhörer in den Ohren gegen die Lautstärke, und kann auf eine angenehme Weise nicht schlafen.

⚓

DIE ZWEITE TOUR

»Oh, I'm gonna miss you!«

2. JULI 2013, CARTAGENA, KOLUMBIEN

Wir treffen die neuen Gäste vor der Migración Colombia. Es ist acht Uhr, das Frühstück steht angerichtet in der Messe der *Stahlratte*. Danilo ist da, um es zu bewachen.

Wir warten, bis beinahe alle Gäste beisammen sind, dann treten wir durch die schmiedeeisernen Tore in den Innenraum der Migración, um die Formalitäten der Ausreise hinter uns zu bringen. Einzig eine Kanadierin fehlt, doch Lale möchte sich nicht gedulden. »Soll sie halt schwimmen!«

Drei Minuten später kommt Linda in die Eingangshalle gestürmt, mit wehendem Rock und einem Mann im Schlepptau, den sie, als sie uns erreicht, innig küsst. Er trägt einen spärlichen Bart und das Haar auf einer Seite des Kopfes kurz geschoren, er sieht verwegen aus, wahrscheinlich attraktiv. Einer, dem alles egal ist. So egal, dass er sich extra eine Alles-Egal-Frisur zugelegt hat, um das deutlich zu zeigen. Linda legt eine Hand in seinen Nacken und zieht ihn erneut eng zu sich heran. Dann wendet sie sich uns zu.

»Hallo, Leute! Sorry fürs Zuspätkommen, hab gestern zu lange gefeiert! Also ... was heißt gestern? Heute! – Oh, I'm gonna miss you!« Wieder verschwindet das Gesicht des Kerls unter einem langen, feuchten Kuss.

Zu ihrem Rock trägt Linda ein Tanktop, das ihre enormen Brüste an den Seiten durchscheinen lässt. Dazu Tattoos an Stellen, die nur halb erkennen lassen, was darauf dargestellt wird. Nur am Knöchel hat sie einen deutlich zu sehenden Anker gestochen. »Damit ich immer weiß, dass ich überall ankern kann!«, wird sie mir später erklären. »Er erinnert mich daran, dass überall mein Zuhause ist!«

Ich würde mir wahrscheinlich eine Portion Labskaus auf den Oberschenkel tätowieren.

»Okay, und was passiert jetzt?«, fragt Linda und strahlt in die Runde.

Ich sehe, wie Lale sich innerlich erschießt.

Gegen elf Uhr laufen wir aus. Sieben Motorräder, einundzwanzig Seelen, Crew und Käpt'n inklusive. Es ist das erste Mal, dass ich allein an der Winde stehe, und ich bin irre nervös. Irgendwann gibt Tío mir ein Zeichen, und ich verlangsame den Hebevorgang, bis die Ankerfluken polternd gegen die Bordwand fallen. Bremse festziehen, Motor aus, Verzahnung lockern. Nie komplett lösen, um ein ungewolltes Fallen des Ankers zu verhindern. Check. Dann Frühstück.

Neben mir am Tisch sitzen Michel und Antje, zwei Deutsche, die ihr Studium beendet haben und gemeinsam auf Weltreise sind. Gegenüber hat Cobra Platz genommen, der wirklich so heißt und mehr Bier trinkt als alle anderen, und dann ist da der weise Ignacio, der Dinge sagt wie: »Vielleicht gibt es keinen falschen Weg, dieses Brett in seine vorgesehene Halterung zu bekommen, aber einen richtigen.« Und danach funktionieren die Dinge.

Die meiste Zeit liegt er im Bugnetz unter dem Klüverbaum, das Gesicht im Schatten und die Hände vor der Brust gefaltet. Mit seiner lockigen Mähne und der Sonnenbrille sieht er dann aus wie eine Mischung aus Diogenes in der Tonne und dem Dude aus *The Big Lebowski*.

Lindas erste Frage gilt dem W-Lan.

Ich werde solche Touristen noch öfter erleben und ihr Verhalten nie ganz nachvollziehen können. Im Gepäck der meisten Backpacker befinden sich iPad, Smartphone, Spiegelreflexkamera und GoPro. Alles, was sie in irgendeiner Weise als interessant einstufen, halten sie digital fest. Anschließend werden die Bilder bearbeitet und online gestellt, an den Likes lässt sich schließlich ablesen, wie atemberaubend das Erlebnis einzustufen war. Backpacken ist zu einer Modeerscheinung verkommen. Jeder kommt überall günstig und ohne zu großen Aufwand hin; jeder Ort hat einen Flughafen, jedes Dorf eine Erwähnung im *Lonely Planet*, mit Preistafeln, Hot-Spots und Partyempfehlungen.

Am eindrücklichsten ist der Backpackersprech. Orte werden nicht mehr besucht, bereist oder durchwandert, sie werden »gemacht«. Folgend wird ein Häkchen ans Ende der To-do-Liste gesetzt und eine Stecknadel in die entsprechenden Orte auf der Landkarte in der WG-Küche gepinnt. Die schönsten Strände und exotischsten Länder dienen nur noch als Hintergründe für alltägliche Partys in ortsansässigen Szenehostels, wo sich hippe Rucksacktouristen aus aller Welt treffen und wiedertreffen und dann feststellen, wie klein die Welt doch ist. Das Fast-Food-Prinzip hat sich durch Twitter, Facebook und Instagram auf alle gesellschaftlichen Bereiche ausgeweitet – auch auf den Tourismussektor.

Und natürlich ist die Welt kleiner geworden. Von Flugverbindungen und asphaltierten Straßen komprimiert. Doch mit der Welt sind auch die Augen geschrumpft. Die Landkarte rollt sich selbst auf, vor Scham, keine Orte mehr bieten zu können, die außerhalb unserer Möglichkeiten liegen. »Der Tourist zerstört das, was er sucht, indem er es findet«, hat Hans-Magnus Enzensberger einmal geschrieben, und er hat nicht unrecht.

Als Lale Linda auf ihre Frage verständnislos anschaut und dann grunzt: »W-Lan? Ham wir nicht!«, sieht sie sehr traurig aus. Dann verschwindet sie, um eine Steckdose zu suchen.

⚓

2. Juli 2013,
10° 10.07' nördliche Breite, 76° 03.34' westliche Länge

Wir haben seit etwa einer Stunde das offene Meer erreicht. Wir machen gute Fahrt, sechs Knoten, am Nachmittag bekommen wir Besuch von ein paar Delfinen. Zunächst sind es nur einzelne Buckel am Horizont, doch schließlich kommen sie näher und tummeln sich um unseren Bug. Die Gäste versammeln sich an der Bordwand und schießen Fotos. Die Delfine, es sind vier oder fünf, tauchen dem Kiel voraus, springen durch die Wellen und spielen mit dem Rumpf. Ihre Körper schneiden durchs Wasser, und jäh wirkt das Schiff wie eine Kutsche, die von unsichtbaren Strängen durch die Fluten gezogen wird. Ich klettere ins Bugnetz, und drücke mein Gesicht in die Maschen. Beinahe könnte ich die Tiere berühren.

Wenig später ruft mich Xabi, um mit mir das Hissen des Großsegels vorzubereiten. Immer wieder bin ich in den letzten Tagen das Schiff abgelaufen und habe die einzelnen Handgriffe an den Seilen geübt. Der Wind kommt von vorne, leicht Steuerbord, und entsprechend legen wir den Großbaum aus. Als der Wind das Großsegel erfasst hat und es gleichmäßig bläht, fühle ich mich sehr erhaben. Dann ziehen wir auch Stag, Fisherman und Fock hoch.

Ich habe den Eindruck, dass ich in der Hierarchie an Deck aufgestiegen bin. Ich bin nicht mehr der Neuling an Bord. Ich sehe Tío, der sich ähnlich wie ich auf der ersten Tour mit den simpelsten Arbeiten schwertut. Wie er sich stößt an Ecken und Kanten, denen ich nach diesen Wochen mit voller Selbstverständlichkeit ausweiche. Ich bekomme Routine in den täglichen Abläufen an Bord und fühle mich bedeutend ruhiger. Selbst Lale gibt sich besser gelaunt.

Um zwei Uhr nachts weckt mich Tío, um die Wache zu übergeben. Wie es üblich ist für die kommende Schicht, hat er Kaffee aufgesetzt, den ich mit viel Milch und Zucker trinke.

»¿Todo bien?«, frage ich, denn Tíos Englisch ist noch schlechter als mein Spanisch.

Er hebt den Daumen.

»Vale. Perfecto«, erwidere ich.

Es macht mir Spaß, spanisch zu sprechen, auch wenn ich bisher nur kurze Phrasen und Sätze beherrsche. Tío verabschiedet sich ins Bett, und ich gehe in die Maschine, um zu schauen, ob er alles ordentlich hinterlassen hat. Für eine halbe Minute wird das Rattern des Motors lauter, dann verklingt es im Schacht unter mir.

Ich habe ein Seil bei mir, um Knoten zu üben. Die Sicht ist klar, der Himmel blank, das Meer ist gemach. Immer wieder schlinge ich das lose Ende des Seils in Buchten und Augen um den stehenden Teil, bis die Knoten mir mit links und rechts und mit geschlossenen Augen von der Hand gehen. Es sind nicht viele Knoten, die ich beherrschen muss, doch die wenigen müssen sitzen.

Auch Zettel und Stift liegen neben mir, denn ich möchte dem schönen Mädchen schreiben. Aufs Blatt gebannt, erscheinen all die Sorgen und Zweifel bald klein und überwindbar. Fast wirkt es, als hätte ich einen Gesprächspartner. Die Zuversicht, die ich in die Zeilen lege, macht auch mir selbst Mut.

Nachdem ich die zweite Runde in der Maschine hinter mir habe, laufe ich das Deck auf und ab und gehe im Kopf die Namen und Aufgaben der einzelnen Taue und Segel durch. Die Wellen am Bug brechen sich und werfen Meeresleuchten in die Dünung. Für eine Weile setze ich mich auf den Klüverbaum. Und plötzlich fange ich an zu singen.

Ich singe laut und inbrünstig und bin froh, dass mich niemand hören kann. Der Wind weht meine Worte in die Nacht. Ich singe Lieder aus meiner Kindheit, die ich noch auswendig kann, und weil das nicht sehr viele sind, singe ich Weihnachtslieder. Leise rieselt der Schnee, still und starr liegt der See. Und schließlich singe ich auf Plattdeutsch. Eigentlich hatte ich es von Opa lernen wollen, aber dann starb er, und es war zu spät. Immerhin erbte ich seine Bibliothek. Ich las all die Bücher von Reimer Bull, und bald verstand ich die ersten Geschichten und brachte plattdeutsche Sätze über die Lippen.

Die Sprache fühlt sich warm auf der Zunge an.

Dat du min leevsten büst, dat du wohl weeßt.
Kumm bi de Nacht, kumm bi de Nacht, segg wo du heeßt.
Kumm bi de Nacht, kumm bi de Nacht, segg wo du heeßt.
Kumm du üm Middernacht, kumm du Klock een.
Vader slöpt, Moder slöpt, ick slaap alleen.
Vader slöpt, Moder slöpt, ick slaap alleen.

Es ist eines der schönsten Lieder der plattdeutschen Sprache. Es erzählt von der Liebe zweier Jugendlicher, die vor den Eltern verheimlicht werden muss. Die Melodie klingt mit einer Sanftheit, die einen die laue Nacht der Marschen spüren lässt.

Unter mir im Wasser tut sich etwas. Die grün glimmenden Funken des Meeresleuchtens werden länger und breiter, bald sieht es aus, als bildeten sie eigene Körper, die sich unter der Wasseroberfläche fortbewegen. Sie entfalten sich, tanzen durch die Wellen, streifen von links nach rechts, und mitunter wirkt es, als ob sie an Fahrt gewinnen. Immer mehr dieser Flecken gesellen sich dazu, und dann erkenne ich, dass es wirklich eigene Körper sind, die knapp unter der Wasserlinie tauchen. Die Delfine sind zurück! In der Dunkelheit sind ihre Leiber kaum auszumachen. Nur das Plankton, das sie durch ihr Gleiten zum Phosphoreszieren bringen, hüllt sie in Tausende Lichter. Leuchtende Schweife, die durchs Wasser ziehen. Sie sehen aus wie gute Geister, die uns den Weg bahnen.

Ich habe im wahrsten Sinne des Wortes noch nichts Wunderlicheres gesehen. Natürlich ist das kitschig. Aber ich wünsche mir in diesem Moment nichts sehnlicher, als das schöne Mädchen neben mir zu haben, ihre Hand zu drücken, sie in den Arm zu nehmen und irgendetwas bedeutungsvoll Bedeutungsloses über Glück zu sagen. So, wie sich das in solchen Situationen gehört.

Vielleicht macht auch das einen Teil der Sehnsucht aus, die mich auf See erfasst: dass es so wenige Augenblicke des Glücks gibt, die ich wirklich teilen kann. »Denn Glück«, schreibt Alexander Supertramp, »ist nur dann echt, wenn man es teilt.«

Auch Opa kannte das Problem. Am 23. Dezember 1953, einen Tag vor Weihnachten, schrieb er:

Hoffentlich bekomme ich irgendwie Post von zu Hause. Ein besseres Geschenk (außer Früchten) kann ich mir gar nicht denken. Jetzt merkt man erst so richtig, was Post überhaupt bedeutet. Denn man ist doch immer ein Fremdling und allein.

Und so schwingt in jedem Moment der Freude auch Melancholie mit. Und vielleicht muss das so sein. Denn ich bin jetzt Matrose.

⚓

GLÜHWÜRMCHEN, HAIE UND KOKOSNÜSSE

»¡Pero no diga Lale!«

3. JULI 2013,
9° 45.28' NÖRDLICHE BREITE, 77° 28 16' WESTLICHE LÄNGE

Ich habe nur drei Stunden geschlafen. Dann hieß es aufstehen und Frühstück machen. Ich habe niemandem von meinem nächtlichen Erlebnis erzählt. Es soll mein Geheimnis bleiben.

Xabi sitzt oben auf dem Achterdeck und hält Ausschau. Bald werden wir die Regionen erreichen, in denen die ersten Riffe auftauchen. Tío steht am Herd in der Küche und kocht Kaffee. Was das angeht, hat er Lio hervorragend ersetzt. Als wir kurz darauf gemeinsam am Frühstückstisch sitzen, klärt Linda mich über ihre weiteren Reisepläne auf.

»Ich werd auf jeden Fall noch eine Weile in Panama City bleiben und dann den Rest von Panama machen. Ich hab einiges über Boquette gehört. Boccas ist ja ein absolutes Muss! Warst du da schon?«

Ich verneine.

»Da *musst* du hin!«

»Geht nicht. Ich muss doch hier auf dem Schiff bleiben.«

»Na und? Die können doch auch mal ohne dich fahren!« Sie schüttelt den Kopf über eine solche Ignoranz. »Ja, und dann kommt irgendwann Richard zu mir nach Panama. Und dann wollen wir nach San Francisco und ein Café aufmachen. Er kommt von da irgendwo. Aber vorher wollen wir hochtrampen! Krass, wie schnell so was geht, oder?« Sie schaut mich erwartungsfroh an.

»Was denn?«

»Na, das mit der Liebe! Richard und ich kennen uns ja noch gar nicht richtig! Und trotzdem fühlt es sich so an, als hätten wir uns schon immer gekannt! Ich weiß, das klingt verrückt, aber irgendwas ist da! Ich bin mir sicher, wir werden heiraten.«

»Ihr kennt euch nicht?«

»Na ja, ja ... und nein! Also, er hat im Media Luna in Cartagena gearbeitet, wo ich gepennt habe. Also, was heißt gepennt? Wir haben uns die ganze Nacht unterhalten, und dann hat es gefunkt! Er hat mich ja am nächsten Tag sogar zur Dingsda gebracht.«

»Migración?«

»Ja, Migración! Krass, oder?« Sie lacht glücklich.

Xabi am anderen Ende des Tisches hört aufmerksam zu.

Gegen Mittag erreichen wir Coco Bandero. Lale lenkt das Schiff durch die Riffe, und Xabi steht vorne im Bug, um mit Tío den Anker fallen zu lassen, ich kümmere mich um die Maschine.

Wir hören die ersten Touristen: »Wow, it's awesome here!«

Diesmal ist Lale es, der mit Einbruch der Dunkelheit am Lagerfeuer die Gitarre auspackt. So machtvoll seine schlechte Laune sich überträgt, so gewinnend ist er, wenn er gut gelaunt ist. Er hat zwei Wasserkanister voll »Punsch« gezaubert, der zum größten Teil aus

Rum besteht. Mit einem Hauch Limetten- und Orangenbrause, Zimt und ein bisschen Wasser.

»Die müssen unbedingt alle werden!«, brüllt er und hält beide Kanister nach oben. »Wenn die nicht alle werden, heißt das, ihr habt keinen Spaß gehabt! Und unsere Gäste haben immer Spaß!«

Auch Rosalinda ist wieder zu Besuch gekommen. Sie hockt abseits auf ihrem Baumstumpf, die mit Fleischspießen gefüllten Tupperdosen zwischen ihren Knien, und lacht über das bunte Treiben. Als Lale sie zum Tanz auffordert, haut sie ihm auf den Hintern und ruft: »Uan urwhe!« Dabei hebt sie drohend den Zeigefinger und grinst.

Bevor die Party zu Ende geht, schwimme ich, allein und mit Taucherbrille bewaffnet, zurück zum Schiff. Das Wasser unter mir ist schwarz, doch bei jedem Schwimmzug leuchtet es grün auf. Es ist, als würde ich in einem Wald voll Glühwürmchen treiben. Als ich eine Rolle mache und meine Beine unter Wasser erblicke, glimmen sie wie die eines Gespensts. Ich höre eine Möwe am Strand, dort, wo Xabi und Linda in der Dunkelheit verschwunden sind. Irgendwann hatten sie begonnen, heftig rumzuknutschen. Krass, wie schnell so was geht.

An Bord dusche ich mir das Salz von der Haut, lege mir eine der blauen Matratzen auf den Tisch auf dem Achterdeck und schlafe unter freiem Himmel. Das Feuer flackert noch lange vom Strand herüber. Die Möwe hat wieder zu kreischen begonnen.

⚓

4. Juli 2013, Coco Bandero, San Blas

Ich steuere das Dingi in Richtung Two Palm Tree Island. Xabi sitzt vorne im Boot, um mir zwischen den Felsen zu helfen. Drei Engländer sind bei uns, die mit mir um das Riff schnorcheln wollen. Sobald wir die Insel erreicht haben, übernimmt Xabi das Dingi und fährt zurück zum Schiff.

Wir anderen tauchen ab in die Fluten. Wir kommen nur langsam vorwärts, denn die Sicht ist gut, und jede Anemone, jeder Sichelfisch will bestaunt werden. Unter uns fällt die Küste steil ab. Rechts das schützende Riff, links die Finsternis des offenen Meeres. Ein Adlerrochen zieht an uns vorbei; er sieht aus, als schwebte er durchs Wasser.

Eben noch habe ich überlegt, was ich machen würde, wenn uns ein Hai begegnete: Ruhe bewahren, auf ihn zuschwimmen, Lärm machen, keine hektischen Bewegungen, wie ich es mir angelesen habe. Und dann gibt es nichts mehr zu überlegen, denn der Hai ist da.

Mir bleibt das Herz stehen. Im gleichen Augenblick, da das Tier aus der Dunkelheit erscheint, ist klar, dass alle Theorien zu Verteidigung Nonsens sind. Ein Riffhai, etwa so groß wie ich, die breiteste Stelle seines massigen Körpers zwischen Kiemen und Kiefer, ich habe ihn nicht kommen sehen. »Shark!«, ruft irgendjemand hinter mir.

Vielleicht zwanzig Meter entfernt tauchte er aus dem Nichts auf. An Flucht ist nicht mehr zu denken. Das Tier ist zu nah dran. Doch im gleichen Moment, da ich erkenne, dass ich hoffnungslos verloren bin, wird mir bewusst, dass der Hai mir nichts tun wird. Da ist keine bedrohliche Musik aus dem Off, kein blutrünstig aufgesperrtes Maul – der Hai strahlt eine Friedfertigkeit aus, die mich jegliche Furcht vergessen lässt. Er interessiert sich gar nicht für mich! Gemächlich streift er über den Meeresboden, einen kleinen Putzerfisch an seiner Seite, dann schwimmt er unter mir hinweg.

Für einen kurzen Moment befindet er sich vielleicht drei Meter entfernt. Ein Schauer durchfährt mich. Doch nicht aus Angst, eher aus Faszination. Und schließlich, als er schon fast in der Dunkelheit verschwunden ist, mache ich eine Rolle und folge ihm. Ich weiß nicht, wie lange wir miteinander schwimmen, ob zehn Sekunden oder zwei Minuten, aber in dieser Zeit, da wir den gleichen Weg haben, da wir voneinander wissen und uns respektieren, fühle ich mich mit ihm verbunden. Dann macht der Hai zwei schnelle Schläge und ist verschwunden.

»Hast du ihn gesehen?«, ruft einer der Engländer aufgeregt, als ich auftauche. Ich nicke heftig. »Ein Schwarzspitzenriffhai!«, fährt er fort. »Hat man an seiner Rückenflosse erkannt! Cool, oder?!« Ein bisschen bin ich enttäuscht, dass ich nicht der Einzige war, der den Hai entdeckt hat.

Als wir den Strand erreichen, setze ich mich in den Schatten der stehenden Palme. Ich greife nach einer Kokosnussschale, die unweit entfernt im Sand liegt und besehe sie mir genauer. Häufig benutzen wir solche Schalen, um den Grillrost zu reinigen. Dabei heben wir den Rost ins Wasser, sodass reichlich Sand darüberspült, und reiben kräftig mit den Schalen über den Ruß. Ihre Fasern lösen den Schmutz besser als jeder Schwamm.

Es ist eine alte Schale, die ich in den Händen halte, von Sonne und Meer weich gewalkt. Ich befühle sie mit den Fingern und lese in ihr die Entstehung der Welt. Irgendwie muss man sich ja fragen, wo all diese Schönheit herkommt: all die Pflanzen und Tiere und ökologischen Systeme. Die Eltern des schönen Mädchens wollte ich schließlich auch irgendwann mal kennenlernen.

Und Gott machte Himmel und Erde, denke ich. Er machte Sterne und Sonne und all die anderen wichtigen Dinge, die man für so eine ordentliche Schöpfung braucht, und er sah, dass es gut war. Dann machte er Pflanzen und Tiere und arrangierte ein paar Vorgärten, und wieder fand er alles ganz prächtig. So arbeitete er Tag und Nacht, und am Ende war er wirklich sehr von sich überzeugt.

Doch dann überkam ihn eine große Müdigkeit. Eine ganze Welt aus dem Nichts zu schaffen kann ja nicht spurlos an einem vorübergehen. Unter den Nägeln trug er den Sand der Sahara, und in seinen Haaren hingen die Nadeln der Taiga. Als er sich schüttelte, fielen Wälder über die Hügel von Ligurien. Er war müde.

So schwebte sein Geist ein weiteres Mal über die Wasser, und er besah sich jeden Flecken der Erde ganz genau. Und als er an den Isthmus kam, die Landenge zwischen Nord- und Südamerika, dort, wo ihm fast die Hand ausgerutscht war, als er den schmalen Landstreifen zwischen Kolumbien und Costa Rica hatte zeichnen wollen, als er nun an den Isthmus kam, befand er, hier sei ein guter Platz, um zu rasten. Das Meer warf seidene Falten in die Landschaft, und er erschuf ein Kleid danach, und der Dschungel war tief und grün und undurchdringlich, und es fauchte und papageite und sang aus dem Dickicht.

Und der Herr glitt ein Stück auf das Wasser hinaus. Hier war es mild und sonnig, und ein leichter Wind kühlte den Nacken. Er reckte die Hände und ließ die Erde beben. Da erhoben sich unter Donnern und Blitzen Inseln aus dem Meer. Es waren sehr viele, eine für jeden Tag im Jahr. An ihren Rändern ließ er Korallen wachsen, die die Brandung zähmten, und das Meer schillerte in bunten Farben, wo Tausende kleine Zierfische sich in ihren Schatten tummelten.

Und nun ließ sich Gott in den Sand fallen. Er zupfte sich ein paar Palmen aus der Achselbehaarung und setzte sich in ihren Schatten. Er schlug die göttlichen Beine übereinander, trank den Saft einer Kokosnuss und las ein Buch von Herman Melville, das dieser später schreiben würde.

In den Furchen der Kokosnuss vor mir kann ich noch die Fingernägel Gottes erkennen. Ein wenig Saharasand klebt noch darin. Die Sonne brennt in den Sand vor mir, und alles ist sehr gut.

Zurück am Schiff, liegt Rosalindas Einbaum längsseits der *Stahlratte*. Sie sitzt auf dem Achterdeck, vor ihr über den gesamten Tisch Molas und Armbänder ausgebreitet, die sie an die Touristen verkauft. Gerade knüpft sie ein blau-gelbes Perlenarmband um Antjes Handgelenk. Die anderen Frauen stehen aufgeregt darum herum, befühlen die Stoffe und lassen die Perlen durch die Finger gleiten. Sobald sie Rosalinda fragend anschauen, hält sie zwischen drei und zehn Fingern in die Luft.

Als sie mich erblickt, formt sie ihre Lippen zu einer Schnute und nickt mir zu.

»¿Hola, Rosalinda, cómo estás?«, frage ich.

Sie hebt die Augenbrauen und deutet eine Trinkgeste an.

»¿Quiéres algo? ¿Agua?«

Die Stahlratte ankert vor Coco Bandero, einer der San-Blas-Inseln in der Karibik.

Beim Sprung vom Klüverbaum treibt einem der Aufprall das Wasser in die Nase.

In Gethsemani schlägt das kulturelle Herz Cartagenas: Street-Art, wilde Pflanzen …

… auch wenn mancher sich nicht davon beeindrucken lässt.

In Panama City treffen Armut und Reichtum aufeinander. Ein Trompeter macht Musik dazu. Oft ist es nur eine Querstraße, die beide Welten trennt.

Pause im Hafen von Cartagena. Das graue T-Shirt wird am Ende der Reise von der Arbeit rostrot sein.

Die Stahlratte auf dem Weg nach Panama. Flieger, Klüver und Fock sind gehisst. Ein majestätischer Anblick!

Hundertzehn Jahre und kein bisschen alt. Die Stahlratte unter vollen Segeln und frisch gestrichen – war ein hartes Stück Arbeit.

Vier Tage dauern die Touren zwischen Panama und Kolumbien. Neben all der Arbeit mit den Motoristas und Backpackern bleibt noch Zeit, um ein bisschen auszuspannen.

Mein Opa Hans-Otto Boie als Schiffskoch auf großer Fahrt. Zu seinen Lebzeiten wusste ich nichts von seinen Abenteuern auf See.

Die Santa Teresa, Opas Schiff, gehörte nach dem Zweiten Weltkrieg zur neuen Flotte der Hamburg Südamerikanischen Dampfschifffahrts-Gesellschaft.

Noch heute habe ich Narben vom Funkenflug, der beim Entrosten der Schiffshaut entsteht. Unten die Maschine, das sechzig Jahre alte Herz des Schiffes.

Bis zu zwanzig Motorräder kann die Stahlratte laden. In Cartagena müssen wir sie mit dem Dingi an die Mole transportieren.

In San Blas: die Wächterinnen der Kokosplantagen in der traditionellen Tracht der Kuna.

Man sagt, das San-Blas-Archipel bestehe aus so vielen Inseln, wie das Jahr Tage hat.

Rosalinda, die gute Seele von Coco Bandero. Und ich in einem Einbaum der Kuna. Allein das Paddel war so schwer wie ein Renault Clio.

Flora und Fauna der Karibik sind gleichermaßen atemberaubend. Ein ähnliches Foto von einem fliegenden Fisch (Mitte rechts) hat Opa vor über fünfzig Jahren geschossen.

Fußball mit den Einwohnern von San Blas oder Kuna Yala, wie die Kuna ihr Land nennen. Bolzen ist verboten, Tore zählen nur auf Kniehöhe.

Abschied von Kuna Yala. Diese Fotos werde ich später meinen Enkeln zeigen, wenn sie mich fragen, ob sie sich an die Regelstudienzeit halten sollen.

»No …«, zischt sie verschwörerisch. »¡Soda!«

Als ich mich zum Gehen wende, zupft sie an meiner Badehose und sagt leise: »¡Y … galletas!« Sie macht eine Geste zu Lale, der am Ende des Tisches steht, und schüttelt kaum merklich den Kopf.

Ich klettere hinunter in die Despensa und hole eine Orangenlimonade aus der Gefriertruhe. Dann nehme ich ein paar Vollkornkekse aus dem Regal und kehre zu Rosalinda zurück.

»¡Pero no diga Lale!«, flüstere ich und stecke ihr die Sachen zu.

Sie kichert.

Von nun an ist die Aufgabe geklärt. Jedes Mal, wenn Rosalinda an Bord kommt, schleiche ich zu ihr und stecke ihr eine Limo und ein paar Süßigkeiten zu. Natürlich weiß Lale über alles Bescheid, aber es ist zu schön anzusehen, wie Rosalinda sich freut, wenn sie hinter vorgehaltener Hand die Brause unter ihrem Rock versteckt und ab und an davon nippt.

Überhaupt ist es schön anzusehen, wie Rosalinda sich freut. Jedes Mal, wenn sich eine unserer Damen auf dem Deck räkelt, eilt sie zu Lale, macht eine Schnute zu der Frau hin und fragt: »¿Siga sate?« Und einerlei, ob Lale bejaht oder verneint, verfällt sie danach in unbändiges Kichern.

Nachdem Rosalinda ihre Stoffe zusammengepackt hat, beginnen wir mit den Vorbereitungen für das Abendessen. Es gibt Kürbisschnitze mit Olivenöl und Knoblauch. Dazu Kokosreis und einen Teil der Holzmakrele, die wir auf der letzten Tour gefangen haben. Mit Paprika und viel Pfeffer schmeckt sie fast wie Schnitzel.

⚓

KOKAIN

»Was wir damit alles hätten machen können!«

5. Juli 2013, Coco Bandero, San Blas

Je näher wir Cartí kommen, desto häufiger passieren uns Boote der Kuna, worauf Lale aufspringt, an die Reling eilt und ruft: »¡Ayayay! ¡Ey! ¡Uan nusqua! ¡Hahaha!«

Und von den Booten pfeift und winkt es zurück, wenn die Kuna rufen: »¡Ey! ¡Uan bipi! ¡Ayayay!«

Nachdem sich das Ganze ein paar Mal wiederholt hat, frage ich Xabi nach der Bedeutung der Worte.

»Das weißt du nicht? Oh, das wirst du lernen müssen! Es heißt ›kleiner Pimmel‹.«

Die Kuna haben offenbar einen sehr speziellen Humor. Fast jeder ihrer Spitznamen hat etwas mit Penissen zu tun. *Uan bipi* bedeutet beispielsweise »kleiner Pimmel«, *uan nusqua* heißt »hängender Pimmel«, *uan dumat* ist der »große Pimmel«, *uan suli* »gar kein Pimmel« und *uan urwhe,* was Rosalinda zu Lale gesagt hat, der »wilde Pimmel«. *Uan,* »Pimmel«, ist bei den Kuna zu einer Art Kosenamen verkommen, so wie unsereins »Alter« oder »Digger« verwendet.

»Und was heißt *siga sate?*«, frage ich, als mir einfällt, was Rosalinda noch zu Lale gesagt hat.

Xabi lacht auf. »Das musst du Lale fragen!«

Bevor die Backpacker das Schiff verlassen, gebe ich Michel und Antje den Brief für das schöne Mädchen. Antje nimmt mich zum Abschied in den Arm und wünscht mir Glück.

Linda bitte ich, Lydia einen schönen Gruß auszurichten.

»Wem?«, fragt sie.

»Lydia«, wiederhole ich. »Falls du sie mal triffst.«

Als wir auch die Motorräder verladen haben und ihre Besitzer zum Abschied am Ufer stehen und winken, legt sich eine unangenehme Ruhe über das Schiff. Das Rattern der Maschine hören wir schon lange nicht mehr, alle anderen Geräusche sind verblasst. Ceron und Gilberto sind an Bord gekommen, um uns zu begleiten. Wir warten auf Regen. Weil wir schwitzen und weil das Deck gesäubert werden muss und weil die Haut salzig ist. Wir sind erschöpft.

Als der Regen einsetzt, beginnen wir zu schrubben. Die Tropfen sind groß und reif, und sie kommen ohne Wind, so, wie es gut ist. Wir schrubben schnell und kräftig und der Donner lässt uns fühlen, was es heißt, klein zu sein. Alle Strapazen, die als Dreck unter unseren Nägeln kleben, werden fortgewaschen. Wenn die Luft salzig ist, schmeckt der Regen süß auf den Lippen.

⚓

6. Juli 2013, Isla Elefante, Cayos Limones, San Blas

Die ersten Tage nach der Tour waren die anstrengendsten, die ich in meiner Zeit an Bord erlebt habe. Psychisch, nicht physisch. Die Arbeit der letzten Wochen steckte uns in den Knochen, das Bewegungspensum wurde auf ein für das Überleben notwendiges Minimum reduziert. Wir ließen uns gehen. Gerade in der Anfangszeit bedeutete dies für mich, mich mit meinem Heimweh auseinanderzusetzen. Die Stimmung an Bord war angespannt. Lale hasste es, von seiner Familie getrennt zu sein, Tío wusste sich nicht recht einzuordnen. Xabi war Xabi und kiffte viel. Einzig Ceron brachte etwas Leben in die Runde. Am zweiten Tag nahm er uns gegen Abend mit in eine Art Holzpavillon an der Küste der Isla Elefante.

»Hast du schon mal probiert?«, will Ceron wissen, während er mit den Zähnen ein kleines durchsichtiges Plastiksäckchen aufreißt.

»Was?«, frage ich.

»Also nicht?«

»Hä?«

»Kokain, Mann! Wir nehmen Kokain.«

Xabi hat derweil sein iPad aus der wasserdichten Schutzhülle befreit, pustet über das Display und legt es sich auf die Schenkel.

»¿Porqué el iPad?«, erkundigt sich Tío.

»¡Suavísimo!« Xabi pustet noch einmal über das Display, wie um seine Antwort zu unterstreichen. »Glatter geht's nicht.«

»Willst du nicht, oder was?«, fragt mich Ceron.

»Ist das nicht arschteuer?«

»Ach komm, ich lad dich ein!«

Ich zögere. Meine Erfahrungen mit Kokain sind bisher nicht die angenehmsten gewesen. Ich selbst habe es nie genommen, ich kenne es nur von einer Party auf der Frankfurter Buchmesse, wo die hoch gefeierten Jungautoren ihre Streetcredibility dadurch versuchten zu erhöhen, dass sie sich ihren frisch gewonnen Ruhm in Form von Kokain durch die Nase zogen. Sie fühlten sich sehr hip und selbstsicher und sie knirschten mit den Zähnen. Menschen auf Kokain sind mir nicht sehr sympathisch.

Doch als ich nun sehe, wie Ceron ein zweites Päckchen auf das Display rieseln lässt und die beiden Haufen mit einer Kreditkarte, die er sich von Xabi geliehen hat, in vier gleich große Linien teilt, erscheint mir die Situation so absurd, dass ich Teil dessen sein will. Fehlt nur noch, dass Ceron einen Geldschein herausholt, um das Kokain zu schnupfen.

Stattdessen kramt er einen Strohhalm hervor. Nacheinander schieben wir uns das Plastikröhrchen in die Nase und schnupfen das Kokain von dem iPad. Als ich an der Reihe bin, konzentriere ich mich darauf, nicht auszuatmen. Zu oft habe ich schon den Puderzucker einer weihnachtlichen Waffel auf meinem Hemd verteilt. Kurz darauf macht sich ein bitterer Geschmack an meinem Gaumen breit. Meine Nase kribbelt, ich sehe, dass die anderen ihre Nasenflügel reiben und tu es ihnen gleich.

»Damit es direkt ins Blut geht«, erklärt Ceron. »Meistens sind kleine Glassplitter drin, um die Schleimhaut aufzureißen.«

Sofort höre ich auf zu reiben.

Langsam fühle ich, wie sich ein Taubheitsgefühl unter meiner Nase ausbreitet. Von dort wandert es den Kiefer entlang, und ich ertappe mich dabei, wie ich mit den Zähnen knirsche. So vergewissere ich mich, dass mein Kiefer noch da ist.

Mein Herzschlag wird schneller. Meine Wahrnehmung intensiviert sich. Immer wieder wende ich den Kopf in alle Richtungen, um unbekannten Geräuschquellen nachzugehen. Ich kann hören, denke ich, alles hören! Meine Gedanken überschlagen sich. Ich kann alles denken, denke ich. Und alles machen! Ich hab Lust zu baden. Und zu springen. Ich will ins Wasser springen. Ich schwimm zurück zum Schiff! Aber vorher will ich mich bewegen. Handstand machen, irgendwas; mein Körper reicht mir nicht mehr. Ich brauch einen zweiten, um meiner Energie Herr zu werden. Ich will mich unterhalten. Tiefgründig! Und dabei Schach spielen.

»Ceron!«, sage ich etwas zu laut und knirsche dabei mit den Zähnen. Ich spüre sehr deutlich, dass ich meinen Kiefer nicht mehr spüre. Auf einer sehr weit entfernten Metaebene bilde ich mir ein, mir gerade sehr unsympathisch zu sein. Aber das ist egal, das ist jetzt egal. Es ist großartig und beängstigend.

»Ceron! Wie oft findet ihr hier eigentlich Kokainpäckchen?«

»Phhhh ... Keine Ahnung. Das ist schwer zu sagen ...«

»Eine Zahl!«

»So ... hundert im Jahr?«

Ich kombiniere: »Das sind alle drei Tage ein Paket! Seid ihr reich?«

»Pffff, reich! Was wollen wir denn damit? Hier, der Typ auf seiner Insel, die direkt vor eurer Nase liegt, der hat mal ein paar Päckchen gefunden! Hat sich als Erstes so ein Hartschalenboot gekauft und 'nen Fernseher und alles. Der Fernseher ist irgendwann kaputt gegangen. Das Motorboot hat er auf Kokain auf ein Riff gesetzt. Jetzt lebt er wieder sein normales Leben.«

»Irgendwer kannte mal einen«, sagt Xabi, »der ein ganzes Boot gefunden hat! Muss im Sturm gesunken sein! Wusste natürlich sofort, dass das ein Kurierboot war, das erkennste. Ist runtergetaucht und hat's überall durchsucht, aber hat nichts gefunden. Nach drei Tagen hat das Militär das Boot dann konfisziert! Die haben das an Land gebracht und aufgesägt, neunzehn Kilo Kokain haben die da rausgeholt! Neunzehn Kilo!«

»Der Idiot!«, brummt Ceron. »Hätte der mal Bescheid gesagt! Da hätte man doch was machen können.«

»Ich hab auch mal eins gefunden«, sagt Tío plötzlich. »In der Nähe von Chichime. Ist gar nicht so lange her!«

»Und was hast du damit gemacht?«, fragt Xabi mit riesigen Augen.

»Ich war da noch auf einem anderen Schiff. Unterwegs nach Kolumbien. Ich hab's treiben lassen. Hätten wir ja eh nicht einführen können.«

»Bist du bescheuert?«, schreit Xabi aufgebracht. »Mann! Was man damit alles hätten machen können! Mann! Das musst du vergraben und beim nächsten Mal wiederholen! Oder, ach, keine Ahnung, wenigstens 'ne Nase nehmen oder so! Apropos ...«

Auf Xabis Zeichen hin holt Ceron zwei weitere Tütchen heraus. Nachdem wir diese zu uns genommen haben, kehren wir zurück zum Schiff.

»Warum mussten wir eigentlich extra zu dem Pavillon fahren?«, rufe ich gegen den Wind.

»Lale hat ein Problem damit, wenn wir Kokain nehmen oder so!«, ruft Xabi zurück. »Er will nicht, dass wir das auf dem Schiff machen! Es gibt genug Idioten! Kannste dir gleich merken: keine Drogen unter Fahrt! Sonst gibt's Ärger! Auch nicht gut, wenn er dich beim Kiffen erwischt! Zumindest, solange Gäste an Bord sind ...«

»Uan bipi will damit nichts zu tun haben«, setzt Ceron hinzu und lacht.

Während er das Dingi steuert, steht er aufrecht im Heck. Vorne am Bug klammert sich Xabi an das Festmachseil und versucht, weit nach hinten gelehnt, die Wucht der immer härter gegen den Bug prallenden Wogen mit den Knien abzufangen. Ceron gibt Vollgas.

»Yeeeeeehaaaa!«, schreit Xabi und schwingt ein imaginäres Lasso. Dann stoppt das Dingi, und er fliegt mit einem anderthalbfachen Salto über Bord.

»Sorry!«, ruft Ceron und biegt sich vor Lachen. »Musste kurz halten!«

An diesem Abend schaffe ich es zum ersten Mal, einen Zugang zu Lale zu finden. Ich weiß nicht, ob es das Kokain ist, das mich euphorisiert, oder ob es mir die Angst nimmt, jedenfalls unterhalten wir uns über die Welt und unsere Ansichten. Und es stellt sich heraus, dass Lale gar nicht der harte Hund ist, für den ich ihn gehalten habe. Er ist ein durchaus vernünftiger Mensch mit einer vernünftigen Haltung, doch die ihn ständig umwehende Salzluft hat seine Ansichten verhärtet und so konserviert, dass sie radikal anmuten.

»Ich will doch nicht mehr als einen Ort zum Leben und Zugang zu Futter und Wasser für meine Familie und mich! Das kann doch nicht sein, dass das nicht jedem Menschen gewährt ist! Ich meine, wie pervers ist das denn? Da wird dir doch das Leben verboten!«

Ich nicke eifrig, in Ermangelung einer schlagfertigen Erwiderung.

»Und da muss doch der Staat für sorgen! Da kann ich doch jeden verstehen, der sich aufregt, wenn der Staat das nicht macht. Und dann hol ich mir einfach, was ich brauche, ist doch klar!«

»Ja!«, rufe ich.

»Ich brauch doch wirklich nicht viel! Ich mein, guck dir die Kuna an! Das ist perfekt hier! Die haben alles, was sie zum Leben brauchen. Und keine Gefahren. Außer uns Idioten! Wo soll denn ein Kind behüteter aufwachsen als hier? Es gibt Essen, Fische, Wasser, und ein besseres Klima kannst du nicht haben! Die brauchen ja die Hütten eigentlich gar nicht. Und die Gesellschaft auch, alles basisdemokratisch! Zu jedem Scheiß wird ein Rat einberufen. Auch nervig, aber das ist wichtig!«

Ich nicke. »Das ist echt phantastisch, dass wir das hier erleben können«, sage ich.

»Ja, klar!«, ruft Lale. »Aber das ist auch total scheiße! Wir leben denen 'ne völlig andere Welt vor. Man darf nie vergessen, dass wir hier Gäste sind! Und so müssen wir uns auch verhalten! Und deshalb will ich auch, dass jeder Kuna hier bei uns zu Gast sein kann. Die können hier ein und aus gehen und sich an allem bedienen, die elenden Kunarachas. Saufen das Bier weg und machen den Rum leer! Aber ich seh das als den Tribut, den wir an die Kuna zahlen. Und den zahle ich gern. Und wenn sie bloß ihre bescheuerten Handys aufladen.«

Tatsächlich kommen in diesen Tagen immer wieder Kuna auf unser Schiff und bringen Laptops, Handys und Smartphones in Gefrierbeuteln und Klarsichtfolie mit, um sie an unsere Steckdosen anzuschließen.

»Wusstest du, dass es grundsätzlich jedem Ausländer verboten ist, in Kuna Yala ein Unternehmen zu gründen?«

»Nee!«, sage ich.

»Und Ausländer sind in dem Fall auch Panameños. Es gibt nur eine Ausnahme.«

»Welche?«

»Na, Claro, und die ganzen Telefonunternehmen!«

Claro ist einer der größten Funk- und Fernsehanbieter Süd- und Mittelamerikas. Überall heben sich seine leuchtend roten Satellitenschüsseln gegen die Bastdächer der Inseln ab.

»Das ist doch auch schon wieder bekloppt, Nils! Kein Ausländer darf hier sein Geschäft aufmachen, außer natürlich die Herren vom Funk! Damit auch jeder schön Facebook und Fernsehen haben kann! Diese bescheuerten Idioten!« Lale haut Ceron auf den Rücken und rüttelt ihn am Nacken hin und her. »Kunaracha, he?«

Und schließlich unterhalten wir uns über das Leben auf dem Schiff. Ich erzähle, wie hart die Anfangszeit für mich war und dass ich langsam das Gefühl habe anzukommen. Lale nickt. Jeder müsse seinen Teil beitragen, um sich einzubringen. Natürlich sei das hart am Anfang, aber da müsse man durch. Und es gebe immer etwas, was man tun könne – selbst wenn man nichts könne.

Am Ende frage ich: »Sach mal, Lale, wie bist du eigentlich auf die *Stahlratte* gekommen?«

Er lehnt sich zurück und verschränkt die Arme vor der Brust. »Ach, lange Geschichte.«

»Hier, und sach mal«, füge ich an, bevor er irgendetwas ausführen kann. »Das wollte ich sowieso schon immer mal fragen: Wieso eigentlich *Stahlratte*?«

»Wieso? Ist doch ein geiler Name, oder nicht? Okay, eigentlich ist er scheiße, wenn keiner Bescheid weiß …«

»Wieso, was heißt'n das?«

»Kennst du nicht, ne? *Stahlratte*? Nee, bist du viel zu jung für. Ist so'n Sci-Fi-Ding aus den Achtzigern. ›Stahlratte‹ war der größte intergalaktische Kriminelle aller Zeiten. Und ist es heute noch, wenn du mich fragst! Also, nicht *kriminell* kriminell, eher so ein Gesetzloser … Den Namen haben wir über 'ne Lotterie entschieden.«

Und dann beginnt Lale, von der *Stahlratte* zu erzählen.

DIE GESCHICHTE DER STAHLRATTE

»Heute sind wir das *Schiff!«*

Die *Stahlratte von Bremen* wurde 1903 in den Niederlanden gebaut. Ein Heringslogger, der zunächst unter dem Namen *Johanna Maria von Scheveningen* durch die Nordsee kreuzte. Dann wurde sie nach Norwegen verkauft, was ein Glück war, denn so entging sie dem Schicksal ihrer Schwesterschiffe, die restlos im Ersten und Zweiten Weltkrieg sanken. Sie gehörte der Familie Silden von der Insel Silda, was »Hering« heißt, und die neuen Besitzer tauften sie *Sildaskjær*, »Schäre von Silda«. Dort erwies sie der Familie treue Dienste, bis man über dreißig Jahre später beschloss, dass das Schiff nun zu alt sei und abgewrackt werden müsse.

Damals war Harm, Lales Vater, auf dem Schiffsmarkt aktiv. Über die *Fiskaren*, eine Fischereizeitschrift, hörte er von der *Sildaskjær*, worauf er Lars und dessen Bruder Olaf nach Oslo schickte, um sie zu kaufen. Das war Anfang der 1980er-Jahre, Lale und Olaf steckten bis zum Hals in ihrer Ausbildung zum Erwerb des Kapitänspatents, und sie brachten die *Sildaskjær* schnellstmöglich nach Bremerhaven, wo sie fit gemacht werden sollte für die segelnde Fischerei. Die beiden hatten genug von der Überfischung der Meere, sie wollten nachhaltigen und traditionellen Fischfang betreiben und nach Möglichkeit davon leben können.

Doch dann kam Fokko. Ein kleiner, dicker Seemann mit fliehender Stirn, der die Pier entlangstrich und nach einem geeigneten Schiff Ausschau hielt. Fokko war ein junger Hippie aus reichem Elternhaus, und sein höchstes Ziel war es, alles anders zu machen als sein Alter. Er wollte dem Wehr- und Zivildienst entfliehen, denn es war Kalter Krieg und er war Pazifist, und selbst im Zivildienst witterte er die Gefahr, im Kriegsfall eingezogen zu werden. So hatte er bereits ein paar Jahre zuvor ein Aussteiger-Schiffsprojekt realisiert, das allerdings gescheitert war.

Dem großen Fischsterben der Siebzigerjahre folgte das große Fischereiensterben der Achtzigerjahre, und in jedem Hafen gab es damals eine Schmuddelecke, in dem abgetakelte Schiffe lagen, auf denen Aussteiger hausten, die von einer Weltumseglung oder wenigstens vom Abhauen träumten. Doch die Crew, der Fokko zunächst angehört hatte, bestand zur einen Hälfte aus Kiffern und zur anderen aus Säufern, und obwohl sie alle im nüchternen Zustand sehr gut auszuhaltende Kerle waren, waren sie doch viel zu selten nüchtern. Nach anderthalb Jahren löste sich das Projekt vor Afrika auf, und Fokko blieb auf den Kanaren, wo er mit Töpfer- und Lederarbeiten für die Touristen sowie die örtliche Homosexuellenszene seinen Lebensunterhalt verdiente. Dann erkrankte er und musste nach Deutschland zurück.

Wieder genesen, zog er nach Berlin und arbeitete als Lederschneider, bald im Akkord, um Geld für seine nächste Weltumseglung zu verdienen. Über Zeitungsannoncen sah er sich nach einer

Crew um. Gerade begann die zweite Phase der RAF, die »große Zeit« der deutschen Opposition, und bald fanden sich viele Anarchisten, Querdenker und Hippies, die ihn bei seinem Projekt unterstützen wollten. Die meisten von ihnen kamen aus der Hausbesetzerszene, und immer wollte irgendwer irgendwen kennen, der irgendwen kannte, der meinte, mal mit Meinhof oder sonst wem gesoffen zu haben. Schließlich hatte Fokko sechs Männer und Frauen um sich gesammelt, die freies Leben und freie Liebe forderten und dies auf dem Schiff verwirklichen wollten. Niemand von ihnen hatte ein Seefahrtspatent, und es bestand die romantische Motivation zu zeigen, dass man ein Schiff auch ohne Kapitän segeln konnte. Sie träumten vom anarchistischen Grundprinzip im kleinsten aller Staaten. Nur ein Schiff brauchte es noch.

Also fuhr Fokko die norddeutschen Häfen ab und kam 1984 nach Bremerhaven. Lale und sein Bruder saßen gerade auf dem Außendeck, als Fokko den Hafen entlangschlenderte und klassische Musik vernahm. Die beiden spielten Gitarre und Cello. Fokko verliebte sich auf der Stelle in ihr Schiff. Zunächst wollten Lars und Olaf nicht verkaufen, doch dann bat Fokko um eine Summe, sie nannten einen utopisch hohen Betrag, und als Fokko einwilligte, wurden die beiden schwach. Ihre Seefahrtspatente lagen ohnehin noch in weiter Ferne, und für das Geld würden sie durchaus ein vergleichbares anderes Schiff finden.

Fokko und seine Truppe arbeiteten nun unter der Woche in Berlin, um Geld zu verdienen. Am Wochenende fuhren sie rüber nach Bremerhaven, um die *Sildaskjær* auf Vordermann zu bringen. Es war eine gute Zeit, denn in Bremerhaven lag ein großer Stützpunkt der US-Army, und die Stadt hatte damals die größte Kneipendichte Deutschlands.

Zudem hatte das große Fischereiensterben Anfang der Achtzigerjahre wiederum zu einem großen Werftensterben geführt, sodass eine Vielzahl von Baumaterialien für einen Spottpreis zu haben waren.

Die Arbeiten am Schiff verliefen grundsätzlich »Pi mal Daumen«. All die stinkenden Geräte zur Fischverarbeitung wurden aus dem Bauch des Schiffes gerissen, doch als die alte Dame dann mit leerem Magen im Wasser lag, stellten Fokko und die anderen fest, dass sie jetzt viel zu hoch dümpelte und der kleinste Sturm sie umpusten würde. Es musste Ballast her. Ein Zementmischer wurde bestellt und ein Großteil des alten Schrotts wieder im Schiffsinneren versenkt. Fokko stand am Ende der Pier, und während die anderen den Zement in den Rumpf laufen ließen, peilte er über den Daumen, wann das Schiff anständig im Wasser lag. Doch dann zog plötzlich Regen auf, der Zement drohte nass zu werden, und alles wurde Hals über Kopf ins Innere gewuppt, bis das Schiff am Ende wie eine fette Ente im Wasser trieb. In diesem Zustand würde es zwar niemals kentern, doch der Dieselverbrauch der folgenden Jahre war kaum zu vertreten. Jahre später, im Hafen von Lissabon, wurde der Zement wieder aufgestemmt.

Noch lag das Schiff namenlos in Bremerhaven. Denn *Sildaskjær*, so viel war klar, sollte es nicht länger heißen. Jedes Crewmitglied durfte drei Namensvorschläge auf einen Zettel schreiben, die erst basisdemokratisch und dann per Losverfahren ausgeschlossen wurden. *Bloody Wostok Experience* und *Marie-Johanna* waren unter den Verlierern. *Stahlratte*, der gefährlichste Outlaw des Universums, blieb bestehen.

Der Name hätte kaum besser gewählt sein können. In *Die Geburt einer Stahlratte*, dem ersten Roman des *Stahlratten*-Zyklus des US-Amerikaners Harry Harrison, heißt es:

Wir sind die Bürger der Außenseite. Wir lehnen die simplizistischen, langweiligen, starren, bürokratischen, moralischen und ethischen Beschränkungen ab, nach denen die anderen leben. Stattdessen haben wir uns eigene, bessere Lebensregeln gegeben.

1987 lief die *Stahlratte* schließlich aus. Kurz zuvor hatte ein anderes Schiff sie gerammt, was zu neuen Reparaturmaßnahmen und finanziellen Belastungen geführt hatte, doch nun war es höchste Zeit, die Segel zu hissen, denn Fokko hatte just eine ranghohe Rockerbraut für sich gewonnen und Angst vor Vergeltung. Lars, der die ganze Zeit über an einem anderen Schiff im Hafen gearbeitet hatte, begleitete die Crew bis nach Lissabon, von wo aus sie den Atlantik überqueren wollte.

Von nun an trotzte die Besatzung jeder Gefahr, kein Wetter war zu widrig, keine Welle zu hoch, kein Sturm zu stark, doch in der Karibik merkte man, dass man pleite war.

Zunächst sollte über Charterfahrten das nötige Geld verdient werden, doch die Unterschiede zwischen Crew und Gästen waren einfach zu groß. Immer wieder kam es zu Auseinandersetzungen mit den Hafenmeistereien und der Polizei. Für gewöhnlich, weil man die ortsüblichen Bestechungsgelder nicht zahlen wollte. Niemand der zwölf Aussteiger hätte jemals einem Staatsdiener etwas geschenkt.

So hielt man sich mit kleineren Reparaturarbeiten über Wasser, ohne je einen festen Hafen anlaufen zu können.

Ein weiterer Dämpfer wurde dem Projekt verpasst, als das jüngste Crewmitglied zu einem Tauchgang aufbrach und nicht mehr zurückkehrte. Der junge Mann war viel zu tief getaucht, ein Schockmoment musste ihm den Verstand geraubt haben, als man ihn fand, hatte er seinen Bleigurt noch um. Nichts deutete darauf hin, dass er versucht hatte aufzutauchen.

Dieser Vorfall war ein schwerer Schlag für die Crew. Und er führte zu der größten Party, die je auf der *Stahlratte* geschmissen wurde. »Wenn ich mal sterben sollte«, hatte der Jüngste einmal gesagt, »dann müsst ihr richtig feiern!« Drei Tage lang wurde auf der *Stahlratte* kein Auge zugemacht.

Doch nach sieben Jahren beinahe ununterbrochenen Lebens an Bord war die Luft raus. Machthunger, Eifersucht und bald auch das Bedürfnis nach einer eigenen Familie zeigten, dass das Leben doch viel menschlicher war als die Utopie, die man sich vorgestellt hatte. Die meisten der Frauen hatten sich verliebt, Fokko selbst war seit drei Jahren in einer Beziehung, die ihn beinahe in den Wahnsinn trieb. Die Nerven lagen blank. Der Karibikrum tat das Übrige. Man hatte viel diskutiert und viel gesoffen – die Welt umsegelt, geschweige denn verändert hatte man nicht. Es war Zeit für eine Auszeit.

1994 stieß Lale zur Crew, um das Schiff zurück nach Europa zu bringen.

Wie in einer symbolischen Aktion wurde in Lissabon aller vergangener Ballast aus dem Schiffsrumpf gerissen. Der Strom für die Arbeiten wurde von Laternenmasten abgezapft, das Schiff runderneuert. Eine Zeit lang blieb es in Lissabon, stets wurden zwei Leute als Wachmannschaft abgestellt, aber dennoch: Das Projekt ließ sich nicht wiederbeleben.

Viele Crewmitglieder zogen sich zurück. Greenpeace übernahm für ein paar Wochen das Schiff, man besetzte Ölbohrtürme und entrollte markige Banderolen.

Anfang der 2000er-Jahre wurde dann ein neuer Versuch unternommen, die *Stahlratte* wieder ihrer Bestimmung zuzuführen. Es fand sich eine neue Crew mit frischer Motivation, die sich mit Feuereifer an die Arbeit machte. Diesmal war Lale fester Teil davon. Und als dann 2001 in New York die Flugzeuge wie Bomben flogen, war allen klar, dass man schnell machen musste. Ein weiterer Weltkrieg lag in der Luft.

Ein neues Steuerhaus kam auf das Achterdeck, es wurde Platz für den großen Tisch geschaffen, und abermals raste ein Schiff im Hafen in die Seite der *Stahlratte*. Diesmal zahlte die Versicherung so gut, dass es das Projekt beflügelte. 2005 lief die *Ratte* aus.

»Heute sind wir *das* Schiff, welches weltreisende Motorradfahrer mit ihren Maschinen zwischen Panama und Kolumbien hin- und herbringt«, schließt Lale seine Erzählung. »Ich glaube, nach Kuba und Mexiko sind wir sogar das einzige Schiff. Und das alles nur über Mund-zu-Mund-Propaganda.«

»Und wie geht's weiter? Wollt ihr irgendwann noch mal los?«

»Der Plan sieht vor, dass die *Ratte* 2017 durch den Kanal geht und dann weiter westwärts segelt, um die Kugel zu umrunden.«

»Und deine Familie?«

»Mal kieken.«

CERON

»Es gibt drei Fremdwörter in der Sprache der Kuna.«

6. Juli 2013, vor den Cayos Limones, San Blas

Später in der Nacht sitze ich auf dem Achterdeck und starre in die Sterne. Die anderen sind bereits zu Bett gegangen, nur Ceron liegt neben mir in der Hängematte, die Augen geschlossen. Die Wirkung des Kokains hat uns aufgezehrt.

»Willst du morgen mit fischen kommen?«, fragt er aus den Tiefen der Matte.

Ich nicke. Als ich merke, dass er das nicht gesehen haben kann, gebe ich ein zustimmendes Gähnen von mir.

Ceron lässt ein Bein aus der Matte baumeln. Er setzt es müde auf die Bank und stößt sich ab, um Schwung zu nehmen. »Weißt du, ich habe das sehr lange gemacht ... gefischt. Jetzt trinke ich und ...« Er tippt sich zweimal mit dem Daumen an die Nase. »Das ist jetzt mein Job. Und Vögeln.« Er versucht, sich mir zuzuwenden, doch das Schwanken der Hängematte stellt sich als unüberwindbares Hindernis heraus. »Verdammter Rum. Er macht dich betrunken ... Das Ding ist, ich mach den ganzen Scheiß, aber ich glaube, ich könnte immer noch damit aufhören und für mich selbst leben, verstehst du? Ich bin auf niemanden angewiesen. Ich weiß, wie man Fische fängt und wie man eine Pflanze setzt. Manche von uns haben das vergessen ... Die Panameños haben uns Solaranlagen versprochen. Wir haben gar nicht danach gefragt!«

»Ist doch gut!«, sage ich.

»Phhhh! Was sollen wir denn damit? Wenn wir Solarplatten haben, brauchen wir Stromnetze. Für die Stromnetze wollen die unsere Bäume abhauen, damit die Leitungen bei Sturm von den Ästen nicht beschädigt werden. Fuck it! Ich fäll doch nicht den Baum, von dem ich lebe, nur um Fernsehen gucken zu können.

Die sind doch bescheuert! Hab ich denen auch gesagt.« Er schweigt, wie um die Worte wirken zu lassen. »Weißt du, was wir machen, wenn die panamaische Regierung etwas tut, was uns nicht passt? Wir schließen die Schulen. Das ist das Einzige, wodurch sie Einfluss auf uns haben: Schulen und Fernsehen. Wir brauchen die Schulen nicht! Unsere Kinder lernen alles Nötige von uns. Die Panameños brauchen die Schulen. Und *die* wollen, dass wir Fernsehen haben. Wir haben alles, was wir brauchen.«

»Und wie ist es mit dem Kokain?«, frage ich. »Sind welche von euch abhängig?«

»Einige ... «

Schließlich sagt er: »Weißt du, es gibt drei Fremdwörter in der Sprache der Kuna: Arbeit, Zeit und Geld. ›Arbeit‹ heißt *arbeid*. Habt ihr Deutschen wahrscheinlich mitgebracht. ›Zeit‹ ist *whatchi*. Und ›Geld‹? *Mani!* Oder *dollar*. Weißt du, was das heißt? Wir kannten die Wörter vorher nicht. Es gab sie einfach nicht. Das ist alles nicht unser Ding: Arbeit, Zeit und Geld. Wir haben, was wir brauchen. Und mit mehr soll man uns in Ruhe lassen ... Mehr ist auch scheiße, Mann.«

LANDGANG

»¡Más feo que hambre!«

7. Juli 2013, vor den Cayos Limones, San Blas

Die Gläser der letzten Nacht stehen eingetrocknet auf dem Tisch in der Messe. Halb geleerte Bierdosen, die Reste von Keksen und Hanuta. Meine Nase fühlt sich an, als hätte ich eine Tasse Essig geschnieft. Tío sitzt im Salon und arbeitet an einem Affenknoten. Lale und Xabi schlafen noch.

Ich mache mich daran, Ordnung zu schaffen. All die Kippenstummel in den Mülleimer, die Reste von Xabis Joints über Bord. »Was glaubt ihr eigentlich, was die zuerst kontrollieren, wenn die nach Drogen suchen?«, hat Lale sich neulich aufgeregt, als er Jointreste im Aschenbecher gefunden hatte. »Natürlich die Mülleimer!«

Seltsamerweise fühlte auch ich mich angesprochen, obwohl ich seit meiner Ankunft an Bord nicht mehr geraucht habe. Ich schaue zu, wie die Stummel der Joints in der Tiefe versinken, und frage mich, was das wohl mit den Fischen macht.

Ein Gewitter hängt am Horizont. Man kann es beinahe riechen. Die Wolken drücken mit einer ungeheuren Last auf das Meer. Ich höre den Donner, ich sehe die Blitze, aber das Unwetter will nicht kommen. Ich streife das Deck entlang. Zum Bug, wieder zurück, auf das Achterdeck, in die Maschine. Kein Wind, keine Wellen. Dann wieder zum Bug. Jede verstreichende Sekunde ist mir bewusst. Ein Schwarm Müll treibt vorbei.

Als die anderen erwachen, ist es, als hätte es den gestrigen Tag nicht gegeben. Mit Ausnahme des Katers. Lale ist mürrisch wie immer, vielleicht noch mürrischer, Xabi ist Xabi und kifft. Es ist gleichermaßen erstaunlich, mit welcher Disziplin er das Kiffen verfolgt, wenn er nichts zu tun hat – und wie er darauf verzichten kann, sobald Arbeit ansteht.

Wir sollten ein paar Tage an Land gehen, schlägt Lale beim Abendessen vor. Abstand gewinnen, mal rauskommen. Er werde derweil an Bord bleiben. Er brauche ein bisschen Zeit für sich.

Wir beschließen, in zwei Tagen nach Cartí aufzubrechen, um von dort aus das Schiff nach Panama City zu verlassen. Auf dem Rückweg sollen wir Einkäufe erledigen, wir brauchen frische Lebensmittel und Wasserkanister, denn ab dem 13. Juli erwarten wir Gäste. Freunde des Käpt'n.

Ich habe mir aus der Werkzeugkammer ein Maßband genommen, das man ein- und ausfahren kann. Hin und wieder, meist gegen Abend, wenn ich mich einsam fühle, ziehe ich es auf die ursprünglichen einhundertdreizehn Zentimeter heraus, um es dann auf das Maß der Tage, die mir noch bleiben, zu kürzen. Achtundachtzig Zentimeter trennen mich und mein Zuhause.

⚓

9. Juli 2013, Cartí, San Blas

17.52 Uhr Ankunft in Cartí. Ceron, der uns zwischenzeitlich verlassen hatte, erwartet uns schon sehnlichst. Er hat zwei Mädchen mitgebracht.

»Guck ihn dir an«, raunt mir Xabi grinsend zu, während Ceron unter uns an der Pforte die Mädchen an Bord geleitet. »Wie seriös er ist!«

Erst jetzt verstehe ich, was Ceron macht, um Geld zu verdienen. Da er fließend Englisch und Spanisch spricht, ist er ein gefragter Tourguide für die Sehenswürdigkeiten von San Blas. Er ist nüchtern und wortgewandt, und während er die beiden Mädchen versiert über das Deck führt, erzählt er Anekdoten zum Schiff.

»Die *Stahlratte* ist eine Sehenswürdigkeit von San Blas?«, frage ich Xabi, während dieser noch immer Cerons wichtiges Gehabe nachahmt.

Er schaut mich an und präsentiert seinen Körper. »Aber sicher! Was denkst du denn? Und das Schiff ist noch nicht mal das, was sich wirklich zu sehen lohnt!«

Bisher hat Xabi stets abschätzig reagiert, wenn fremde Damen in Sichtweite kamen. Linda ausgenommen. Dann verzog er die Mundwinkel und sagte: »¡Más feo que hambre!« Hässlicher als der Hunger. Doch diesmal bleibt der Ausruf aus.

Die beiden Mädchen sind Holländerinnen. Sie heißen Boukje und Bente, und die Stimmung ist regelrecht gelöst bei ihrem Anblick. Boukje ist klein und frech, Bente groß und schweigsam. Xabi führt sie bereitwillig durch die Messe und den Salon, und selbst Lale zeigt sich charmant, als er zwei Flaschen Rum auf den

Tisch stellt, die Boxen anwirft und laute kolumbianische Musik über das Achterdeck schallen lässt.

Wir trinken, tanzen, tanzen auf dem Tisch, und Tío lässt seine spanischen Hüften kreisen. Am Ende ziehen wir Taucherbrillen auf und baden im Meeresleuchten.

Xabi und Bente tauchen ab – im wahrsten Sinne des Wortes, denn ich sehe sie den Rumpf des Schiffes entlang zur Ankerkette schwimmen, wo Xabi sie von der Qualität seiner Lippen überzeugt.

Wir anderen klettern zurück an Bord, trocknen unsere Körper an der Luft und taumeln in die nächste Welle von Reggaeton-Rhythmen. Erst als Cerons Handy ertönt und seine Frau ihn mit wilden Worten auf die nahe gelegene Insel zitiert, brechen wir die Party ab.

Später in der Nacht erwache ich durch ein Reißen an der Ankerkette. Irgendetwas rüttelt am Schiff, der Kahn bewegt sich. Ein Unwetter ist aufgezogen. Ich klettere aus meiner Koje, eile in den Bug, doch finde Lale nicht in seinem Bett. Der Rumpf schwankt, der Wind peitscht gegen das Metall, und niemand ist da, der mir sagen kann, was zu tun ist.

Ich taumle in die Messe. So oft zerreißen Blitze die Luft, doch es ist der Donner, der mir Angst macht. Ich kann hören, wie die Luft zerbricht. Das Schiff rollt und stampft, die Böen singen in den Seilen.

An Deck ist es stockdunkel. Kurz ist alles hell, dann wieder dunkel. Das Meeresleuchten, vorhin noch wunderschön anzusehen, bricht sich am Schiffsrumpf und wirft Irrlichter in die See. Ein einzelner Donner lässt den Himmel vibrieren. Wie ein Faustschlag geht er nieder. Der Schall ist so laut, dass ich mich auf dem Boden wiederfinde. Wüsste ich es nicht besser, würde ich sagen, der Blitz habe das Schiff getroffen. Genau genommen weiß ich es nicht besser.

»¡Culo de Pollo!«, schreit Xabi mir entgegen. Hinter ihm sehe ich den Käpt'n; sie haben einen zweiten Anker fallen lassen, um das Schiff auf Position zu halten. Ein Regenschwall geht nieder.

Wir sichern die Fenster, eilen zum Großsegel, das sich gelöst hat, und befestigen es mit weiteren Tauen. Obwohl kein Segel gehisst ist, drückt der Wind so schwer gegen den Rumpf, dass wir unweigerlich Richtung Inseln treiben. Überall auf dem Boden liegen Scherben, Splitter von Gläsern, die wir auf dem großen Tisch vergessen haben.

Würde das Unwetter schlimmer werden, müssten wir die Maschine anwerfen, um uns in sichere Entfernung zu den Inseln zu bringen. Doch es wird nicht schlimmer.

Wir sitzen in der Messe, ich werfe bange Blicke nach draußen, doch Lale geht schon wieder schlafen. Dann verabschiedet sich auch Xabi. Ich mache einen letzten Rundgang über das Deck, mehr aus Abenteuerlust denn aus Not, noch einmal ist alles hell, dann ist das Unwetter vorüber.

Ich streife ins Heck, wo ich die Nachwehen des Sturms mit den Augen verfolge. Erst jetzt merke ich, wie betrunken ich noch bin.

10. Juli 2013, unterwegs nach Panama City

Es ist erstaunlich, wozu der Körper in Notsituationen fähig ist. Jeder Handgriff der letzten Nacht saß, in Windeseile hatten wir das Schiff gesichert. Und das, obwohl ich in einem Zustand war, in dem ich normalerweise Probleme damit habe, den Reißverschluss meiner Hose zu finden. Genauso erstaunlich ist es, dass Tío von alldem nichts mitbekommen hat. Seelenruhig schlief er in seinem Bett und ist heute topfit.

Wir sitzen im Jeep nach Panama City. Die Quittung für den gestrigen Abend bekommen wir jetzt. Der Inhalt meines Kopfes ist zu groß für meinen Schädel, meine Gedanken tun weh. Xabis Kopf sackt immer wieder nach unten, nur um dann mit einem Ruck wieder nach oben gerissen zu werden und schließlich erneut in einer kurzen Phase des Sekundenschlafs herabzusinken. Tío auf der Bank hinter uns summt *Island in the sun* von Weezer.

Wir lassen uns in den Stadtteil Albrook bringen, von wo aus wir einen Linienbus nehmen wollen, der uns ins Landesinnere nach El Valle fährt.

El Valle ist eine kleine Gebirgsstadt im erloschenen Krater eines urzeitlichen Vulkans. Vor über fünf Millionen Jahren wurde die Kuppe bei einem Ausbruch abgesprengt, was dazu führte, dass sich nach Erkalten der Lava Regenwasser in dem Kessel sammelte. Ein riesiger See entstand, Tausende Hektoliter Wasser, bis der Druck zu groß wurde und zwei Millionen Jahre später abermals den Fels sprengte. Schluchten wurden in das Massiv gerissen, der Stein ergab sich den Wassermassen, und der See ergoss sich ins Tal. Was zurückblieb, ist das heutige El Valle.

Üppige Regenwälder bewuchern die Hänge, der Boden ist auf ewig fruchtbar. Hier existiert all die exotische Schönheit, die ich sonst nur aus Hagenbecks Tierpark kenne: Ozelote, Faultiere, Tukane. Es gibt eine Therme, in der man sich mit Schlamm beschmieren kann, was bescheuert aussieht, aber heilend wirken soll, es gibt tausend Wanderwege und den »Goldenen Frosch«, der im Rest der Welt beinahe ausgestorben ist. Ein kreisrunder Kamm umschließt das Tal, bei klarem Wetter kann man von hier bis zum Meer sehen. Am zweiten Tag erklettern Tío und ich seinen höchsten Punkt.

Jeden Abend speisen wir bei einem Italiener, den ich dringend empfehlen möchte, denn er backt die beste Pizza der Welt. Seinen Namen habe ich vergessen, aber sein Restaurant liegt irgendwo am Ende einer sandigen Einfahrt auf der Hauptstraße rechts. Es lohnt sich zu suchen.

Auf dem Heimweg, müde und glücklich, werden wir von einer Horde Frösche angegriffen. Sie liegen ungesehen im Straßengraben und scheinen mit Laserpistolen auf uns zu feuern.

Der ökologische Reichtum El Valles, und später auch der finanzielle, haben dazu geführt, dass man hier ganz hervorragend leben kann. Ein Großteil der panamaischen Oberschicht hat sich hier angesiedelt, die zehn reichsten Menschen des Landes besitzen ein Anwesen in El Valle. Die Villen an den grün gesäumten Straßen sind sehr hübsch anzusehen und werden von atemberaubenden Gärten umgeben.

Das Schönste an allem ist jedoch das Klima. Es herrschen angenehme zwanzig Grad, abends wird es kühler. Meine Haut ist glatt und rein, kein klebriger Film liegt darüber, und ich genieße es, bei Einbruch der Nacht auf dem Balkon zu stehen und zu frösteln. Mein Magen ist voll, meine Oberschenkel haben eine wohlige Wärme. Die Beine ausgiebig zu bewegen ist ein seltenes Geschenk hier.

IM DSCHUNGEL

»Der tut nichts.«

13. Juli 2013, zurück in Coco Bandero, San Blas

Auf der Rückreise von El Valle verlangte ich beim Auffrischen der Vorräte ein Kilo Hunde, doch die Verkäuferin an der Obsttheke in Panama City war so umsichtig, mir dennoch die gewünschten Birnen zu reichen.

Sobald die Freunde des Käpt'n an Bord sind, fahren wir nach Coco Bandero. Es ist gut, neue Gesichter zu sehen. Ingrid und Ina behandelt Lale wie Schwestern. Justus, ein alter Schulfreund, ist mit seiner Verlobten angereist. Seine Schwester Andrea muss vor Zeiten einmal unsterblich in Lale verliebt gewesen sein. Sie hat ihren Sohn dabei, Konrad, einen Elfjährigen, der den gesamten Urlaub über auf Lales Gitarre ein selbst komponiertes Lied mit dem Titel *Scheiße, es ist scheiße der Tag* spielt.

Andrea und Sine, Justus' Verlobte, leben und lieben die Freikörperkultur. Es dauert nicht lange, und schon beißt sich das leuchtende Rot von Andreas Hintern mit dem strahlenden Weiß ihres

Slipabdrucks. Sie liegt auf dem Achterdeck, während Sine ihr den Hintern mit Aloe Vera einreibt.

Gegen Mittag besucht uns Rosalinda. Sie lässt sich von Ina die Nägel lackieren, stibitzt Konrads Sonnenbrille, und nachdem der Nagellack getrocknet ist, schenkt sie Ina zum Dank ein paar Armbänder. Ich stecke ihr heimlich ein paar Süßigkeiten zu, und dann sehe ich, wie sie zu Lale schleicht, ihm etwas ins Ohr flüstert und kurz darauf in schallendes Gelächter ausbricht. Lale setzt noch etwas hinzu, sie schaut zu mir und lacht wieder.

Von da an lacht Rosalinda immer, wenn sie mich sieht, und noch mehr, wenn ich mit ihr spreche. Als ich sie zum Abschied in den Arm nehme, quietscht sie. »Oh, omegit«, ruft sie, drückt mich und lacht. Ich bin äußerst verwirrt.

Julio hat uns Fisch gebracht. Gemeinsam mit Andrea stehe ich an der Bordwand, trenne den Fischen die Flossen ab, entschuppe sie, schneide sie auf und nehme sie aus. Am Ende haben wir Blasen an den Daumengelenken. Wir braten den Fisch in viel Öl scharf an, und später, als Gräten und Köpfe die Tellerränder bedecken und Rum und Balboa die Zungen lösen, erinnere ich mich an Rosalinda und frage Lale: »Sach mal, Käpt'n, was heißt eigentlich *siga sate?*«

Lale zeigt sein breites Grinsen, das die von der Seefahrt abgestumpften Zähne entblößt.

»Das will ich auch wissen!«, ruft Ingrid von der anderen Seite des Tisches. »Das hat Rosalinda doch zu dir gesagt!«

Lale wirft ihr einen belustigten Blick zu. »Sie hat mich gefragt, ob du rasiert bist!«

Ich verschlucke mich an meiner Orangenlimo. Alle Blicke wenden sich dem Käpt'n zu.

»Na ja, ihr müsst wissen, die Kuna haben keine Körperbehaarung. Da wächst nüscht! Habt ihr euch mal Cerons Bart angesehen? Da hat Konrad mehr Haare am Sack!«

»Echt?«, fragt Konrad.

»Echt?«, fragt Ingrid.

»Echt?«, frage ich.

»Echt«, sagt Lale. »Und wenn sie bei irgendeiner von euch sieht«, er schaut nacheinander allen Frauen am Tisch in die Augen, »dass ihr eure Bikinizone nicht rasiert habt, dann wird sie aufschreien und davonlaufen und erst wieder mit euch reden, wenn ihr die Angelegenheit in Ordnung gebracht habt.«

»Nicht dein Ernst!«, sagt Ingrid.

»Doch!«, beteuert Lale.

»Und was heißt *omegit*?«, frage ich. »Das hat Rosalinda zu *mir* gesagt.«

Diesmal prustet Lale los. Als er sich wieder eingekriegt hat, tätschelt er mir den Rücken. »Ich hab ihr erzählt, dass du schwul bist.«

Die Gesellschaft der Kuna ist matriarchalisch aufgebaut. Heiraten zwei Kuna, so hat der Mann in die Familie der Frau zu ziehen. Die älteste Frau in der Familie hat das Sagen. Gleichzeitig sind die Kuna sexuell sehr offen. Homo- und Transsexualität sind in Kuna Yala anerkannt und weit verbreitet. Die Homosexuellen sind bei Feierlichkeiten leicht zu erkennen, für gewöhnlich kleiden sie sich in einem hellen Blauton, den sie nicht aus Zwang, sondern mit Stolz tragen. Und obwohl die Begriffe *omegit* oder *saya makke*, »Analsex«, häufig für Witze und Schimpfwörter herhalten müssen, mangelt es den Homosexuellen gegenüber nicht an Respekt. Lisa zum Beispiel, die Vorsitzende des Frauenrates der Inselgruppe Narganá, eine der mächtigsten und bekanntesten Frauen Kuna Yalas, war früher ein Mann.

Der offene Umgang mit der Sexualität führt zu einem sehr zwanglosen Verhalten unter den Kuna. Es ist nicht wichtig, ob eine Bemerkung politisch korrekt ist oder nicht, denn jeder kann einschätzen, ob eine Pointe ernst gemeint ist. Jene sprachliche Verklemmtheit, wie wir sie in Deutschland in Bezug auf Schwule häufig erleben und die wohl von einer nicht ausgesprochenen Homophobie herrührt, ist in Kuna Yala unbekannt. Da lebt ein Indianerstamm über Hunderte Jahre fernab der sogenannten Zivilisation und ist uns doch in so vielen Dingen voraus.

17. Juli 2013, auf dem Weg zum Río Cidra, San Blas

Der Río Cidra ist ein kleiner Flusslauf, der sich die Hänge des Darién hinabschlängelt. Wir haben bei eben erwähnter Lisa eine Dschungelwanderung gebucht, denn sie ist nicht nur die Vorsitzende des Frauenrates von Narganá, sondern auch ein ausgewiesener Tourguide für das Festland vor Kuna Yala. Lisa ist schlank, klein und hübsch; ihre Lider sind hellblau gefärbt. An ihre einstige Männlichkeit erinnern nur noch der breite Unterkiefer und ein durchtrainierter Bizeps.

Wir fahren den Flusslauf mit einem der Kuna-Boote hinauf. Lale ist auf der *Stahlratte* geblieben, um Schlaf nachzuholen. Außer Lisa sind zwei junge Männer bei uns, die, mit Macheten ausgerüstet, für ein ungehindertes Weiterkommen im Dschungel sorgen sollen. Auf dem Rückweg werden sie unser Gepäck tragen.

Der Kahn tuckert in geringem Tempo durch das sich windende Gewässer, die Tide ist flach, hin und wieder müssen wir aussteigen, um das Gewicht im Boot zu verringern und es über Sandbänke zu schieben. Erst als wir eine kleine Bucht erreichen, wo wir den Kahn vertäuen und an Land steigen, klärt Lisa uns über die Krokodile auf, die manchmal am unteren Flusslauf lauern. »Aber nur zu Regenzeiten.« Wenig später sehen wir tatsächlich einen Gavial am Rande eines Teichs dösen. »Der tut nichts«, sagt Lisa, aber dennoch scheucht sie uns weiter, und wir können uns des Eindrucks nicht erwehren, dass sie nervös ist. Der Gavial, so meint sie, habe schließlich irgendwo noch eine Mutter.

Unser Weg führt uns unter tief hängenden Ästen hindurch zu einem alten Friedhof. Es ist schwül hier. Die Gräber sind nüchtern gestaltet, da und dort sind ein paar christliche Kreuze aufgestellt. Viele Kuna haben im Laufe der Zeit die christliche Religion in ihren Glauben integriert. Ursprünglich verehren sie Bab Dumat, den großen Vater, der die Welt geschaffen hat, und Madre Tierra, Mutter Erde, die das Leben gibt. Dass da ein Sohn gezeugt wird, der auf Erden wandelt, ist okay für sie. Im Grunde sind wir nach dem Glauben der Kuna alle Kinder der Erde.

Der wichtigste Grundsatz in der Ethik der Kuna ist das Prinzip des Ausgleichs. Was man der Erde nimmt, hat man ihr an anderer Stelle zurückzugeben, sonst wird sie es sich auf anderem Wege holen. Was die Erde sich nimmt, wird sie einem später hingegen zurückzahlen. Ähnlich dem Rhythmus der Blütezeiten befindet sich alles in einem Kreislauf.

Der gesamte Friedhof vor Narganá ist überdacht. Auf vielen Gräbern stehen persönliche Gegenstände, Schalen voll Essen, Schnaps ist auch dabei.

»Wir glauben, dass die Seelen der Toten aus ihren Gräbern in das ewige Leben aufsteigen«, erläutert Lisa. »Alles, was wir ihnen auf diesem Weg mitgeben, werden sie in der Nachwelt bei sich haben. Wenn eine Schüssel voll Reis auf dem Grab steht, wird der Tote auf ewig Reis zu essen haben.«

Auf einem Grab, es ist kleiner als die anderen, liegt eine Rassel. Ein Laufrad steht auch da, und ein Fläschchen voll Milch. Ein trauriger Anblick.

Als wir unseren Weg weiter durch das Dickicht bahnen, erklärt Lisa, dass der eben gesehene Friedhof in ihren Augen kein anständiger sei. Durch das Betondach könnten die Seelen nicht in den Himmel aufsteigen. Weiter den Berg hinauf würden wir zu einem richtigen Friedhof gelangen, mit Bastdach, wo all ihre Verwandten begraben seien.

Wir kommen an Bananenstauden vorbei, Palmen und Farne aller Art rahmen unseren Weg. Dazwischen bunte Orchideenarten. Unser Pfad führt an einer Ameisenstraße entlang; die Insekten tragen erbsengroße Blattfetzen, die als grüne Tupfer im Matsch leuchten.

Der Pfad wird steiler, unsere Hemden sind bald durchgeschwitzt. Zu allem Überfluss habe ich eine lange Hose angezogen, um Mücken- und Spinnenbisse aller Art zu vermeiden. Auf einer Lichtung, die auf einer kleinen Anhöhe liegt, drehen wir uns um. Unter uns liegt die Bucht von San Blas. All die Inselchen! Die *Stahlratte* dazwischen ist nicht mehr als ein weißer Fleck in der See.

Gelegentlich stehen Ananaspflanzen an unserem Weg, deren Wuchs jedem physikalischen Gesetz widerspricht. Blumen, deren Blüten wie vollmundige Lippen aussehen, wachsen aus dem Dickicht, wir pflücken sie, setzen sie auf unsere Münder und machen kokette Fotos.

Schließlich erreichen wir einen Wasserfall. Hier wollen wir eine Pause machen, bevor wir durch den Fluss zurück zu unserem Boot waten. Die Krokodile seien nur weiter unten, versichert Lisa. Wir haben keine andere Möglichkeit, als ihr Glauben zu schenken.

Das Wasser ergießt sich tosend in einen etwa drei Meter tiefer liegenden Pool. Wer will, kann sich von den glatten Felsen hineinwerfen, der Grund bietet ausreichend Platz. Ich streife mir das Hemd vom Oberkörper und springe in den Fluss. Winzige Fische knabbern unter Wasser an mir. Sie sind zu klein, um Schmerzen zuzufügen, aber gerade groß genug, um mich zu zwicken und Hautreste von meinem Körper zu nagen. Konrad und ich erklettern die den Pool umgebenden Felswände und liefern uns einen Sprungwettkampf.

Im Anschluss an die Rast übergeben wir unsere Rucksäcke den Trägern und marschieren zu einer Furt, die ein kleines Stück flussabwärts des Wasserfalls liegt. Lisa verteilt Wanderstöcke, die uns mehrmals vor einem sicheren Sturz retten, denn die Tiefe des Wassers und die Beschaffenheit des Grunds sind häufig schwer einzuschätzen.

Es geht über Sandbänke, durch Pools und Stromschnellen, immer wieder muss man schwimmen. An einigen Stellen verengt sich der Lauf des Flusses so sehr, dass wir unsere Arme eng an den Körper pressen müssen und, getrieben von den ungeduldigen Wassermassen hinter uns, schmale Steinrutschen zwischen den Felsen hinuntergleiten.

Hinter einer dieser Stromschnellen entsteigt Lisa den Fluten und klettert auf einen moosigen Felsen. Dahinter beruhigt sich der Strom. Das Wasser wird tief und langsam und läuft in einer flachen Biegung aus. Da sich unser Feld mittlerweile weit gezogen hat, klettere auch ich zu ihr auf den Felsen, um die anderen passieren zu lassen. Nacheinander zieht die Gruppe an uns vorbei. Den Abschluss bildet ein Träger mit Taucherbrille, der nach eventuell verlorenen Gegenständen sucht.

Als er die Stromschnelle überwunden hat, kreischt er jäh spitz auf. In rasender Hast springt er zu uns auf den Felsen, lacht nervös und schreit etwas auf Kuna. Auch Lisa kichert plötzlich und antwortet in schnellen Worten.

Die anderen haben den stillen Bereich des Wassers bereits hinter sich gelassen und stehen ungeduldig am Anfang einer Sandbank. Da ich keinen Schimmer habe, was los ist, will ich ihnen folgen, doch Lisa hält mich am Arm fest. »Wait, wait!«, sagt sie, dann spricht sie weiter mit ihrem Begleiter auf Kuna, als ob sie unbedingt noch einen Witz zu Ende erzählen müsste, dessen Pointe sie aufgeregt kichern lässt.

Irgendwann wird es mir zu bunt, und ich springe zurück ins Wasser. Doch noch bevor ich mit den Füßen den Grund erreicht habe, gellt Lisas Ruf durch den Wald: »¡No, no! ¡Back! ¡Come back! ¡Serpiente, serpiente!«

Mein Spanisch ist noch nicht optimal, aber diese Warnung verstehe ich. Schlange! So schnell es meine Glieder erlauben, kämpfe ich mich zurück zu dem Felsen. Meine Hände rutschen ab, ich kralle mich in die Spalten des Steins und reiße mir die Nägel auf. In der Hektik verliere ich all meine Koordination. Lisa streckt mir ihre Hände entgegen.

Eine gefühlte Ewigkeit dauert es, bis wir mich mit vereinten Kräften aus dem Wasser gehievt haben. Schwer atmend überprüfe ich, ob ich noch lebe.

Nach etwa fünf Minuten schiebt Lisas Begleiter seinen Kopf unter Wasser. Dann gibt er ein Zeichen, dass der Weg frei sei. Nachdem wir die Sandbank erreicht haben, erklärt Lisa, die Schlange habe sich etwas abseits unter einem Überhang versteckt. Ob ich einmal schauen wolle? Ich verneine. Für die restliche Strecke halte ich mich von den Fluten so fern wie möglich.

DIE DRITTE REISE

»An den Händen habe ich Wunden, die abheilen werden.«

20. Juli 2013, San Blas, Kuna Yala

Für die kommende Tour muss ich mein schwarzes Loch aufgeben, denn drei Iren ziehen darin ein. Neben ihnen haben wir sechs weitere Gäste aufgenommen – zwei Australierinnen, vier Amerikaner, davon drei mit Motorrad. Jay und seine Freundin aus Kalifornien haben gerne Sex. Der Vorhang vor ihrer Kabine schluckt nur wenig Schall, und die Maschine kann nicht alles übertönen.

Das Wetter ist schlecht dieser Tage. Immer wieder zerreißen Gewitter die Nacht, ich schlafe schlecht. Ich fühle mich fremd unter den Menschen, die mich umgeben. Mit den Gästen kann ich wenig anfangen, Lale und seine Freunde bleiben unter sich. Tío und Xabi sprechen nur spanisch untereinander. Durch Tíos schlechte Englischkenntnisse ist es bei Gesprächen innerhalb der Crew mittlerweile so, dass entweder er oder ich ins Hintertreffen geraten – häufig bin ich der Leidtragende.

Ein Pickel unterhalb meiner Kniescheibe hat sich entzündet und macht mir schwer zu schaffen. Die Entzündung ist so groß und dick, dass sie mich beim Gehen behindert.

Als wir am Abend des ersten Tages unser Feuer am Strand von Coco Bandero schüren, ist die See sehr aufgewühlt. Das Meer steigt die Ufer hinauf, mehrmals müssen wir das Dingi aus der Flutlinie ziehen, damit es in der Brandung nicht umschlägt.

Mitten in der Nacht bricht erneut ein riesiges Gewitter los. Der Wind peitscht die Palmen, der Regen fährt in Böen durch jeden Luftschlitz ins Innere des Schiffes.

Die meisten Gäste sind am Strand geblieben. Sie wollten dort schlafen, hatten sie gesagt, und ich hatte ihnen ein paar der blauen Matratzen und Hängematten gebracht, um ihnen den Aufenthalt angenehmer zu gestalten. Sie müssen völlig durchnässt sein. Jetzt fallen sie mir wieder ein. Ich ziehe meine Badehose an und steige in das Dingi. Ein Blitz erhellt die Route. Am Strand angekommen, ziehe ich das Dingi bis an die Baumkante und binde es fest an den Stamm der nächsten Palme. Ich laufe den Strand ab, doch kann unsere Gäste nicht finden. Ob sie von selbst zurückgeschwommen sind? Einige von ihnen waren sicher nicht mehr dazu in der Lage.

Und dann entdecke ich sie. Sie liegen wohlig warm und trunken schlafend in der Basthütte. Ein paar jugendliche Kuna, die früher am Tag mit ihren Kanus herübergepaddelt kamen, haben ihre Hängematten höher gebunden, darunter haben sie eine Liegewiese aus den blauen Matten gebaut und die Touristen mit weiteren Hängematten zugedeckt. Einer der Kuna zwinkert mir mit müden Augen zu.

»Dot nuet!«, flüstere ich und hebe lächelnd den Daumen.

Als wir am Morgen erwachen, ist das Schiff auf Grund gelaufen. Das Heck steckt fest im Sand, würden wir die Schraube einschalten, müsste entweder die Insel oder das Schiff darunter leiden. Lale ruft alle Mann an Deck. Zunächst müssen sich alle auf der Backbordseite des Schiffes versammeln und an die Bordwand lehnen. Auf sein Kommando laufen wir auf die andere Seite. Dort verharren wir einen Moment, bevor es wieder zurückgeht. Zunächst halten wir Lale für verrückt, doch nach ein paar Wiederholungen merken wir, wie der Kahn allmählich ins Schwanken gerät. Daraufhin kommandiert Lale fünf von uns zur Arbeit außenbords ab, und während die anderen weiter von Bordwand zu Bordwand laufen, versuchen wir, die Schraube freizubuddeln.

Schließlich stemmen wir uns gegen das Heck. Und zu unser aller Erstaunen bewegt sich das Schiff. Erst nur minimal während der Schwankungen, doch dann immer leichter. Innerhalb einiger Minuten haben wir den Koloss befreit. Mit der Kraft von nur fünf Leuten! Im Bewusstsein unserer übermenschlichen Physis lichten wir den Anker und machen uns auf in Richtung südamerikanische Küste.

Auszug aus dem *Tage- und Schiffsbuch von Nils Straatmann*, 23. Juli 2013, 1.32 Uhr:

Nachtwache auf der Fahrt nach Cartagena, ausgehend von San Blas. Fahrt unter Motor und zwei Segeln. Ich habe ein Buch bei mir, eine Knotenfibel, ein Seil, eine Mundharmonika, zwei Blatt Papier, eine Stirnlampe, einen Stift und ein Notizheft. Der Wind ist nicht stark, aber stark genug, um das Pinkeln von Deck für unratsam zu halten. Bis auf ein paar unverhoffte Großwellen, die den Bug in Gischt tauchen, verhält sich die See ruhig. Die Sicht ist klar, wir haben Vollmond.

In den letzten Tagen habe ich ein paar Dinge über Essen gelernt: Je länger du auf See bist, mit desto größeren Portionen Salz und Knoblauch musst du die Mahlzeiten verfeinern. Altes Brot wird zu Knödeln, sehr altes Brot zu Knödeln mit viel Knoblauch und Salz. Ein großes Stück Ingwer im Saft nimmt überreifen Früchten den vergorenen Geschmack. Angenehmer Nebeneffekt: Gibt man einem Fruchtcocktail ein Stück Ingwer dazu, kann man so viel Gin wie gewünscht hinzufügen – er wird nicht zu schmecken sein.

Neben mir auf der Bank auf dem Oberdeck schläft eine Mutter mit ihrem Kind. Unter dem Tisch, nur am Schnarchen zu erkennen, schläft auch jemand. Ein Kissen ist eben über Bord geweht. Ich war zu langsam, es aufzuhalten. Jetzt, am Ende meiner Wache, habe ich bis auf diese Zeilen vor allem einen langen Brief an die Heimat geschrieben. Ich habe auch ein Bild gemalt, aber das Herz sieht aus wie ein Toastbrot.

Wir kommen von den Inseln, wo die Kartoffeln melonengroß auf den Bäumen wachsen. Wir haben einen Stahlzweimaster unter den Fußen, und über uns leuchtet die Milchstraße. Morgen erreichen wir Cartagena. An den Händen habe ich Wunden, die abheilen werden.

⚓

LÄDIERT AN LEIB UND SEELE

»Aaaaaaaaargl!«

24. Juli 2013, Cartagena, Kolumbien

Der Pickel auf meinem Knie hat sich verschlimmert. Zunächst hielt ich ihn für ein eingewachsenes Haar; doch dann wurde die Entzündung daumengroß, und es zeichnete sich noch immer keine eitrige Spitze ab, die ein baldiges Zerplatzen des Pickels nahelegte. Jetzt kann ich mein Bein nicht mehr beugen. Der Hof um die Entzündung ist handtellergroß, heiß und pocht. Heute Nachmittag, als ich unten in der Maschine war, stieß ich mir das Knie an einem Ventil. Ich schrie auf vor Schmerz und stürzte zu Boden. Ich schaffte es kaum aufzustehen. Ich lag wimmernd da, und plötzlich wurde mir klar, dass dies kein normaler Pickel sein konnte. Ich erinnerte mich an eine Anekdote meiner Stiefmutter, die wegen Malaria im Tropenkrankenhaus gelegen hatte; ihre Bettnachbarin war in Lesotho von einer Schlange gebissen worden, doch ihr Körper hatte sich gegen das Gift gewehrt und die Bisswunde verkapselt. Es muss ungefähr so wie auf meinem Knie ausgesehen haben. Als ihr Hausarzt die Verkapselung aufschnitt, müssen es die größten Schmerzen ihres Lebens gewesen sein. Nachdem ich es endlich fertiggebracht habe, mich zu erheben, eile ich in meine Kammer, und überprüfe meine Hose auf Risse, die von eventuellen Schlangenbissen herrühren. Zu meiner Erleichterung ist nichts zu finden.

Während ich an diesem Abend mein Taschenmesser über einer Kerze desinfiziere, kann ich sehen, wie meine Hand zittert. Ich setze die Klinge an, beiße die Zähne zusammen und steche zu. Tränen schießen mir in die Augen.

»Aaaaaaaaargl!«

Als Xabi mein Stöhnen hört, wendet er sich vom Computer ab. »Muss das sein?«

Ich nicke mit schmerzverzerrtem Gesicht und setze das Messer erneut an.

Der nun kreuzweise Einstich ermöglicht mir, die Haut aufzuklappen und einen Blick in das Innere der Entzündung zu werfen. In diesen Bereichen des Schmerzes ist ohnehin keine Abstufung in Mehr oder Weniger möglich. Was ich sehe, macht mir keinen Mut. Weiß und eitrig ist das Fleisch, und zu meiner Unzufriedenheit gibt es keine Druckentlastung, wenn ich versuche, die Wunde auszuquetschen. Der Eiter ist zu fest. Mit der Spitze des Messers stochere ich in der Öffnung herum, um den Schleim zu lösen, doch lediglich eine dünne Schicht bleibt an der Klingenoberfläche haften.

Wikipedia spricht in diesem Fall von einem Karbunkel, einer entzündlichen Ansammlung mehrerer Furunkel, die wiederum das Produkt einer entzündlichen Ansammlung mehrerer Pickel sind, die durch minimale Infekte ausgelöst werden.

Jeden Abend schlitze ich mir nun mein Knie auf und versuche, den Eiter zu lösen. Zum Arbeiten trage ich einen aufgeschnittenen und ausgekochten Socken über dem Knie, damit die Wunde nicht verschmutzt.

Nach etwa anderthalb Wochen ist der Schleim so reif, dass er sich herausquetschen lässt. In einer gewaltigen Explosion, die mich an die Entstehung El Valles erinnert, bricht er sich Bahn. Zurück bleibt eine Höhle unter meinem Knie. Langsam lässt der Druck nach, ich gewöhne mich an den Schmerz. Nach etwa zwei Wochen ist der Pickel abgeheilt.

Es war auch das Gefühl, in eine Einbahnstraße geraten zu sein, die mich aufs Schiff getrieben hat. Es war nicht so, dass mein Leben schlecht lief. Im Gegenteil, es lief eher zu gut. Meine Poetry-Slam-Karriere entwickelte sich prächtig, ich konnte gut davon leben. Im Gegensatz zu allem, was mir meine Lehrer stets weiszumachen versucht hatten, konnte ich mit meinem Blödsinn Geld verdienen. Dennoch würde ich niemandem raten, sein Hobby zum Beruf zu machen. Denn dann ist es kein Hobby mehr – sondern Beruf.

Mit der steigenden Anzahl der Auftritte merkte ich, dass ich auf der Bühne die Lust verlor; ich beim Schreiben immer mehr das Gefühl bekam, alles schon gesagt zu haben. Es gab keine Performance mehr neu zu erfinden, keine Geschichten zu erzählen. Ich wusste, wann ich in den Texten Pausen zu setzen hatte, wie ich Passagen betonen musste, um den gewünschten Effekt zu erzielen, wann das Publikum lachen würde. Besonders das Lächeln zum Abstimmungsapplaus tat weh in den Wangen. Gleichzeitig gestaltete sich meine künstlerische Situation so vorteilhaft, dass ich vor mir selbst nicht rechtfertigen konnte, eine Pause einzulegen.

Schon in der Schulzeit hatte ich mit einem Kumpel davon geträumt, auszureißen und für ein halbes Jahr in einem Shaolin-Kloster zu leben. Doch ich spielte hochklassig Fußball und konnte mir nicht erlauben, eine Trainingseinheit zu verpassen. Seit ich denken kann, leitet mich dieser schwer zu befriedigende Leistungsdruck. Ich weiß nicht, woher er kommt, aber er äußert sich in erster Linie darin, niemals und niemanden enttäuschen zu wollen. Am allerwenigsten mich selbst. Das Leben hatte mir so viele Chancen zukommen lassen, nun hatte ich sie gefälligst auch zu nutzen – alles andere wäre unfair den Unglücklicheren gegenüber.

Und jetzt, da ich endlich den Absprung geschafft hatte, da ich weitestmöglich von zu Hause entfernt war, holte mich meine Vergangenheit ein.

In den Tagen, da wir wieder in Cartagena lagen, wurde ich mir meiner deutschen Herkunft bewusst. Es war mir durchaus unangenehm. Deutsch zu sein ist ja, global gesehen, keine der positivsten Eigenschaften. Der Italiener ist leidenschaftlich, der Franzose küsst gut, der Deutsche arbeitet. Natürlich ist das alles Schwachsinn.

Aber ich mochte es, früh aufzustehen, direkt mit der Arbeit zu beginnen und schon früh etwas geschafft zu haben. Am liebsten schon vor dem Frühstück. Ich war fleißig, oder wollte fleißig sein, denn der gleiche Leistungsdruck, der mich zu Hause getrieben hatte, bedeutete hier, dass ich um alles in der Welt ein guter Matrose sein wollte. Da mir das nötige handwerkliche Geschick dazu fehlte, musste ich es durch Fleiß ersetzen.

Dieser Anspruch biss sich häufig mit den Vorstellungen meiner spanischen Kollegen. Tío und Xabi konnten zwar anpacken, die Ruhephasen legten sie jedoch lieber vor der Arbeit ein, um sie dort möglichst lang auszudehnen. Besonders bei Tío hatte ich das Gefühl, dass er mit jedem Tag länger auf der faulen Haut lag. Nicht selten stritten wir deswegen. Er hatte eine Frau kennengelernt, Martha, die uns häufig abends besuchte, und Tío plusterte sich vor ihr auf und tat, als gehörte ihm das Schiff. Angenehmer war es, wenn er auswärts schlief.

Xabi versank im Internet. Ich selbst lernte, wie man die Bilgepumpe bediente, wie man Wasser machte und worauf man bei den Luftdruckkompressoren achten musste, aber ich war einsam dabei. An meinem vierten Abend im Hafen schickte ich mehrere E-Mails nach Hause.

»Ich habe viel zu lernen, und ich lerne viel, und das ist gut, aber hier fehlen mir Zuneigung und Anerkennung«, schrieb ich in einer langen Mail an meine Freunde. »Vorhin habe ich eine ausführliche Nachricht an das schöne Mädchen geschickt und darin aufgezählt, was ich alles vermisse. Dann sind mir die Tränen gekommen, und mir ist aufgefallen, dass ich am meisten Menschen vermisse, die mich lieb haben. Es ist nicht so, dass dies alles schlecht macht; ich versuche, jede Erfahrung, ob gut oder schlecht, zu schätzen. Aber eine dieser Erfahrungen ist eben, dass ihr mir fehlt und ich mich auf euch freue und ich froh bin, euch als meine Freunde zu haben. Das sollt ihr wissen.

Lasst es euch gut gehen, ihr Guten, trinkt ein Jever auf mich, denn auch das vermisse ich hier, und seid vorsichtig mit dem Aufkratzen von Pickeln.«

Zur Dämmerung sitze ich häufig auf der Rah und trinke dort ein Bier. Diese Momente sind sehr wichtig für mich, denn sie rufen mir in Erinnerung, weshalb ich auf dieses Schiff gekommen bin.

Mein Spanisch verbessert sich mit jeder Vokabel, die ich pauke. Ich habe begonnen, ein Buch über Sterne zu lesen. Immerhin: Ich fühle mich mit jedem Tag mehr gewachsen, die Verantwortung, die mir abverlangt wird, zu übernehmen.

DIE TRINIDAD CARTAGENAS

In der Calle Media Luna flanieren die Prostituierten.

28. Juli 2013, Cartagena, Kolumbien

Es ist Sonntag, wir haben uns frei gegeben. Auf der Plaza Trinidad ist heute Zumba. Hier schlägt das Herz der Straßenkultur Cartagenas. In karibischen Rhythmen pumpen Trommeln und Hände das Leben durch die Arterien und Venen der Stadt, jedweder künstlerischer Akt beginnt und endet hier.

Straßenhändler verkaufen in Käse eingebackene Maisfladen, auf den derb duftenden Grillrosten liegen Fleischspieße und Chorizos. An einem Zugwagen werden Cocktails mit viel weißem Rum ausgeschenkt. Am Rande der Plaza, unter einer der wenigen Palmen, bietet eine ältere Dame Fruchtsäfte an. Sie trägt Bluse und Faltenrock und greift beständig in eine mit Eis gefüllte Styroporbox, aus der sie dünne Plastiktüten hervorzieht, in denen der Saft bunt schimmert. Mithilfe eines spitzen Strohhalms werden die Tüten angestochen, es gibt die Sorten Kokos, Mango und Acaí, die allesamt äußerst süß sind.

Die Jugend der Stadt sitzt auf der Anhöhe vor der Iglesia de Trinidad, die Rücken an die Kirchenmauer gelehnt, eingehüllt in den Geruch von Bier und Marihuana. Auf einer der Bänke, die die Plaza umgeben, lässt sich ein älterer Mann zum Schach herausfordern: Gewinnt er, hat man ihm ein Getränk auszugeben, verliert er, gewinnt man ein Bier. Der Vorrat an Flaschen zu seinen Füßen deutet darauf hin, dass er entweder schon viel gewonnen hat oder noch häufig zu verlieren gedenkt. Ich fordere ihn heraus, verliere, verliere erneut und beschließe, später auf jeden Fall noch einmal gegen ihn zu spielen.

Meine Füße tragen mich durch das Treiben der benachbarten Straßen. Der Lärm der Plaza folgt mir und verliert sich zwischen Schutthalden und Holzwerkstätten. Farbenfrohe Graffitis zieren die Wände, Fliesen mit bunten Motiven an der Wand.

Über Umwege gelange ich in die Nähe des Stadtzentrums. In der Calle Media Luna, am Rande der Altstadt, flanieren die Prostituierten. Ich wandere die Straße auf und ab und werde mehrfach von der gleichen Dame angesprochen. Sie ist klein und schlank und hat dunkle Augen, um die ein abstraktes Bild aus bunter Schminke und zu wenig Schlaf gemalt ist. Mir fällt eine Geschichte ein, die Lale am letzten Lagerfeuer erzählt hat.

Ein Motorradtourist war nach erfolgreicher Überfahrt von Bord der *Stahlratte* gegangen und hatte sich in ein Hostel nahe dem Stadtzentrum eingemietet. Er wollte ein paar Tage in Cartagena bleiben und dann weiter die Küste nach Osten bereisen. An einem Abend spazierte er durch die Calle Media Luna, lernte eine Frau kennen und nahm ihr Angebot zum weiteren intimen Kontakt an. Die Frau war aufreizend, feurig, und als die beiden sich gerade über den leidlich gepflegten Teppich ihres Appartements rollten, forderte sie ihn auf, ihre Brüste zu lecken. Er tat ihr gerne den Gefallen.

Die Frau war indes sehr schlau. Sie hatte ihre Brüste mit einem Narkotikum eingerieben, dessen Wirkung sich über die Schleimhäute, nicht aber über Hautkontakt entfaltete. Es war ausreichend effektiv, um dem Mann wortwörtlich den Verstand zu rauben, doch nicht so stark, um ihn komplett außer Gefecht zu setzen. Es machte ihn willenlos. Außerdem sollte das Mittel den angenehmen Nebeneffekt haben, dass das Opfer sich nach dem Konsum an nichts mehr erinnerte.

In den folgenden drei Tagen räumte die Frau mit der Hilfe des Mannes sein Konto leer. Immer wieder frischte sie seine Betäubung auf, allerdings muss sie dabei wenigstens einmal etwas nachlässig gewesen sein, denn als sie den Mann am vierten Tag entließ, konnte er sich noch verschwommen an sein Gefängnis erinnern. Folglich kehrte er am Abend zum Appartement der Prostituierten zurück, klopfte an und verlangte sein Geld zurück. Sie erschrak, bat um Verzeihung und beteuerte, das Geld nicht mehr zu haben. Sie könne es aber bis zum folgenden Abend zurückholen, er solle doch morgen wiederkommen, dann werde er ausbezahlt und außerdem körperlich angemessen entschädigt werden. Der letzte Akt sei ja ohnehin nicht bis zum Ende vollführt worden, insofern stehe sie in seiner Schuld. Allerdings gebe es ein kleines Problem: Sie schulde einem Freund eine nicht allzu kleine Menge Kokain. Ob er es wohl besorgen könne? Wenn er dies täte, hätten weder er noch sie mit irgendwelchen Problemen zu rechnen.

Der Mann war indes sehr dumm. Als er am nächsten Tag mit der verlangten Menge Drogen zurückkehrte, öffneten zwei Polizisten die Tür und nahmen ihn fest. Eine Informantin hatte sie im Vorfeld über einen möglichen Deal zu gegebener Zeit und an gegebenem Ort in Kenntnis gesetzt.

Als ich nach etwa einer halben Stunde an die Plaza Trinidad zurückkehre, haben die Tänze schon begonnen. Die Treppe vor der Kirche wurde geräumt, dort stehen jetzt drei Vortänzer, die in sportlicher Kleidung ihre Hüften zu Dunka-Dunka-Musik kreisen lassen. Mitten in der Menge erkenne ich Tío. Martha ist an seiner Seite, gemeinsam schwingen sie die Hintern. Nach anfänglichem Zögern geselle ich mich zu ihnen, doch genauso schnell ziehe ich mich wieder zurück. Zu groß ist die Gefahr, mich oder andere um mich herum zu verletzen.

Eine Weile gebe ich mich als stiller Zuschauer der Fiesta, dann spiele ich eine weitere Partie gegen meinen Freund, bezahle ihm ein weiteres Bier und mache mich auf den Heimweg.

Angenehm kühle Nachtluft fährt unter mein bis zur Brust geöffnetes Hemd. Die bekannten Straßen, die Brücke in Richtung Hafen. Ich balanciere auf dem Geländer.

Als Xabi mich von der Mole abholt, kommt leichter Wind auf. Kleine Wellen bringen das Spiegelbild des Containerterminals durcheinander, Niesel setzt ein.

Es dauert nicht lange, und tiefschwarze Wolken schieben sich über Bocagrande hinweg. An den Masten der Schiffe setzt ein vielstimmiges Klingeln der Leinen ein. Die Party auf der Plaza ist jetzt wohl vorbei.

Xabi und ich nehmen auf dem Achterdeck Platz. Blitze tünchen die Wolken in ein unheimliches Leuchten, dann wird der Regen stärker, und wir spüren, wie das Schiff unter uns seine Position ändert. Donner grollen.

Wir holen uns ein Bier aus der Messe und stoßen an. So zärtlich das Klingeln der Leinen.

⚓

MEINE URGROSSELTERN, MEINE GROSSELTERN UND ICH

»Es kummt doch allns, as dat schall.«

Der August hat begonnen, die Tage eilen dahin, und bald steht schon die nächste Fahrt nach San Blas bevor.

»Die Zeit zerrinnt so schnell, und ehe man sich versieht, werden Deine acht Monate Reisedauer vergangen sein. Ich wäre glücklich, wenn ich nur die Hälfte von dem zu sehen bekommen würde, was Du schon schauen konntest«, schrieb Oma Gustel vor fünfundfünfzig Jahren an meinen Großvater.

Es gibt ein Tablett, das Opa Oma aus Südamerika mitgebracht hat. Es ist aus Tropenholz gearbeitet, über der Transportfläche befindet sich eine Glasplatte, unter der in feinster Arbeit Hunderte Schmetterlingsflügel zu einem Mandala gearbeitet sind. Schmetterlingsflügel von solch einer Farbintensität, wie man sie in Europa nur erträumte. In Blau und Gelb flimmert das Tablett, seine

Konturen changieren zu Braun und Rot und in alle Farben des Regenbogens, wann immer man es im Licht wendet. Auch heute noch. Es steht im Wohnzimmer meines Vaters und glänzt so aberwitzig, dass kein Foto der Welt es festhalten könnte.

Als Opa beschloss, seine Seefahrerzeit zu beenden, waren weder sein noch Gustels Vater glücklich darüber. »Papa macht sich viele Sorgen um dich«, schrieb Uroma Käthe am 27. November 1957, »er kann es nicht begreifen, dass du nicht mehr fahren willst. Er meint, du hättest ja so viele Verpflichtungen mit deinen Versicherungen. Ich mach mir nicht so viel Sorgen, es kummt doch allns, as dat schall.«

Karl Schmeckthal, der Vater Oma Gustels, sah das Problem ungleich schärfer. Als Stadtkämmerer und Erster Ratsvorsitzender der Stadt Geesthacht war er mitverantwortlich gewesen für den Bau des Freibads, des Krankenhauses, des Pumpspeicherwerks und des ersten Kernreaktors in Geesthacht. War Hans Boie in seinen Augen zunächst nur ein elender Kombüsenjunge gewesen, so war er jetzt ein Taugenichts ohne Beruf. Dass Opa versprach, auf der Abendschule eine Ingenieurslehre zu machen, goss eher mehr Öl ins Feuer, als es zu löschen.

Karl Schmeckthal war ein ehrbarer Mann. Anfang der 1920er-Jahre, kurz nach Ende des Ersten Weltkriegs, war er aus Breslau nach Schleswig-Holstein eingewandert und arbeitete von da an einundvierzig Jahre im Dienste des Staats. Er erlebte drei Regierungssysteme: Weimarer Republik, Hitler-Deutschland, Bundesrepublik. An der Seite von sieben Bürgermeistern sorgte er sich um das Wohl seiner Stadt.

Anfang und Ende der Zwanzigerjahre war Geesthacht wirtschaftlich völlig am Boden: Hunger, Notunterkünfte, Inflation. Uropa fuhr mit dem Fahrrad nach Hamburg, um dort das Geld kofferweise zu erhalten und es noch am selben Tag am Marktplatz unter die Bürger zu bringen. Erst der nächste Weltkrieg brachte Aufschwung für Geesthacht. In den Wäldern boomte die Wirtschaftsindustrie. Alfred Nobel hatte in den Boberger Dünen hinter der Stadt eine Dynamitfabrik gebaut, und zusammen mit der westlich der Stadt gelegenen Pulverfabrik Düneberg war die nobelsche Dynamitfabrik Krümmel nun ein wichtiger Produktionsstandort. Kriegsmusterbetrieb, Staatsgeheimnis, die Ausbeutung von Zwangsarbeitern inbegriffen. Karl Schmeckthal nahm alles hin, solange es zum Wohl der Stadt geschah.

Im Winter 1945/46 wurde er interniert. Das ehemalige Konzentrationslager Neuengamme wurde kurzerhand zur Entnazifizierungsanstalt für die umliegenden Gemeinden umfunktioniert, und als treuer Staatsdiener fand Uropa seinen Platz unter den Gefangenen. Doch bereits vier Monate später klopften die Bürger Geesthachts an die Tür der Alliierten und forderten ihren Stadtkämmerer zurück. Ohne Karl Schmeckthal, sagten sie, sei der Wiederaufbau nicht zu schaffen.

»Du musst als öffentlicher Bediensteter das Allgemeinwohl der Bevölkerung in den Vordergrund stellen«, wurde mein Uropa in einem Interview der Bergedorfer Zeitung zitiert. Im gleichen Artikel klagte meine Uroma: »Spazierengehen ja, aber wohin? Durch die Stadt, um zu sehen, was alles noch gebaut werden muss? Das Schlimmste ist: Mein Mann kann nicht Nein sagen, wenn Bürger, ganz gleich wann und wo, mit Wünschen kommen.«

So war es vor allem die Familie, die unter dem Allgemeinwohl der Bevölkerung zu leiden hatte. Zu Hause regierte Uropa mit harter Hand, um auch ja nicht den Eindruck zu erwecken, dass er seine Familie bevorzugte. Selbst um Geld für die täglichen Einkäufe musste Uroma manchmal betteln.

Doch Gustel und Hans Boie bissen sich auch ohne den Segen des Stadtkämmerers durch. Opa jobbte und lernte in einem Betrieb zur Herstellung von Zigarettendrehmaschinen, Oma fuhr für Pfennigbeträge durch ganz Geesthacht, sobald sie hörte, dass der Joghurt irgendwo günstiger zu haben war. Wenn möglich, schneiderte sie die Kleidung für die Familie selbst. Ganz selten kochte sie auf Empfängen ihres Vaters und verdiente sich so ein paar Mark hinzu.

Und dann war Opa plötzlich Ingenieur. Er begann seine Arbeit bei der GKSS, jenem Forschungszentrum, das mit dem ersten

Kernreaktor ausgestattet war, den Karl Schmeckthal in Auftrag gegeben hatte, und endlich verdiente er wieder ordentliches Geld.

Ich habe keine Erinnerungen mehr daran, aber mein erstes Lebensjahr verbrachte ich im Haus meiner Urgroßeltern. Nur Uroma Schmeckthal war noch am Leben, Uropa habe ich nie kennengelernt. Während er zu Lebzeiten in seinem Beruf gefangen war, war sie die gute Seele des Hauses. Im Alter war sie klein und dick und trug all die Liebe in sich, die ihr Mann gespart hatte. Auch sie konnte streng sein, aber sie begegnete einem nie ohne Lächeln.

Dann wurde sie dement und behauptete, wir müssten die Karpfen aus der Talsperre retten, sonst würde ein großes Unglück geschehen. Welche Karpfen und welche Talsperre sie meinte, nahm sie mit ins Grab. Am 3. Februar 2007 starb Carla Schmeckthal, ihr Todestag fiel auf meinen achtzehnten Geburtstag. Ein paar Tage zuvor hatte sie einen Schlaganfall erlitten, doch sie war so umsichtig gewesen, bis zur Volljährigkeit ihres Urenkels zu warten, damit er ihren Tod verkraften konnte.

Und Gustel und Hans? Sie hatten sich durchgekämpft. Ihre Kinder waren erwachsen, gesund und standen finanziell auf eigenen Beinen. Sie selbst hatten sich ein Haus gebaut, das sie im Alter gegen eine Penthouse-Wohnung über den Dächern von Geesthacht eintauschten. Als Opa im Sterben lag, stand die gesamte Familie um sein Bett versammelt. Oma drückte seine Hände und sagte immer wieder: »Guck mal, Papa, alle unsere Kinder sind hier um dich rum! So wie früher!«

Als wäre das immer ihr Lebensziel gewesen.

Das Deck ist gestrichen, die Löcher im Großsegel sind geflickt. Morgen werden wir Motorräder verladen, übermorgen geht es mit zehn Passagieren zurück nach San Blas. Mein Maßband, an dem ich die Tage bis zur Heimreise zähle, ist beinahe auf die Hälfte geschrumpft. Mit Ankunft in Deutschland werde ich nach Leipzig ziehen. Das schöne Mädchen wird am Flughafen auf mich warten, wir werden Rum mit Maracujasaft trinken, und jegliches Tablett, das ich ihr mitbringe, wird in den buntesten Farben schillern.

WETTLAUF

»Staratte ayyyyyaaaaah!«

2. August 2013, die Küste Bolívars im Rücken

Uns haben nur sieben Passagiere erreicht, drei Motoristas fehlen. Der Kapitän tobt. Vorgestern Abend hat er einen Anruf von einem der Motorradreisenden erhalten, der bedauernd die Tour absagte, da man ein schnelleres Schiff gefunden habe. Lale wäre ihm am liebsten an die Kehle gesprungen.

»Ein schnelleres Schiff!«, brüllt er. »Es gibt auf dieser Strecke kein schnelleres Schiff! Was ist denn das für ein Idiot? Mit der *Jacky*? Die Deppen! Bloß weil die *Jacky* einen Tag früher aufbricht, heißt das nicht, dass sie auch früher in Panama ist! Den Wichser kriegen wir, das sage ich euch!«

Ein regelrechtes Fieber befällt uns an Deck. Bald ist jeder Einzelne von dem Wunsch ergriffen, die *Jacky* einzuholen und San Blas vor ihr zu erreichen. Der Katamaran hat zwölf Stunden Vorsprung, doch wir können sicher fünf Knoten mehr in die Waagschale werfen. Jeder verrichtet seinen Dienst, so gut, präzise und ernst er kann, als ob dies irgendwie helfen würde, die *Stahlratte* zu beschleunigen. Selbst die Gäste packen mit an. Die stündliche Feststellung der Position entwickelt sich zu einem Ereignis, dessen Ergebnis feierlich und unter Jubelrufen verkündet wird. Sobald der Wind steht, sind die Segel oben. Zum ersten Mal fahren wir unter vollen Segeln.

Da wir nur sieben Gäste an Bord haben, gestaltet sich die Tour insgesamt sehr entspannt. Die zu kochenden Portionen sind klein, der Abwasch ist schnell gemacht. Als ich am nächsten Tag das Gemüse und Fleisch für den Grillabend schneide, stehe ich dennoch triefend im Schweiß. Das beständige Schaukeln des Schiffes lässt jeden Muskel im Körper arbeiten.

Mit einem Mal ereilt mich ein Ruf vom Achterdeck. Ich erwarte schon, Xabi habe endlich sein Kokain gefunden, doch als ich hinaustrete, um zu sehen, was passiert ist, erkenne ich am Horizont das schwach geblähte Segel der *Jacky*.

Eine nervöse Freude macht sich breit. Sofort werden alle Segel noch einmal nachjustiert, was weniger dem Zuwachs an Geschwindigkeit als viel mehr unserem pompösen Äußeren dient. Voller Erwartung sitzen wir, Besatzung wie Gäste, auf dem Oberdeck. Fast möchte man pusten, um das Schiff schneller voranzubringen.

Da sehe ich, dass irgendjemand in der Eile vergessen hat, das Fall des Fishermans anzuschlagen. Hoch oben am Mast flattert es im Wind und schlägt gegen das Stagsegel. In dem unbändigen Aktionismus, der uns ergriffen hat, hangle ich mich kurzerhand an einem der Stahlseile hinauf, die zur Sicherung mit dem Hauptmast verankert sind, und strecke mich nach dem Tau. Mit beiden Füßen muss ich mich gegen das Seil stemmen, mich mit einer Hand festhalten und die andere, so weit es geht, ausfahren, bis ich irgendwann in einer günstigen Böe das Fall zu fassen kriege. Ich klemme es mir zwischen die Zähne und klettere wieder hinab.

Und dann, weniger als zwei Seemeilen vor den Außenriffen von San Blas, erreichen wir die *Jacky*. Wir kleben an ihrem Heck, ziehen gleichauf und schließlich vorbei. Es gibt nur eine schmale Rinne, die durch die Riffe von Coco Bandero führt, und nun ist klar, welches Schiff sie zuerst passieren wird. Aufgestachelte Wut, gepaart mit wahnsinniger Freude, schießt über die Reling, als wir neben dem Katamaran durch die Wellen preschen. Lale steht am Geländer und schlägt sich wie ein Silberrücken auf die Brust. »¡Ayayayayayay!«, schreit er. »¿Eh, *Jacky*, qué pasó? ¡Staratte ayyyyyaaaaah!« Vielmundige Flüche und Beleidigungen fliegen über das Wasser hin und her. »¡Hijo de puta! ¡Aaaah, muddafuckers!« Ein Schweizer springt auf den großen Tisch, dreht sich um und lässt seine Shorts runter. »You see this?«, brüllt er. »It's you!«

Schließlich fällt die *Jacky* hinter uns zurück.

Das abendliche Barbecue in Coco Bandero entwickelt sich zu einer riesigen Siegesfeier. Lale spendiert zwei Flaschen Rum und spielt alte Schlager auf der Gitarre. Bald ist der Biervorrat erschöpft, und ich sage ihm Bescheid, dass ich das Dingi nehme, um Nachschub zu holen.

Als ich die Kühlkiste gefüllt habe und sie zum Dingi schleppen will, höre ich wilde Rufe vom Strand und anschließend ein Platschen. Sofort eile ich zur Bordwand.

»Mach das Ersatzdingi klar!«, schreit Lale mir aus dem Wasser zu. »Wir brauchen das Ersatzboot, hol den Außenborder aus der Werkzeugkammer! Das Dingi ist weg! Los, los!«

Als er näher kommt, erkenne ich, dass er noch Hose und T-Shirt trägt. Er krault nach Leibeskräften. Erst als er das Dingi beiseiteschiebt und die Bordwand erklettert, hält er inne.

»Was ist das denn?«, fragt er verdutzt.

»Ich hab dir doch Bescheid gesagt!«, lache ich, während ich mich entspannt an die Bordwand lehne.

Lale seufzt triefend. »Hast du, nä? Hab ich vergessen.«

DIE TAGE NACH DER TOUR

»¡Todas las chicas con pello!«

5. August 2013, vor El Porvenir, San Blas

Die Gäste verabschieden wir diesmal am westlichen Ende des Archipels. Auf El Porvenir befindet sich die offizielle Migración Kuna Yalas, die aufzusuchen wir diesmal gezwungen sind.

Bevor die Gäste uns verlassen, hüllt ein schwerer Regen das Schiff ein. Die Tropfen fallen schwer und machtvoll, und wir sitzen im Heck, still und müde, und warten auf das Ende der Sintflut.

Plötzlich steht Gilberto hinter uns, der unbemerkt an Bord gekommen ist, um die erste Fuhre Touristen nach Basurkun zu bringen. Er lehnt sich zu mir und erkundigt sich nach dem Äußeren der Damen.

»Schöne Augen? Rasierte Muschi?«

»Nooooo. ¡Todas las chicas con pello! Ugh. Nadien como mi, eh …«, sage ich und streiche bedeutsam über den Flaum auf meinem Kopf.

Gilberto schaut mich zuerst ungläubig an, doch dann lacht er breit und streichelt mir über den Kopf. »Rasierte Muschi, eh?«

Als der Regen nachlässt, ist es bereits spät am Nachmittag, und wir setzen mit der Crew nach El Porvenir über, um dort im einzigen »Restaurant« von Kuna Yala zu Abend zu essen. Man beherrscht hier Hähnchen und Pommes und die restliche amerikanische Küche, und es gibt echte Plastikstühle und Tische, an denen man sitzt.

El Porvenir ist der touristische Mittelpunkt von San Blas. Bis 2009 die Sandpiste von Panama City nach Cartí ausgebaut wurde, lief jeglicher Verkehr über die lang gezogene Insel. Sie ist nicht sonderlich groß, jedoch die einzige, die über eine Landepiste für kleinere Flugzeuge verfügt. Mittlerweile wird der Großteil des touristischen Transits über Cartí abgefertigt, und nur noch die High Society nutzt Flugzeuge, statt die lange beschwerliche Fahrt durch den Dschungel auf sich zu nehmen. Sofern sie sich nicht direkt mit Helikoptern auf ihren Jachten absetzen lassen.

6. August 2013, vor den Cayos Limones, San Blas

Wir essen sehr reichhaltig dieser Tage: Linsen, Fleisch und viel Obst. Lale achtet schwer darauf, dass wir alle Mahlzeiten gemeinsam einnehmen, um ein Mindestmaß an Disziplin und Ordnung beizubehalten. Wir liegen vor den Cayos Limones, links die Isla

Elefante, rechts ein Wrack. Nachts weckt uns manchmal der Regen. Das Schiff dreht sich stets in den Wind, und da er aus Osten weht, liegen wir gegen den Sonnenaufgang. Vor uns nur die kleine Insel mit dem gescheiterten Kokainglücksritter darauf, den wir am frühen Morgen manchmal im knietiefen Wasser nach Langusten jagen sehen.

Vor etwa drei Wochen hat man vor Coco Bandero drei Kokainpakete gefunden. Sie wurden schlicht an den Strand gespült. Es muss kurz nach unserer Abreise gewesen sein. Ich ärgere mich ein bisschen, dass wir sie nicht selbst gefunden haben, und gleichzeitig bin ich froh, denn die Bedeutung des Ganzen kann ich mir wahrscheinlich nur vage ausmalen.

In den letzten Tagen hat sich wieder die beklemmende Ruhe über das Schiff gelegt. Ich versuche, mich durch Schnorcheln und Lesen abzulenken, doch es funktioniert nur leidlich. Die Einsamkeit kehrt zurück.

Die Intensität, mit der man auf einem Schiff Zeit und Umwelt wahrnimmt, ist Fluch und Segen zugleich. Da es nichts gibt, was einen von sich selbst, von den eigenen Bedürfnissen und Empfindungen ablenkt, ist alles vielfach intensiviert. Vielleicht ist es wie mit dem Sternenhimmel, der über der Großstadt nicht zu erkennen ist, sich aber, von Störfeuern unbehelligt, als strahlend und unfassbar endlos in der Einsamkeit offenbart. Mir fehlt eindeutig die Zerstreuung. Wo ist der Lärm, der mich umschallt? Wo sind dic Hyperlinks? Die ständig aufpoppenden Werbefelder und Empfehlungen? Wann ist der nächste Termin, den ich einhalten muss?

Als Lale überlegt, jemanden an Land zu schicken, um Gäste für die kommende Tour zu werben und Einkäufe zu tätigen, melde ich mich freiwillig.

⚓

ZURÜCK IN DER GROSSEN STADT

»My brother is the king of the world!«

7. AUGUST 2013, CASCO VIEJO, PANAMA CITY

Nachdem Henry Morgan das alte Panama City 1671 verheerend zerstört hatte, verlegte man die Stadt von der Bucht des Río Abajo hinauf an den Rand der kleinen Anhöhe Cerro Ancón. Der neue Standort war zwar wirtschaftsstrategisch schlechter gelegen, ob seiner felsigen Klippen aber leichter zu verteidigen. Bis zum Bau des Panamakanals 1903 spielte sich hier das Leben ab. Dann kamen das Geld und die Amerikaner und die Hochhäuser auf der anderen Seite der Bucht, und Casco Viejo starb aus.

Heute wird es wiederbelebt. Spekulanten erschließen günstige Grundstücke, sanieren sie und verkaufen sie für teuer Geld. Die halbe panamaische Oberschicht ist hier angesiedelt; die Regierung, ein paar Botschaften, Menschen mit Geld und Macht. Es gibt die Hostelszene, bunt und flippig, Gringos und Gringas, vergnügungssuchende Glücksritter, Pancake schaufelnde Halbtags-Aussteiger. Und es gibt Straßen, in die man nur allzu leicht gelangt und die man allzu häufig schnell wieder verlässt: leere Fassaden, dahinter Schutthalden, manchmal Schutthalden ohne Fassaden. Manchmal Menschen, die darin leben. Hin und wieder rote Claro-Antennen, für den guten Fernsehempfang, denn Fernsehen ist wichtig.

Ich habe mich ins Luna's Castle eingemietet, äußerst authentisch, eine Disco mit Bar im Außenbereich im unteren Stockwerk. Es ist vollgestopft mit jenen Weltentdeckern, wie ich sie zur Genüge beschrieben habe, es gibt ein Pancake-All-You-Can-Eat zum Frühstück und abends eine Happy Hour, in der das Bier besonders günstig ist. Szene-Balzveranstaltungen mit den immer gleichen Elektrobeats. Die Wände im Innenhof sind chic heruntergekommen, Farngewächse sprießen in imposanten Beeten, ein weißer Fensterrahmen ohne Fenster prägt den individuellen Touch. Man muss genau hingucken, um die in den Beton eingearbeiteten Glasscherben auf der Mauer zu erkennen. Und den elektrisch geladenen Draht, der die wohlgestaltete Authentizität von der Außenwelt abschirmt.

Ich genehmige mir zwei Bier und versuche, ein wenig zu socialisen, schließlich bin ich hier, um Gäste anzuwerben. Doch all die Lydias und Lindas, die ich kenne, verderben mir den Spaß. Immerhin, ich lerne Lea kennen, die groß ist und dunkle Locken hat und interessiert scheint. Wir verabreden uns für den nächsten Tag zum Pancake-Frühstück. Als ich etwa eine Stunde später zu Bett gehe, fühle ich mich wie ein schlechter Staubsaugervertreter. Der basslastige Beat aus der Disco unter mir wummert mich in den Schlaf.

8. August 2013, Casco Viejo, Panama City

Am nächsten Morgen, gleich nach dem Frühstück mit Lea, beschließe ich, die andere Seite der Mauer zu erkunden. Lea ist ein nettes Mädchen und nicht dumm, was mir imponiert, und nachdem ich ihr ein paar Fotos gezeigt und ein paar Geschichten erzählt habe, versichert sie mir, es sich mit der *Stahlratte* zu überlegen. Einzig vor der anderen Seite der Mauer warnt sie mich. Man solle dort nicht hingehen, habe man ihr gesagt.

Gleich an der Ecke sitzen zwei Dunkelhäutige und schlafen im dürftigen Schatten eines abgerissenen Balkons. Der eine hat es sich auf einem ausgebauten Autositz bequem gemacht, dem anderen bleibt nur ein Fetzen Karton. Hinter ihnen führt ein nach Schimmel und Urin riechender Seitengang nach links. Dahinter muss die andere Seite der Mauer liegen.

Wäsche hängt zwischen den Wänden im Innenhof, der Beton ist grau, die Balkone wirken nicht sicher. Die provisorischen Wellblechdächer sind bis zur Durchsichtigkeit verrostet. Jemand ruft etwas, das ich nicht verstehe. Dann, neben ihm, ein Mann mit breitem Kiefer und einem Bier in der Hand: »My brother is the king of the world! The clothes are clean! Come here!« Er ist völlig betrunken.

Eigentlich will ich nicht, dann gehe ich doch, und plötzlich stehe ich im Hauseingang einer Familie. Man reicht mir ein Bier, und ich achte sehr genau auf jede Bewegung, die darauf hinweisen könnte, dass man mich überfallen will; bereit, bei jedem Gefühl des Schwindels den Hauseingang zu verlassen. Wir unterhalten uns, der Betrunkene, sein Bruder und ich, ich spreche brüchiges Spanisch und Kuna, sie reden über Sex und deutsche Frauen und wollen die Gringas aus dem Luna's Castle kennenlernen. Sie sind sehr gutherzig. Zwei Kinder, zwei Mädchen, kommen hinzu, sie lachen und wollen ein Foto mit mir machen, und wir machen ein Foto, und ich lache auch. Ich verdrehe die Augen und sage, die Gringas seien außerordentlich dumm und außerordentlich blond, und die Männer bekommen leuchtende Augen.

So geht es eine Weile, dann ist mein Bier leer. Ich verabschiede mich vorsichtig, doch nicht, ohne zu versprechen, die Herren heute Abend zur Party abzuholen. Es ist mir unangenehm, denn ich weiß, dass ich das Versprechen nicht halten werde.

Als ich wieder auf die Straße trete, empfängt mich die Musik des Luna's Castle. Sie ist hip und treibend, und ich beschließe, einen Spaziergang zu machen, um nicht jetzt schon dorthin zurückkehren zu müssen. Lale hat mir ohnehin den Auftrag gegeben, einen Geldautomaten aufzusuchen, um jeden Tag die Maximalsumme an Dollar abzuheben, damit wir in Cartagena Diesel kaufen können. Am Ende habe ich so viel Geld in den Socken, dass ich mir Blasen laufe.

⚓

9. August 2013, Casco Viejo, Panama City

Bisher verbrachte ich die Abende vor einem kleinen Restaurant in der Calle 9a Este, nur zwei Häuser weiter vom Luna's Castle, und trank ein Glas Rotwein. Ich las ein Buch, genoss die Abendluft und fühlte mich sehr intelligent. Ein älterer Herr saß stets einen Tisch weiter und sah immer sehr schön aus: in seinem sauberen Hemd und den Leinenhosen, den Weißwein vor sich und die randlose Brille auf der Nase, durch die er die Online-Ausgaben verschiedener internationaler Zeitungen auf seinem iPad las. Um ehrlich zu sein, versuchte ich bewusst, in seiner Nähe zu sitzen, denn seine bloße Anwesenheit genügte, um mich selbst noch ein Stück intelligenter zu fühlen. Heute Abend habe ich mir ein Herz gefasst und ihn gefragt, ob wir nicht morgen unseren Wein zusammen trinken wollen. Er war verwundert, doch zu meiner Freude willigte er ein.

10. August 2013, Casco Viejo, Panama City

Der ältere Herr ist Brite und wirklich ein feiner Herr. Seine Frau sitzt mit am Tisch, dazu zwei Deutsche, Sozialpädagogen aus Köln, mit dem Motorrad unterwegs. Sie wohnen in dem Hotel über dem Restaurant; der feine Herr hat sie eingeladen, da er der Besitzer des Restaurants sowie des Hotels ist und er seinen Gästen gegenüber zuvorkommend sein möchte.

Nach und nach stellt sich heraus, dass ihm nicht nur das Hotel und das Restaurant, vor dem wir sitzen, gehören, sondern auch das Restaurant und die Bar daneben. Gegenüber hat er ein Haus für seine Familie gekauft, und dahinter befindet sich ein weiteres Restaurant in seinem Besitz. Er erzählt das nebenbei, auf eine Weise, die nicht aufdringlich ist, sondern sachlich.

Ich bin ein wenig enttäuscht, dass ihn meine Arbeit auf der *Stahlratte* nicht groß beeindruckt, doch dann erfahre ich, dass er selbst lange Kapitän war. Er schildert, wie er zu Zeiten des Kalten

Krieges für ein paar Tage in chinesischer Haft war, weil man ihn und seine Crew für Saboteure aus dem Westen gehalten hatte, die mutwillig das Hafenbecken verschmutzt hatten (einer seiner Kollegen war dabei erwischt worden, wie er eine Zigarettenkippe ins Wasser geschnippt hatte). Drei Tage waren sie in eine Zelle gesperrt worden, zu neunt, alle zwei Stunden zum Verhör, durchgängig von Lautsprechern beschallt, durch die englischsprachige Schmähungen gegen sie persönlich und den Westen im Allgemeinen gedrungen waren.

Heute, berichtet der feine Herr, sei er kein Kapitän mehr, sondern einer der Haupteigner und Manager der Hutchison Port Holdings, die mit dreißigtausend Mitarbeitern dreiundfünfzig Häfen in aller Welt betreue – und der Zufall wollte es, dass er bei einem Dinner in Schanghai vor ein paar Jahren auf einen jener chinesischen Schreihälse traf, die ihn damals im Gefängnis so beleidigt hatten. Der Chinese war zu jener Zeit ein junger und des Englischen kundiger Mann gewesen, was eine Seltenheit war, und nach seinem Shouter-Job hatte er eine rasante Karriere im kommunistischen Staatsapparat gemacht. Auf die Frage des feinen Herren, ob er sich nicht schlecht fühle wegen damals, habe der Chinese sein Glas erhoben und langsam und feierlich geantwortet: »That were the rules at that times and these are the rules now.« Und dann hätten sie angestoßen.

Der feine Herr ist *Commander of the Order of the British Empire*, also wirklich ein Gentleman, er war ein guter Freund von Maggie Thatcher, der Verdienstorden wurde ihm von der Queen verliehen. Es ist die letzte Ordensstufe vor der Erhebung in den persönlichen Adelsstand. Das alles erzählt der feine Herr so, als wäre er Mitglied in einem Tennisklub, was sicher eine tolle Sache ist, aber nicht unbedingt der großen Worte wert.

Das Restaurant des feinen Herrn ist gut gelegen. Menschen flanieren vorbei, während er spricht, hinter der Bucht ragt die Skyline auf, eine leichte Brise weht die Straße empor. Die Veranda ist angenehm beleuchtet. Als es spät wird, verabschiedet sich der Engländer und verschwindet mit seiner Frau in der Nacht.

Ich bleibe mit den Deutschen noch eine Weile sitzen. Wir bestellen ein Bier, das uns helfen soll, diese Begegnung zu verdauen, und beschließen, uns hoch auf die Dachterrasse zu setzen, von der aus man eine sensationelle Aussicht über die Stadt haben soll. Als wir zahlen wollen, erklärt der Kellner, die Rechnung für den Abend sei schon beglichen. Ja, auch für das, was wir jetzt noch bestellen würden.

Als wir auf der Dachterrasse sitzen, denke ich an das Bier, das ich vor ein paar Tagen mit dem völlig benebelten Panameño und seinem Bruder getrunken habe, und ich frage mich, warum diese Stadt nicht einfach implodiert.

Schräg zu unseren Füßen liegt das Hostel mit der schlechten elektronischen Musik. Und wenn sich irgendwo heute Nacht ein Feuer entzündet, wird es morgen wieder Pancakes geben.

TEIL 3

HALBZEIT

»Nachts schlafe ich meistens durch.«

11. August 2013, Cartí, San Blas

Etwas ist mit mir passiert, seit ich wieder an Bord bin. Es fühlt sich an, als hätte ich in Panama City meine innere Unabhängigkeit erlangt. Ich weiß jetzt, ich könnte im Notfall auch allein zurechtkommen. Zum ersten Mal fühle ich mich wirklich und wahrhaftig wohl an Bord.

Vor ein paar Wochen hatte ich verstanden, wie mich meine Vergangenheit eingeholt hatte. Und damit die Notwendigkeit, mich mit meinem inneren Wesen auseinanderzusetzen. Nun, da ich mich selbst eingeholt hatte, musste ich mich auch annehmen. Ein guter Freund hat mich einmal gefragt, ob ich gut mit mir selbst auskäme. Erst jetzt, da ich diese Frage bejahen kann, begreife ich ihre vollständige Bedeutung.

Die Hälfte meiner Tage auf der *Stahlratte* ist vergangen. Von nun an läuft die Zeit rückwärts. Ich werde mehr erlebt haben, als ich erleben werde, und ich werde mit jedem Tag weiter zurückblicken und mich wundern, wo all die Augenblicke geblieben sind. In der Zukunft erscheint die Zeit oft nicht begreifbar, und in der Gegenwart kann sie sehr langsam sein, doch in der Vergangenheit verflüchtigt sie sich zu Erinnerungen. Manchmal gibt es Tage, an denen ich denke, ich habe zugenommen, und manchmal gibt es Tage, an denen ich denke, ich habe abgenommen, und alles in allem ist meine Haut deutlich brauner geworden. Ich verstehe Spanisch und die Art, unser Schiff zu navigieren, und nachts schlafe ich meistens durch.

Die Kehrseite dessen ist die Gewohnheit. Es erfordert Disziplin und Achtsamkeit, sich klarzumachen, dass das, was ich gerade erlebe, etwas Unwiederbringliches ist. Die rostigen Wellblechdächer von Cartí habe ich nun schon oft gesehen, und dennoch sind sie schön und bewundernswert und genau am richtigen Fleck. Genauso der Regen und die Winde und der Mastkorb und die unzähligen Seile, die ich nun alle benennen kann und in denen ich gerne herumklettere. Meine Finger sind wund wie immer, und vielleicht werde ich am Ende sogar die Brandblasen vermissen, doch gleichzeitig plagt mich das Heimweh.

Denn das Anziehende am Meer ist die Sehnsucht. Es ist die Unerreichbarkeit des Horizonts, die dir manchmal das Herz zerspringen lässt, weil du weißt, dass du all das, was du dort siehst, niemals fassen kannst. Es weckt einen Hunger, der durch nichts zu stillen ist. Einen Hunger nach Ferne und Heimat und nach Wind und Wellen, und nach dem intensiven Kontakt mit dem Meer und dem Himmel, den man nur sehr selten erlebt, wenn die Gezeiten über einem zusammenschlagen und man sich allem, was um einen herum geschieht, bewusst ist.

Es gleicht einem Metall, das zwischen zwei Polen schwebt. Man verflucht die Gegenwart, und gleichzeitig wünscht man sich nichts sehnlicher, als diese Gegenwart sich einzuverleiben und sie bis in die Ewigkeit zu dehnen.

⚓

DIE SCHÖNSTE TOUR

»Look! Sausage, sausage, sausage, sausage, sausage!«

12. August 2013, Cartí, San Blas

Unsere Abfahrt verzögert sich. Lale hat einen Anruf erhalten, eine Gruppe Reisender sei auf dem Weg von Colón nach Cartí, da ihr Schiff, das einen Tag zuvor von dort hätte auslaufen sollen, nicht eingetroffen sei.

Von Lea, die ich im Luna's Castle getroffen hatte, habe ich seitdem nichts mehr gehört. Doch da taucht sie auf, schüchtern winkt sie aus einem Kuna-Boot, das, von der Küste kommend, auf die *Stahlratte* zuhält. Sie entschuldigt sich mehrfach, sie hätte auf mich hören und direkt die *Stahlratte* nehmen sollen, doch das Angebot für das andere Schiff habe so verlockend geklungen, zwei Tage mehr für den gleichen Preis! Dass das Schiff die zwei Tage mehr auf hoher See gebraucht hätte, hatte man ihr verschwiegen. Doch nun ist ohnehin alles anders gekommen. Von Colón aus hatte sie das Hostel verständigt und darum gebeten, die *Stahlratte* zu informieren und aufzuhalten. Jetzt steigt sie an Bord, im Schlepptau zwei hübsche englische Studentinnen.

Wir verzeichnen vierzehn Passagiere und sechs Motorräder, das Wetter ist prachtvoll, jegliche Schwüle der letzten Tage hat sich gelegt. Genauso geht es unseren Gemütern.

Die Motoristas bestehen aus zwei neuseeländischen Pärchen sowie Gail und Steven, der aussieht wie ein gealterter Superheld. Dann sind da noch ein deutsches Pärchen, Schnicky und Schnucky, und Stefan und Maria, zwei Geografie-Absolventen. Lea und die beiden Engländerinnen sind wirklich angenehm anzusehen, und auch Schnucky ist hübsch. Allein der Umstand, dass wir gleich vier schöne Frauen an Bord haben, hebt unsere Arbeitsmoral beträchtlich.

Nachdem wir die üblichen Formalitäten zur Ausreise vollzogen haben und die Zöllner in schlingerndem Kurs von dannen gezogen sind, lichten wir den Anker und begeben uns schnellstmöglich nach Coco Bandero. Die Vorbereitungen für den Grillabend sind in vollem Gange.

Doch als wir den Strand unserer Insel erreichen, ist er bereits von einer anderen Gruppe besetzt. Die *Gitano del Mar* fährt offenbar den gleichen Fahrplan wie wir, und ihre Crew hat sich tatsächlich erdreistet, sich an unserem Feuerholz zu vergreifen. Um ehrlich zu sein, weiß ich gar nicht, wie es um die Besitzverhältnisse des Holzes bestellt ist, doch Lale vermittelt glaubhaft den Eindruck, dass der Stapel unser sei, und wer das anzweifele, der könne ja an Bord kommen und sich mit ihm unterhalten. Als dann auch noch unsere Engländerinnen mit den Jungs der *Gitano* anbändeln, ist die Saat zur Feindschaft endgültig gelegt.

Nach Einbruch der Nacht gesellen sich erneut ein paar Gäste der *Gitano* zu unserem Lagerfeuer hinzu. Es sei ein freier Strand, behaupten sie, und sie hätten ihr eigenes Bier mitgebracht, man könne sie nicht schon wieder vertreiben.

»What kind of shit grillparty is this?«, zetert Lale. »Get away! It's too much sausages!«

Die Gitanos schauen ihn irritiert an.

»Look!«, ruft Lale, um seinen Standpunkt zu verdeutlichen. »Sausage, sausage, sausage, sausage, sausage!« Dabei zeigt er auf jeden einzelnen der fünf Jungs. »And what did you bring? Two girls! Only two! Don't get me wrong, I am married, but I don't wanna eat sausage! I am vegan tonight! Get away!«

Doch die sieben trauen sich nun nicht mehr zurückzuschwimmen. Das Wasser sei so tief und dunkel, sagen sie, und man könne nie wissen, was darin lauere. Vor allem die beiden Mädchen fürchten sich. Nach einiger Zeit wird ihnen auch noch kalt.

»Bitte, fahrt uns doch eben mit dem Boot rüber! Ihr habt doch eins«, flehen sie.

Lale zeigt ihnen einen Vogel. »Nix da! Nur, wenn ihr eure Typen mitnehmt! Ihr könnt eure sausages behalten!«

Die Mädchen machen ein betrübtes Gesicht, nur einer der Gitano-Jungen mochte sie begleiten. Sie haben wirklich Angst. Ob eher vor Lale oder der See, lässt sich schwer sagen.

Irgendwann erbarme ich mich. Ich möchte Lale nur ungern in den Rücken fallen, aber die beiden frieren und fühlen sich offensichtlich unwohl. Während der Fahrt steigert sich jedoch mein Unmut gegen die Truppe. Oder vielmehr gegen ihren Käpt'n. Ich sehe nicht ein, fremde Menschen zu ihren Schiffen zu fahren, bloß weil ihr Käpt'n sich nicht um sie kümmert. Es ist seine Verantwortung, sich um seine Gäste zu sorgen. Vor Wut lasse ich den Außenborder aufheulen.

Während wir uns längsseits der *Gitano* legen und die Gäste vom Boot auf das Schiff wechseln, halte ich es für meine Pflicht, den Kapitän über meine Haltung zu unterrichten.

Auf dem Rückweg höre ich plötzlich ein zweites Dingi hinter mir heranbrausen. Der Kapitän der *Gitano* erreicht kurz nach mir den Strand, baut sich vor mir auf und erklärt mir, dass er sich von mir nichts zu sagen lassen habe. Er ist mindestens einen halben Kopf größer als ich.

»Ist ja schön und gut«, entgegne ich. »Aber du bist ein Idiot! Und jetzt, wo du schon mal da bist, kannst du auch gleich den Rest von deinen Leuten mitnehmen. Ich fahr nämlich nicht noch mal!«

»Du ...« Er macht einen Schritt auf mich zu.

Doch in diesem Moment tritt Lale aus dem Feuerschein, und augenblicklich hält der andere inne.

»Hau mal ab«, sagt Lale auf Deutsch zu mir.

Ich entferne mich und lasse ihn zu seinem Kollegen treten. Sie wechseln nicht mehr als ein paar Worte, dann lachen plötzlich beide und hauen sich gegenseitig auf die Schulter.

»Alles klar, mach's gut«, sagt der andere Kapitän wenige Sekunden später und braust ohne seine Gäste mit dem Dingi davon.

»Nie übers Ziel hinausschießen«, raunt Lale mir kurz darauf verschwörerisch zu. Er sieht dabei nicht tadelnd aus. Nicht sonderlich positiv gestimmt, aber immerhin auch nicht tadelnd. Ich fasse das als Lob auf.

»Was hast du zu ihm gesagt?«, frage ich

»Dass du ein *omegit* bist. Und ein Idiot.«

Später am Abend, der Mond ist bereits im Schatten der Insel verschwunden, setzt sich Becky zu mir. Sie ist die Freundin von Selma, der anderen Engländerin, die sich abseits mit Xabi unterhält.

»Ich spreche ein bisschen Deutsch«, sagt Becky.

»Ich auch«, entgegne ich.

»Bist du ein richtiger Seemann?«

Ich schüttle den Kopf. »Nee, nich' so richtig ... Wär ich wohl gerne.«

»Und kennst du die Sterne?«

Ich zeige ihr das Kreuz des Südens und den Pferdekopfnebel und erkläre, wie man den Nordstern finden kann. Als Becky versucht, sich bei mir anzulehnen, stehe ich auf und stelle meine Füße ins Wasser.

»Und gefällt es dir hier?«

Ich lasse mir zu viel Zeit für die Antwort, als dass sie noch spontan klingen könnte. »Yeah ... yeah, sure.«

»Nicht?«

»Doch!«

»Aber?«

»Nichts aber. Es ist großartig hier. Das Wasser und die Inseln, die Fische und Pflanzen und das alles. Das Schiff! Sieh dir das Schiff an! Ein Traum!«

»Aber?«

»Es ist zu warm.«

»Und?«

»Zu viel Sonne.«

»Bist du doof?«

»Bestimmt 'n bisschen.« Ich halte inne. »Weißt du, ich komme aus Norddeutschland. Aus dem Regen. Ich mag Wind und Niesel, und ich mag es, eine dicke Jacke zu tragen. Da, wo ich herkomme, ist es hässlich. Es gab bei uns mal eine Werft, die hat zugemacht, jetzt sind alle arbeitslos. Die Leute wissen, dass es hässlich ist. Da gibt es keinen falschen Stolz. Die Leute hier, vor allem die Touristen, tun so, als ob ihnen die Karibik gehört! Als ob es ihre Leistung wäre, hier zu sein, als machte sie das zu höherwertigen Menschen!«

»Aber es ist doch schön hier! Das muss man doch genießen!«

»Klar! Tu ich ja auch. Das ist alles eine riesige wunderbare Welt hier. Aber nicht meine. Ich komme von der Nordsee. Da ist das Wasser dreckig und kalt, und man kann nicht auf den Grund sehen. Es gibt Wellen! Hier ist es ... Ich bin kein Teil davon. Es ist schön, das alles hier zu sehen und zu erleben, aber es ist nicht meins. Das bin ich nicht.«

Becky sieht mich skeptisch an. »Ich finde, du solltest das mal annehmen. Dein Zuhause bleibt dein Zuhause, das nimmt dir doch keiner weg. Es gibt nichts Schöneres, als die Welt zu entdecken. Das ist doch unfassbar bereichernd! Guck mal die Sterne, das sind alles unentdeckte Welten! Das ist doch phantastisch!«

Natürlich hat Becky recht. Es gibt Besseres, als sich einzuigeln – die Welt mit offenen Armen zu empfangen, das ist zum Beispiel besser. Und in diesem Moment lerne ich etwas über mich: Je mehr ich in die Ferne drang, je mehr ich mich dem Unbekannten, der Unsicherheit aussetzte, desto mehr beschäftigte ich mich mit mir selbst. Mit meiner Heimat und Herkunft, wie um mich meiner Identität zu vergewissern. Jeder Schritt in die Zukunft verlangte nach einem Anker in der Vergangenheit. Ich hatte Angst, verloren zu gehen. Die Ferne machte mich das Nahe lieben.

BOIES, BOJEN UND PIRATEN

»Moin, ich bin Nils, wir sind verwandt.«

Bis zu meinem fünften Lebensjahr hieß ich Boie mit Nachnamen. Dann beschloss meine Mutter, wieder ihren Mädchennamen anzunehmen. Und in der Sehnsucht nach einer intakten Welt war es ihr Anliegen, dass auch ihre Kinder ihren Namen trugen. Nicht, dass mein Bruder oder ich etwas dagegen gehabt hätten – ich war harmoniebedürftig, Ordnung war mir wichtig, am liebsten hätte ich beide Namen getragen. Doch das Amt schob einen Riegel vor. Daher folgte ich der Logik, ein Name auf dem Klingelschild sei besser als zwei, und so hieß ich nun Straatmann.

Mein Geburtsname, der Name der Familie Boie, geht auf eine lang tradierte Geschichte zurück. Es ist ein Irrtum, dass wir, wie viele Menschen glauben, nach der Boje, der Fahrwassermarkierung, benannt sind. Vielmehr ist es anders herum. Der Name Boi war im Ostfriesland des späten Mittelalters ein gebräuchlicher Rufname. Damals litt Ostfriesland als Reichsgrafschaft unter der despotischen Herrschaft des Fürstenhauses Cirksena. Der Bevölkerung ging es schlecht, die Landarbeiterschaft wurde geknechtet. Nördlich der Elbe jedoch, im heutigen Schleswig-Holstein, gab es einige Bauernstaaten, in denen die Lehensherrschaft nur nachlässig ausgeübt wurde. Und so brach einer auf, von seinen Freunden Boi genannt, um dorthin zu fliehen. Er wanderte entlang des Jadebusens, setzte über die Weser und stieß auf Höhe des heutigen Brunsbüttel auf eine Elbfähre. Diese Fähre war ein lukratives Geschäft. Sie beförderte das gesamte Vieh der Region um Hamburg über die Elbe nach Dithmarschen, wo die Wiesen saftig und fruchtbar waren und von wo das Vieh fett und schwer zurückkehrte. Und so kam der junge Boi gar nicht weit in die freien Bauernstaaten hinein – er blieb direkt an der Elbmündung und verdingte sich bei dem Fährmann.

Nicht viel später starb dieser. Und der junge Boi übernahm seine Fähre und heiratete dessen Frau. Das Geschäft gedieh, Boi prosperierte, und bald war er ein gemachter Mann.

Die Elbmündung zu jener Zeit war außerordentlich heimtückisch. Sandbänke versperrten die Zufahrt, Stürme zogen über die Küste, die das Meer aufwühlten und die Sandbänke mitunter unberechenbar verschoben. Keine Karte, auf die man sich verlassen konnte. Kein Schiff, das sicher sein konnte, der Mündung gewachsen zu sein. Bois Fähre dagegen fuhr regelmäßig und mit verblüffender Zuverlässigkeit. Und so begannen die von der See kommenden Schiffer, sich an ihr zu orientieren. Sobald sie die Fähre Boi, die Boie-Fähre, passiert hatten, konnten sie annehmen, dass sie sicheres Fahrwasser erreicht hatten. Und so wurde die Fähre, die Boie, die erste Fahrwassermarkierung der Welt.

Doch die Einigkeit an der Elbmündung währte nur kurz, denn die Selbstverwaltung der Bevölkerung hatte den Unmut der Mächtigen geweckt. Die damals in Schleswig und Holstein herrschenden Dänen fielen in Dithmarschen ein. Während in Mitteldeutschland fleißig Reformation betrieben wurde, man sich im Süden mit den Türken schlug, plünderten die Nordmänner das Marschland. Die Dithmarscher wurden schlichtweg überrannt. Fünfzig Jahre zuvor hatten sie den Invasoren bei einem ersten Angriff noch Einhalt gebieten können, indem sie die Fleete um ihre Felder fluteten, doch beim zweiten Angriff fielen die Warften und Höfe.

Zwar war König Friedrich II. von Dänemark durchaus damit einverstanden, dass der nunmehr alte Boi seine Fähre in Betrieb hielt, sofern er einen Teil seiner Einkünfte an die Krone abführen würde, doch Boi weigerte sich. Er hatte nicht vor, einem fremden Herrscher zu dienen. Sein Vermögen war in den Jahren so sehr gewachsen, dass er sich ohnehin zur Ruhe setzen konnte.

So starb die Boie-Fähre, und die folgenden Generationen der Boies wurden Müller, Fischer und Handwerker. Einige taten sich als Pastoren oder Juristen hervor, der berühmteste unter ihnen war wohl Heinrich Christian Boie, ein Literaturherausgeber, der ein respektvolles Verhältnis zu Goethe und Herder hatte und eine Brieffreundschaft mit Schiller führte. Mit ihm gründete er die ersten Lesestuben in Norddeutschland. Friedrich, Heinrich Christians Sohn, ging mit August von Goethe zur Schule, und mehr als einmal soll sich der Geheimrat gewünscht haben, statt seines trink- und vergnügungssüchtigen Knaben den züchtigen Friedrich als Nachkommen zu haben.

Einen weiteren Geschäftszweig hatten die Boies schon ein paar Jahrzehnte früher entdeckt. Während die norder- und süderdithmarscher Bauern aus Heide und Meldorf redlichen und regen Handel mit den Städten führten, verlegten sich die Boies darauf, das Nehmen ohne Geben zu pflegen. Gesetz der damaligen Zeit war es, dass jegliches Treibgut am Strand seinem Finder gehörte. Und so machten sich einige Boies die alte Unsicherheit der Elbmündung zunutze und sorgten dafür, dass es viel Treibgut gab. Sie legten Störfeuer, lockten die Schiffe in die Irre und raubten sie aus, sobald sie auf die Sandbänke aufliefen. Sie waren Strandpiraten. Alte Urkunden im Hamburger Rathaus berichten von gleich mehreren Boies, die unter Androhung der Todesstrafe gelobten, nie wieder als Seeräuber tätig zu werden und von nun an ein edles und gottgefälliges Leben zu führen, so man ihnen nur ihre Köpfe ließe. Natürlich haben sie gelogen – sie waren schließlich Piraten.

Das Wappen der Familie Boie zeigt links einen Adler, das Wappentier Ostfrieslands, und rechts drei Bojen. Lange Zeit wusste ich nicht einmal, dass wir ein Familienwappen besitzen. Doch in Skandinavien soll es bis heute noch Boies von Adel geben. Vielleicht sollte ich ihnen mal einen Besuch abstatten. »Moin, ich bin Nils, wir sind verwandt, nun lasst mich von eurem Silbergeschirr speisen.«

Wenn ich jetzt am Strand von San Blas nach Muscheln und Kokain tauche, spüre ich die alten Gene in mir. Dann fühle ich den rostigen Säbel an meiner Seite, die Augenklappe, den Enterhaken und das Holzbein, das mich merklich gen Wasseroberfläche zieht.

⚓

GAIL AN BORD

»Wisst ihr, ich liebe Giraffen!«

13. August 2013, Coco Bandero, San Blas

Am folgenden Morgen regt sich ein unverhältnismäßiger Unmut gegenüber Xabi. Unsere Gruppe wurde angegriffen, Selma ist über Nacht nicht mehr aufgetaucht. Erst als die Sonne schon hoch am Himmel steht und Xabi und ich das Sonnensegel über den Frühstückstisch spannen, sehen wir ihren dunklen Schopf aus den Fluten ragen.

»Hey! Wo warst du?«, rufe ich ihr über die Reling entgegen.

»Sorry!«, brüllt sie mit Unschuldsmiene zurück, während sie den Kopf angestrengt übers Wasser reckt, um kein Salz schlucken zu müssen. »Hab das Schiff verwechselt!«

Xabi, da sind wir uns einig, hätte sie aufhalten müssen. Er ist der Charmeur unter uns, er ist es, der nicht in festen Händen ist.

»Und wo warst *du*?«, weise ich ihn in gespielter Wut zurecht. »Das können wir uns nicht leisten, Hombre! Da musst du da sein, Leistung zeigen, Junge!«

Xabi hebt abwehrend die Hände. »Ich war an Bord! Hab geraucht! Und dann war der Weg zurück zu weit …«

Das Wetter über uns ist ein Traum, Jupiter meint es gut mit uns. Wir machen eine Schnorcheltour um eins der größeren Riffe, und ich treffe eine Schildkröte, die im flachen Wasser vor mir herpaddelt. Ein Pelikan beobachtet uns von einer Palme aus. Ich liege rücklings auf unserem Windsurfbrett ohne Segel und lasse mich treiben. Das Wasser ist klar, der Himmel blau, und ich liege und liege, bis die Brandung mich an den Strand spült.

Am Abend hat sich die gesamte Crew zur Vorbereitung des Essens in der Messe eingefunden. Wir singen laut und vielstimmig, während der Fisch über dem Gasherd brutzelt, und tanzen um den Tisch.

Beim Essen läuft Gail zu großer Form auf. Nicht, dass er nicht schon vorher aufgefallen wäre – er ist groß und muskulös, jenseits der fünfzig, ein Ex-Navy-Soldat, der sich alle fünf Minuten die Finger manikürt. Er wollte alles über das Schiff wissen und erzählte selbst gerne und viel. Doch erst jetzt, als wir zu Abend essen und sich Fisch und Kochbananen auf unseren Tellern häufen und das Bier in Massen unsere Kehlen hinabfließt, zeigt er die Tiefe seines Charakters.

Gail ist Amerikaner, und das findet er klasse. Sein Land zu schützen ist ihm die größte Aufgabe. Er sammelt Feuerwaffen, im nächsten Jahr möchte er unbedingt nach Österreich, um die dortigen Sammlungen zu besichtigen.

»Dann komm ich euch alle besuchen«, sagt er und lächelt gewinnend. »Gehört das eigentlich noch zu Deutschland?«

Alle lachen.

»Was denn? Habe ich einen Witz gemacht? Dass ihr die DDR den Russen überlassen habt, war ja auch nicht klug von euch!«

»Die haben wir uns aber zurückgeholt«, sagt Lale und klopft Gail beruhigend auf die Schulter. »Ist jetzt wieder unser.«

»Wirklich? Na, richtig so! Verdammte Russen ... Wisst ihr, ich mag euch Deutsche! Ihr baut gute Waffen. Und gute Motorräder.«

Dann wechselt er das Thema und kommt zu seinem zweiten großen Hobby, der Großwildjagd. Mindestens einmal im Jahr versucht er, nach Afrika zu fliegen, um ein seltenes Tier zu schießen. Zu Charity-Zwecken, wie er sagt.

»Vorletztes Jahr habe ich in so einem neu gegründeten Reservat eine Giraffe getötet!« Seine Augen glänzen, während er erzählt. »Wisst ihr, ich liebe Giraffen! Sie sind so elegant, fast majestätisch mit ihrem Hals. Deshalb wollte ich unbedingt eine erlegen! Ihr könnt euch das nicht vorstellen, noch als sie zusammensackte, sah sie aus wie eine fallende Königin!«

Wir schauen uns betreten an.

Doch Gail lässt sich nicht entmutigen. »Letztes Jahr habe ich einem Elefanten aufgelauert. Die Dorfbewohner haben mir den Auftrag erteilt, ihn zu schießen. Zwanzigtausend Dollar hat mich das gekostet!«

»Hä? Wieso hast du denn zahlen müssen, wenn es ein Auftrag war?«, frage ich irritiert.

»Na, es ist folgendermaßen: Die Elefanten leben in Reservaten, wo sie beschützt und natürlich aufwachsen können, damit sich die Art erholen kann. Das funktioniert super! Viele bedrohte Tierarten haben sich so erholt.«

»Indem ihr sie abgeschossen habt?«

»Ja! Es geht ja um das gezielte Töten. Indem du Regeln schaffst, machst du die Jagd legal. Die Regeln beschützen die Tierart! Und viele Leute jagen natürlich lieber legal als illegal. Das funktionierte dann in meinem Reservat so gut, dass es zu viele Elefanten wurden, als dass sie noch artgerecht leben konnten! Und dann kam ich ins Spiel, um den Elefanten zu schießen.«

»Und warum musstest du dafür bezahlen?«

»Na, das ist halt so! Das kostet die Genehmigung. Versteh ich jetzt auch nicht, aber ich zahl das gern! Die Afrikaner brauchen das Geld ja – und so funktioniert halt Charity. Ich bezahl zwanzigtausend Dollar; und weißt du, wie lange die davon leben können? Die Afrikaner profitieren ja gleich doppelt: Sie kriegen das Geld *und* sind den Elefanten los.«

Gail erzählt wie ein kleines Kind, so enthusiastisch und naiv, dass es einem schwerfällt, ihm ernsthaft böse zu sein. Immer wieder schwanke ich zwischen dem Wunsch, ihm beschwichtigend durch die Haare zu wuscheln oder gehörig in die Fresse zu hauen. Natürlich geht seine Überlegung nicht auf. In der Realität werden die Reservate zum Großteil künstlich klein gehalten oder beständig verkleinert, um so eine Überpopulation der zu jagenden Tierarten zu erzeugen und sie zum Abschuss freigeben zu können. Die Jagdquoten sind häufig bedingt durch handfeste finanzielle Interessen. Auch dass das Geld direkt an die betroffenen Menschen fließt, ist ein Märchen. Ungefähr zwanzig Cent bekommen die Menschen vor Ort pro offiziellen »Wilderer«.

In welchem Land Gail den Elefanten gejagt hat, weiß er nicht mehr. Differenzierte Länderbezeichnungen kennt er ohnehin nicht. Für ihn ist Afrika ein einziges großes, armes Land, dem er zu Hilfe eilt. Charity mit der Waffe – das war schon immer sein Ding.

»Drei Tage habe ich diesem Mistvieh aufgelauert«, erzählt er weiter. »Hab es einfach nicht vor die Flinte bekommen! Das Ding war zu klug für mich. Die sind ja irre schlau, haben ein riesiges Gedächtnis. Und das Ding war verrückt! Das haben mir die Dorfbewohner auch gesagt! Die meinten, der komme immer wieder ins Dorf und verwüste es und zerstöre Häuser. Es tat mir wirklich leid, dass ich ihn nicht erwischt habe. Wirklich, es tat mir leid! Es muss ein unbeschreibliches Gefühl sein, einen Elefanten zu erlegen.«

Eine abgedrehte Perversion scheint Gails Gedanken zu prägen. Er hegt offensichtlich eine wahrhaftige Faszination, beinahe eine

Liebe zu den Tieren. Doch das Verrückte ist, dass der Höhepunkt dieser Beziehung im Tod der Tiere liegt. Er scheint ihr Wesen erst vollends fassen zu können, wenn er sie erlegt hat. Was für ein überdrehter Besitzanspruch: Dadurch, dass er dem Tier das Leben nimmt, gewinnt er das Leben des Tieres für sich. Es ist sein Ausdruck der Zuneigung, sein Zollen des Respekts – und plötzlich mache ich mir um jeden Menschen Sorgen, den Gail in sein Herz geschlossen hat.

⚓

14. August 2013, 09° 34.46' nördliche Breite, 78° 26.99' westliche Länge

Der Anker ist gehoben, Fahrt unter vollen Segeln. Der größte Teil der Gäste sitzt am Frühstückstisch. Wir haben die Tischdecke aufgezogen, da die See sich kabbeliger zeigt und ein leichter Wind aufgekommen ist. Xabi und Selma haben auffällig gute Laune.

Während Xabi an der Reling steht, eine Melodie summt und mit dem Fernglas hantiert, liegt Selma auf einem der Liegestühle und lässt sich von Gail die Füße behandeln. Mit aller Sorgfalt reinigt er das Nagelbett, schneidet die Nägel und feilt sie glatt. Dann lackiert er sie und wiederholt die Prozedur an Selmas Händen. Vor ihm liegt ein Nagelset von der Größe eines Werkzeugkoffers.

Und plötzlich geht mir ein Licht auf. Wenn keine Feuerwaffe zur Hand ist, muss Gail ersatzweise Hände pflegen. Ich spüre förmlich, wie sich die einzelnen Glieder der Finger vor seinen Augen in Lauf, Abzug und Zielvorrichtung seiner Gewehre verwandeln. Es ist bestürzend, mit anzusehen, wie sehr er sie vermisst. Heute Morgen noch, vor dem Frühstück, habe ich ihn bei einer Unterhaltung belauscht. Ich weiß nicht, worum es ging, aber an einer Stelle erklärte er frei heraus: »Weißt du, zu Hause weiß ich doch auch immer, wo meine Sachen sind: meine Taschenlampe, meine Pistole ... Es ist wichtig, eine Ordnung zu haben, damit es keine Überraschungen gibt!«

Als er jetzt merkt, dass ich ihn beobachte, fragt er: »Sag mal, wie ist es eigentlich bei euch in Deutschland? Glaubt ihr noch an Hitler?«

»Was?« Mir verschlägt es die Sprache.

»Versteh mich nicht falsch, ich mag euch Deutsche! Ich wollte nur wissen, ob ihr noch Nazis seid.«

»Ähm, nein ... eigentlich nicht. Es gibt zwar noch ein paar Bekloppte ... aber die gibt es ja überall.«

»Hm. Keine Nazis mehr. Und du?«

»Nein«, antworte ich.

»Und deine Eltern?«

»Nein, tut mir leid.«

»Und wie kommt das? Ihr wart doch mal so große Nazis!«

»Na ja ... Ich würde sagen, wir haben dazugelernt.«

»Hm. Und sonst? Deine Vorfahren?«

Ich stocke. Es ist nicht von der Hand zu weisen, dass Dithmarschen zur Nazizeit eine ziemlich braune Gesellschaft war. »Also ...«, versuche ich Zeit zu gewinnen.

»Ich wusste es! Es kann doch kein Deutschland ohne Nazis geben! Du kriegst mich nicht, Schdradman, ich wusste es. Das wäre ja wie Amerika ohne American Dream.«

AUF DEUTSCHER SCHOLLE

Kohl statt Bœuf Sauvignon

Folgt man der B5 von Brunsbüttel Richtung Norden, stellt sich bald ein wohliges Kribbeln in der Bauchgegend ein. Auf und ab geht die Strecke, über Huckel und Senken, denn der Boden unter dem Asphalt ist zu weich, um der ständigen Verkehrsbelastung standzuhalten. Die Bäume in den Gärten sind apfelgebogen, Böen fegen einen fast von der Straße.

Der Himmel wird von Windrädern gepflügt. Früher dachte ich immer, die Windräder seien dazu da, den Schwung der Erde aufrechtzuerhalten: Sie fachten mit ihren Blättern die Winde an, um den Erdball in Rotation zu halten. Hätte ich mit dieser Theorie recht gehabt, dann läge in Dithmarschen der Motor der Welt.

Auf den Deichen grasen die Schafe. Auf den Feldern gedeihen Rotkohl, Weißkohl, Rosenkohl, Grünkohl, Wirsingkohl, Chinakohl, Kohlrabi und einiges anderes. Im September finden die Kohltage statt, zu denen es Kohlsuppe gibt, und Kohlsuppe mit Krabben, und Kohlsuppe mit Lachs, und Kohlrouladen und Kohlpudding.

Die Kirche von Marne wurde auf einer Warft erbaut. Eine menschengemachte Erhöhung, die vor Urzeiten einmal als Insel aus der Flut geragt haben muss. Drum herum liegt das Marschland. Einst dem Meer in harten Kämpfen abgerungen. Damals brauste es noch ungebremst gegen die Geest, doch Ansandungen und Eindeichungen trockneten die Gegend aus, sodass der Boden bewohnbar wurde. Gegen widrigste Umstände setzten sich die Menschen durch, trotzten der See und gewannen dem Meer Meter um Meter ab. So wandelte es sich in kleine Parzellen fruchtbaren Landes, das der Gegend über Jahrhunderte hinweg ihren relativen Wohlstand bescherte. Der Spruch aus Johannes 15 über dem Altar der Marner Kirche offenbart den Charakter der Gegend: »Ich bin der Weinstock, ihr seid die Reben.«

So kam es, dass der Blut-und-Boden-Gedanke des Dritten Reiches in Dithmarschen im wahrsten Sinne des Wortes auf fruchtbaren Acker fiel. Hier waren sie, die nordischen Bauern altdeutscher Herkunft, die ihre Spaten unermüdlich in den schweren Boden gruben, um so die Nahrungsgrundlage des Vaterlandes zu sichern. »Wir wollen das Blut und den Boden wieder zur Grundlage einer deutschen Agrarpolitik machen«, schrieb der NS-Pressefunktionär und SS-Mann Erich Darré 1932, und Hunderte Dithmarscher Bauern rasselten mit ihren Pflugscharen, die bald wieder zu Schwertern werden sollten. Kohl statt Bœuf Sauvignon war die Devise. Bereits 1928 hatte die NSDAP achtzehn Prozent der Wählerstimmen in Dithmarschen erreicht, 1930 waren es fünfzig Prozent. Und als Hitler dann 1933 die Macht ergriff, brachen über sechzig Prozent der Dithmarscher Bevölkerung in Jubel aus. Vier der zehn Gemeinden mit dem höchsten Stimmanteil für die NSDAP lagen in Dithmarschen. Zahlreiche Bauern waren stolze Träger des goldenen NSDAP-Abzeichens, das nur ehrenhalber oder an Mitglieder mit einer Mitgliedsnummer von unter 100 000 verliehen wurde.

Uropa Hermann hingegen zeigte sich damals durch und durch apolitisch. Er fuhr Wäsche aus und zapfte Bier. Sein Beruf war es, mit allen Menschen zu können, und das konnte er. Er hörte viel zu und redete selten. Sein Bruder diente während des Kriegs als General, er selbst wurde als Bataillonsführer an der Flak ausgebildet. Doch an dem Abend, bevor seine Kompanie ausrücken sollte, erlitt er einen Blinddarmdurchbruch und musste das Bett hüten. Von seiner Kompanie kehrte niemand zurück.

Ein zweites Mal wurde er gegen Kriegsende eingezogen, und diesmal gab es keinen glücklichen Zufall, der ihn in der Heimat hielt. Als er wenig später zurückkehrte, kam er zu Fuß. Er hatte eine Zigarette in der Hand, das Rauchen hatte er im Schützengraben gelernt.

⚓

RODEO

Es ist die Anspannung, die mich auf den Fahrten wenig schlafen lässt.

15. August 2013,
10° 03.84' nördliche Breite, 76° 25.08' westliche Länge

Gegen Ende meiner Wache weckte ich Lale, um ihn auf den Flieger, das vorderste Segel des Schiffes, hinzuweisen. Wir hatten die Segel über Nacht oben behalten, um Fahrt zu gewinnen, doch der

Flieger bauschte sich schon seit Längerem in unsteten Böen und riss an seinen Leinen.

»Ach, das wird«, sagte Lale, der die Wache übernehmen sollte. »Der Wind ist nicht stark genug, um Schaden anzurichten.«

Jetzt reißt mich ein lautes Knallen aus dem Schlaf. Ein peitschenartiger Ton, der die Stille zerteilt, gefolgt von unregelmäßigem Klatschen.

Ich höre Lale an mir vorbeitrampeln. Es dauert einen Moment, bis ich den Schlaf von mir geschüttelt habe, doch dann werden die Stufen der Bugtreppe in schneller Folge über mir erklommen, und ich werde klar im Kopf. Ich springe auf, schlüpfe in das mir nächste Kleidungsstück und eile an Deck.

Der Flieger flattert lose im Wind. Die Scheinwerfer auf dem Vorderdeck springen an; Lale kommt aus der Messe gerannt. Das Schottau, welches das Segel im Wind halten soll, ist gerissen und baumelt unnütz und schlaff in die See.

»Flieger runter!«, schreit Lale. »Schnell!«

Im grellen Licht wirkt die Szene beängstigend. Wie ein kläffender Hund zerrt das Segel an seiner Leine und versucht, sich wütend zu befreien. Steven, der hinter uns an Deck geeilt ist, packt mich an der Schulter. »Was ist zu tun?«

Ich renne mit ihm zum Bugspriet und löse den entsprechenden Niederholer. Mit aller Macht werfen wir uns in das Seil. Doch das Segel ist nicht zu bewegen. Die Segelfläche, die vom Wind in Rage versetzt wird, ist zu groß. Erst als Lale hinzueilt, schaffen wir es, das Segel ein Stück zu reffen.

»Hau ruck!«, schreit Lale. Zu drei Mann stehen wir in einer Reihe und legen uns in das Tau. »Hau ruck!« Jedes Mal, wenn der Wind uns einen Meter lässt, verliere ich das Gleichgewicht. Sobald das Segel eingeholt ist, springe ich ins Klüvernetz, um es zu fixieren.

Unter mir schäumen die Wellen. Ohne die führende Schot wellt sich der Stoff des Segels unendlich ins Leere. Ich presse meine Beine mit aller Kraft um den Klüverbaum und versuche, den bockenden Stoff zu kontrollieren. Immer wieder greifen die Böen in das Segel und entreißen es meinem Griff. Es fühlt sich an, als würde ich ein wildes Pferd zähmen. Jeden Meter gefangenen Segels drücke ich mit den Füßen nach unten. Ich muss mich beeilen, bevor es in die Wellen eintaucht und sich mit Salzwasser vollsaugt, denn das würde die Arbeit unmöglich machen. Als endlich der gesamte Flieger gefangen ist, werfe ich mich mit meinem Körper darauf und verknote ihn im Netz.

Währenddessen legen sich Lale und Steven bereits in das nächste Seil, denn beim Einholen hat der Klüver einen Riss abbekommen. In seinem Zorn hat ihm der Flieger eine tiefe Wunde geschlagen. Also noch einmal alle Kraft in den Niederholer. Dann vorne ins Netz.

Nach etwa fünfzehn Minuten ist alles getan. Kleine Fetzen Hornhaut hängen von meinen Handinnenflächen, erst jetzt bemerke ich, dass ich meine Badehose falsch herum angezogen habe. Das Inlay ist nach außen gekehrt, es sieht aus wie eine Windel.

Ich nehme mir ein Bier aus der Messe, stelle mich an die Bordwand und erleichtere mich in die Sterne. Dann haue ich mich auf eine der Liegen auf dem Achterdeck und warte darauf, dass das Adrenalin in mir abflaut. Ich mag geschwitzt haben, doch der Wind hat bereits alles getrocknet. Es ist eine klare Nacht. Mit dem Fernglas beobachte ich das Funkeln der Sterne.

Als Tío mich weckt, merke ich, dass ich es vor Müdigkeit nicht mehr geschafft habe, die Badehose umzuziehen. Ich streife sie mir von den Beinen, drehe sie zurecht und schlüpfe wieder hinein. Kursänderung, lautet der Plan, die restlichen Segel einholen.

Ich genieße es, allein an Deck zu sein. Der Wind hat abgenommen, wie eine schwache Erinnerung an die letzte Nacht weht er mir um die Schläfen. Der Morgen zeigt sich golden. In aller Ruhe und Gewissenhaftigkeit hole ich die Segel herunter und verpacke sie an ihren Bäumen. Es ist die Anspannung, die mich auf den Fahrten wenig schlafen lässt. In jedem Moment muss ich fähig sein, hochkonzentriert und körperlich voll auf der Höhe zu sein. Das Entspannen dazwischen habe ich noch nicht gelernt.

KONFLIKTE

»Feiger Hund!«

15. August 2013, Gethsemani, Cartagena, Kolumbien

Der Abschied von den Gästen fällt mir nicht leicht. Zum ersten Mal habe ich das Gefühl, Menschen getroffen zu haben, mit denen ich auch außerhalb des Schiffes gerne zu tun hätte. Nicht, dass ich mich mit meiner Crew nicht verstünde, aber ich bezweifle, dass wir uns im echten Leben häufiger bewusst über den Weg laufen würden.

Am Abend nach der Ankunft treffen wir uns an der Plaza Trinidad, um gemeinsam zu feiern. Wir sitzen auf der backsteinernen Erhöhung vor der Kirche und trinken Aguila, das kolumbianische Pendant zum guten alten Balboa. Alle sind sie gekommen: Stefan, Gail, Steven, Becky, Selma, der Rest. Die Stimmung ist beinahe wehmütig.

Als ich auf dem Heimweg bin, allein und leicht betrunken, fange ich plötzlich an zu weinen. Es passiert einfach, ganz ohne Vorwarnung. Es mag die Erschöpfung sein, der Alkohol, die Sentimentalität, oder alles zusammen, aber es tut gut zu weinen. Es ist nicht das schöne Mädchen, das ich vermisse, das wäre zu einfach, darüber bin ich hinaus. Es ist das Gefühl von Zuneigung, gegenüber mir und anderen, das ich plötzlich wieder erfahren habe und von dem ich gar nicht gemerkt habe, dass es mir abhandengekommen war.

Morgen, denke ich, morgen hat das schöne Mädchen Geburtstag.

16. August 2013, Gethsemani, Cartagena, Kolumbien

Als das Telefon tutet, spüre ich meine Nervosität. Ich kann meinen Herzschlag fühlen, meine Lippen, das Kitzeln meines Bartes, irgendetwas juckt mich im Nacken.

Und dann höre ich ihre Stimme.

»Hallo?«

»Hallo?«

»Nils?« Schweigen. Dann Lachen. »Boh ... Äh ... Wo bist du???«

Ich sage ihr, wo ich bin, und dann sage ich ihr etwas Geheimes. Wir lachen und reden und schweigen. Ich sitze in einem kargen weiß gestrichenen Büro auf einem wackeligen Plastikhocker, neben mir die Dame der Aufsicht des Internetcafés, über mir ein rauschender Ventilator, um mich herum die wahllosen Geräusche shoppender Menschen, und ich spreche mit dem schönen Mädchen, und alles verschwimmt in meinem Kopf, bis ich vor ihr stehe, und wir uns Auge in Auge miteinander unterhalten und lachen und einzig uns nicht berühren können. Wir sprechen über dies und das, es sind alles Belanglosigkeiten, doch bedeutungsvoll, denn selbst etwas Belangloses von ihr ist von Bedeutung, und am Ende des Gesprächs sagen wir uns erneut geheime Sachen.

Ich bezahle einen hohen Betrag, kaufe mir einen Saft und spaziere zurück zum Schiff. Es dauert noch lange, bis die Umgebung mir wieder vertraut ist und ihre Stimme in meinem Kopf verblasst.

17. August 2013, Cartagena, Kolumbien

Xabi wird für die nächsten zwei Wochen das Schiff verlassen. Bevor er nach Europa zurückkehrt, möchte er noch einmal freimachen und das Inland von Kolumbien kennenlernen. Die nächste Fahrt nach Panama wird seine letzte sein.

Wir wollen die Messe schleifen und neu lackieren; außerdem sollen die Dusche und die Tür zum Maschinenraum entrostet werden. Die Bänke und der Tisch in der Messe werden abgebaut, das Obstregal aus dem Heck entfernt. Jede einzelne Latte will geschliffen, lackiert, geschliffen, lackiert, geschliffen, lackiert und wieder geschliffen und lackiert werden. Nur wenige Stellen des Holzes sind anständig mit dem Bandschleifer zu erreichen. Während ich das Holz mit der Hand bearbeite, leckt mir der Schweiß von der Stirn in den Bart, der mittlerweile eine ordentliche Länge erreicht hat, von dort über die Schultern, die Brust, die Arme hinab, und immer wieder muss ich innehalten und mich abtrocknen, denn wenn der Schweiß aufs Schleifpapier gelangt, klumpt der Holzstaub, und das Papier wird unbrauchbar. Meine Fingerkuppen stehen bald millimeterdick in Lack. Die Hornhaut an meinen Handballen wirft Beulen.

Bei den Vorbereitungen der Aktion habe ich eine postkartengroße Plakette in der Messe entdeckt. Das Messing trug eine so dicke Patina, dass die Gravur beinahe nicht mehr zu erkennen war. Erst als ich genauer hinschaute, entdeckte ich die Stilisierung eines Schiffsbugs. Darunter den Schriftzug »Vegesacker Loggermarkt, 2000«. Vegesack, dort bin ich zur Schule gegangen. Wahrscheinlich sind die *Ratte* und ich uns schon damals unbewusst über den Weg gelaufen, als ich zwölf war und keine Hausaufgaben machte und Dönersauce am Kinn hatte. Ein guter Gedanke.

Am Abend, sobald Lale und Danilo das Schiff verlassen haben, bleiben Tío und ich allein zurück. Unser Verhältnis hat sich nicht gerade verbessert. Nicht nur die Sprachbarriere, auch unsere Arbeitsweisen stehen uns im Weg. Immer mehr bekomme ich das Gefühl, dass Tío überhaupt nur noch dann richtig arbeitet, wenn Lale in der Nähe ist. Sobald das Tagwerk beendet ist, zieht er sich meist zurück und kifft oder lässt sich an Land fahren, um Martha zu besuchen. Unsere Kommunikation beschränkt sich auf ein Minimum.

Am fünften Tag kommt es zu einem großen Krach. Wir haben die Wände der Messe geschliffen, der Boden ist von Holzmehl bedeckt. Zwar haben wir den Durchgang zur Küche provisorisch abgehängt, doch der Staub ist durch jeden Riss gedrungen. Ich fluche, als ich das Unheil sehe. Kein einziger Topf, keine einzige Tasse ist noch brauchbar, alles muss gespült werden. Danilo hilft mir dabei, den Abwasch vorzubereiten. Doch dann ruft Lale ihn herbei, und gemeinsam verlassen sie das Schiff, um mit ihrer Familie zu Abend zu essen.

Tío kommt herein, schüttelt den Kopf ob des Drecks in der Küche und belegt sich ein Brot in der Despensa. Stillschweigend kaut er vor sich hin. Ich stehe da, räume Töpfe und Pfannen hin und her, lasse Spülwasser ein, doch irgendwann platzt mir der Kragen.

»Sag mal, Tío, hast du keine Lust, mir zu helfen?«

Er schüttelt den Kopf.

»Und warum nicht?«

»Ist nicht meine Schuld.«

»Wie, nicht deine Schuld?«

»Ich hab in der Dusche gearbeitet, das hier ist dein Ärger.«

»Ach so, und deshalb muss ich hier den ganzen Scheiß allein aufräumen? Weil du woanders gearbeitet hast?«

»Du hättest ja den Durchgang anständig abkleben können.«

»Tío, hast du dir die Plastikplanen mal angeguckt? Da ist nichts mit abkleben! Die haben überall Risse!« Keine Antwort. Ich werde laut. »Willst du mich das jetzt echt alles alleine machen lassen?«

»Weißt du, ich wollte mich eigentlich gleich mit Martha treffen«, sagt Tío. »Kannst du mich zur Mole fahren?«

»Sach mal, hast du 'ne Macke? Was bist du denn für ein Idiot? Wir arbeiten hier gemeinsam auf dem Schiff! Wenn du Scheiße baust, helfe ich dir, und wenn ich Scheiße baue, hilfst du mir. So macht man das normalerweise! Wenn wir uns hängen lassen, ist das nicht nur scheiße für uns, sondern auch fürs Schiff.«

»Wir arbeiten doch zusammen! Aber ich hab Feierabend! Ich bin nicht verantwortlich für deine Fehler! Was kann ich dafür, wenn du dumm bist?«

»Du bist ein dreckiger Egoist!«, zische ich.

»Du elender Marica, mach deinen Scheiß alleine! Ich bin nicht hier, um den ganzen Tag zu arbeiten! Freizeit, kennst du das? Sag mir Bescheid, wenn du fertig bist, dann kannst du mich zur Mole fahren. Ich schlaf heute auswärts.«

Er nimmt sein Brot und verlässt den Raum. Ich möchte brüllen vor Wut.

Man muss bedenken, dass das Gespräch auf Spanisch stattgefunden hat. Die Worte, die hier stehen, sind nicht die, die gesagt wurden, sondern die, die ich sagen wollte und verstanden habe. Es ist sicher, dass der Schlagabtausch in Wahrheit ein anderer war. Mich nicht klar mitteilen zu können treibt mich fast zur Weißglut. Am liebsten möchte ich Tío auf die Schnauze hauen. Mit pochenden Adern mache ich den Abwasch und fahre ihn dann zur Mole.

⚓

23. August 2013, Cartagena, Kolumbien

Bald stellt ein weiteres Ereignis unser Verhältnis auf die Probe. Wir sind bei Lale zum Essen eingeladen, wir grillen, es gibt Fleisch satt, dazu Panela, Rum und Salat mit Krabben und Avocado. Danilo zeigt mir ein paar Spiele auf seinem Computer. Mit meinem Wortschatz wächst unsere Freundschaft. Es ist ein guter Abend, der die Gläser klingen lässt, und irgendwann spielt Lale Gitarre.

Als wir uns schließlich auf den Heimweg machen, schließt Danilo die Tür hinter uns doppelt ab, denn mit der Dunkelheit wächst die Gefahr in den Straßen. Geht man von Lales Haus nach rechts hinunter, gelangt man relativ schnell zu einer beleuchteten und viel befahrenen Hauptstraße und schon kurz danach zum Castillo San Felipe, einem der größten Touristenziele Cartagenas, von wo aus der Weg zum Hafen sicher ist. Wendet man sich aber vor Lales Haus nach links, gelangt man immer tiefer in die verwinkelten Straßen und Gassen, wo die Laternen nur schwach oder gar nicht brennen und Gitter vor den Fenstern angebracht sind. Unglücklicherweise verwechseln Tío und ich an diesem Abend die Richtungen.

Bald wird die Straße dunkler, das Pflaster löchriger. Der Putz an den Häuserwänden blättert ab, vor eine Eckkneipe sitzt eine Gruppe betrunkener Jugendlicher.

»Sind wir hier noch richtig?«, fragt Tío.

»Ziemlich sicher nicht«, antworte ich. »Aber wenn wir da vorne rechts gehen und dann noch mal abbiegen, müssten wir eigentlich schnell wieder zur Hauptstraße kommen.«

»Oder sollen wir ein Taxi rufen?«

»Ach komm, stell dich nicht so an.«

Wir gehen weiter, die Jugendlichen werden leiser, die Straße macht einen Bogen nach rechts und wendet sich bergab. Noch einmal rechts, und wir müssten die Hauptstraße an einer anderen Stelle erreichen.

Doch plötzlich hören wir Schritte hinter uns. Schnell und laut, und als wir uns umdrehen, sehen wir zwei der Jugendlichen, die uns hinterhereilen. Sie rufen etwas, das ich nicht verstehe, dann ruft Tío etwas, und dann wieder die Jugendlichen, und bevor ich kapiere, was los ist, rennt Tío fort. Ich habe immer noch keine rechte Ahnung, was passiert, da haben die Jugendlichen mich schon eingeholt und versuchen, mich zu Boden zu schubsen. Tío sieht aus sicherer Entfernung zu.

»Ey!«, rufe ich, als mir die Situation dämmert, und schubse zurück. Wieder Gebrüll, diesmal schreie auch ich und baue mich vor den beiden auf. Ich werde erneut geschubst. Tío steht immer noch da, diesmal ramme ich mein Gegenüber zu Boden. »Haut ab!«, brülle ich. Die beiden nehmen die Beine in die Hand. Im Laufen hebt einer von ihnen einen Stein vom Boden auf und schmeißt ihn nach mir, doch er verfehlt sein Ziel.

»Was war das denn?«, frage ich Tío, während ich eiligst zu ihm aufschließe, in der Angst, die beiden würden Verstärkung holen.

»Ich hab doch gesagt, wir sollten ein Taxi nehmen!«, blafft Tío mich an.

Gemeinsam rennen wir zur Hauptstraße hinab. Wir drehen uns nicht um, um zu schauen, ob uns jemand folgt. Dann springen wir in das nächste Taxi und atmen auf.

Diese Situation ist es nicht allein, die meinen Unmut gegen Tío schürt. Vielmehr ist es der Ton und die Art, wie er von dem Erlebnis erzählt. Am nächsten Tag berichten wir Danilo und Lale davon. Die beiden lachen, denn als sie sahen, dass wir in die falsche Richtung gingen, dachten sie sich schon Ähnliches. Tío beschreibt, wie wir in den Kampf gerieten, ich steuere einige Ausführungen bei, und dann fällt mir auf: Er erwähnt nicht, dass er davongelaufen ist. Vielmehr stellt er es so dar, als hätte er mir den Rücken gestärkt.

Wenig später, als wir für uns sind, spreche ich ihn darauf an. »Tío, du weißt, dass du nicht gekämpft hast. Was soll das? Und wieso bist du weggelaufen?«

»Weil es bescheuert ist zu kämpfen!«

»Du hast mich im Stich gelassen! Und jetzt tust du so, als hättest du mir geholfen. Du bist ein Feigling, Tío.«

»*Ich* bin kein Feigling, *du* bist dumm! Es braucht keinen Mut, zu kämpfen. Es braucht Dummheit.«

»Du bist ein Feigling, und du hast mich im Stich gelassen!«

»Und du bist ein dummer Idiot. Hau ab!«

»Soll ich weglaufen? So, wie du weggelaufen bist?«

»Hau einfach ab!«

»Feiger Hund!«

In den folgenden Tagen gehen wir uns aus dem Weg, soweit es auf dem Schiff möglich ist.

⚓

DIE FREEWINDS

»Grüßen Sie bitte Mr Cruise von mir.«

26. August 2013, Cartagena, Kolumbien

Neben uns im Hafen liegt die *Freewinds*. Es ist das Ausbildungsschiff der Scientologen, wie wir bald herausfinden. Die Erleuchtung bei Scientology ist in acht Stufen unterteilt. Jede Stufe muss durch einen spirituellen Kurs gemeistert werden, der immer teurer wird, je höher die Stufe ist. Die achte Stufe kann nur auf dem hier an der Pier liegenden Schiff erreicht werden.

Es ist eine schwimmende Fabrik der Erleuchtung, die hier an unserer Seite treibt. Im Mittelalter ließen sich die Reichen und Mächtigen für gewöhnlich ganz vorn in den Kirchen begraben, da dort die Reliquien aufbewahrt wurden, die am Jüngsten Tag in den Himmel aufsteigen würden. In dem dabei entstehenden Sog, so hofften die Reichen, würden auch sie angezogen werden und als Beifang im göttlichen Himmel landen. Träfe diese Vorstellung auch bei Scientology zu, hätten wir gute Chancen, einen Platz am Katzentisch im Paradies zu bekommen.

Die *Freewinds* ist auf den ersten Blick ein äußerst imposantes Schiff. Sie ist hundertvierunddreißig Meter lang, knapp zwanzig Meter breit, weiß und edel. Sie verfügt über Schlafkabinen für bis zu dreihundertsechzig Personen, mehrere Konferenzräume, einen Pool, zwei Whirlpools, ein Restaurant, ein Kino, einen Basketballplatz und einen Fitnessraum an Deck. Ich bin mir sicher, dass auch Tom Cruise an Bord ist, doch wahrscheinlich ist er zu klein, um ihn hinter der Bordwand erkennen zu können.

Jeden zweiten Tag sehen wir die Besatzung minutiös geplante Brandschutz- und Rettungsübungen im Hafenbecken durchführen. An einem unserer wenigen freien Nachmittage überlege ich mir, der *Freewinds* einen Besuch abzustatten. Die Übung ist gerade beendet, und ich nähere mich im Dingi einem der Rettungsboote. Ob es möglich sei, das Schiff zu besichtigen, frage ich. Es sei ja wirklich schön und beeindruckend, und als Nachbar würde ich gerne einen Blick ins Innere werfen!

Ich habe bereits alle wichtigen Informationen über Schiff und Sekte via Wikipedia und Google gelesen, aber Dummheit und Naivität sind noch immer die besten Eigenschaften für potenzielle Sektenmitglieder.

Und tatsächlich: Mr Miller, der die Rettungsübungen leitet, empfängt mich sehr höflich und lädt mich ein, am nächsten Nachmittag mit ihm das Schiff zu besichtigen. »I hope you will find something more moving than this ship tomorrow!«, lacht er.

⚓

27. August 2013, Cartagena, Kolumbien

Als ich die Gangway betrete, begrüßt mich Mr Miller mit breitem Grinsen. Er trägt kurze Hosen und Polohemd, die Socken reichen ihm bis zu den Knien. Sein Gesicht, das sich nach oben hin zur Glatze erweitert, wird von einem schwarzen Schnauzbart geziert.

»Herzlich willkommen!« Mr Miller drückt mir in großer Geste die Hand.

»Hallo!«, sage ich und widerstehe dem Drang, direkt nach Mr Cruise zu fragen. Vielleicht übt er gerade Fassadenklettern am Bugvorbau und hängt verschwitzt an der Ankerfluke.

Der Eingang ins Innere des Schiffes gleicht dem Foyer eines luxuriösen Hotels. Eine Dame an der Rezeption begrüßt mich freundlich und händigt mir eine Besucherkarte aus. »Vielleicht wollen Sie noch einen Flyer haben?« Ich bedanke mich und greife danach, doch Mr Miller legt behutsam seine Hand dazwischen. »Danke, Mandy, aber der Herr kriegt nachher noch eine Komplett-Ausstattung. – Woher kommen Sie, Mr Straatmann?«

»Aus Deutschland.«

»Berlin, München, Hamburg?«

»Ich bin in Hamburg geboren, aber wenn ich nach Hause komme, werde ich in Leipzig wohnen.«

»Leipzig? Ist das nicht im Osten?«

»Richtig.«

»Oh, Sie sollten wissen, da haben wir in den letzten Jahren einen immensen Zuwachs bekommen! Es scheint, als ob die Leute aus der ehemaligen Sowjetunion ein hohes Bedürfnis nach Erleuchtung haben! Gute Menschen dort! Wer hätte das kommen sehen?«

Tatsächlich hat sich mit dem Ende des Kalten Krieges und der Öffnung der Mauer ein völlig neuer Markt für Scientology entwickelt. Gerade in Ländern wie Ungarn, Russland und der Ukraine vermerkte sie einen hohen Zuwachs an Jüngern. Allerdings liegt dies wahrscheinlich weniger an dem »hohen Bedürfnis nach Erleuchtung« als vielmehr an der sozialen Unsicherheit der Menschen, die durch die streng hierarchisch gegliederte Sekte aufgefangen wurde.

»In Hamburg haben wir übrigens auch eine Filiale. Wenn Sie Lust haben, schauen Sie gerne mal vorbei. Man wird Ihnen dort helfen können.«

»Bei was denn helfen?«

»Bei allem!« Mr Miller lächelt gewinnend.

Wir steigen ein paar Treppen auf angenehm weichem Teppich empor, Bilder zieren die Wände, Vitrinen voll verschiedener Orden und Abzeichen. Ein Foto zeigt eine kolumbianische Schulklasse in Uniform, die mit weißen Taschentüchern winkt. Ein anderes kolumbianische Soldaten und Polizisten, die zu einer Fortbildung auf dem Schiff sind.

»Wir arbeiten eng mit der kolumbianischen Regierung zusammen«, erläutert Mr Miller. »Zur U20-Fußball-WM 2011 haben wir unseren Moralkodex *The Way to Happiness* an die Bevölkerung verteilt, und siehe da: Die Gewaltrate ist um dreißig Prozent gesunken!«

Er erzählt sehr engagiert. Jede Person, die uns entgegenkommt, begrüßt er mit Namen.

»Wir sind hier eine große Familie. Jeder, der bei uns auf dem Schiff arbeitet, muss Mitglied bei Scientology sein. Und jeder, der bei Scientology ist, arbeitet mit Freude und selbstverständlich ehrenamtlich auf dem Schiff. So herrscht ein hohes Maß an Harmonie!«

Es ist erstaunlich, zu sehen, dass sich trotz dieser vermeintlichen Gleichklassigkeit die US-amerikanische Gesellschaftsordnung an Bord widerzuspiegeln scheint. Die Putzfrauen, die uns über den Weg laufen, sind jedenfalls überwiegend schwarz oder latinostämmig, das Personal für gehobenere Aufgaben weiß. Ob wirklich jede der hier arbeitenden Personen aus tiefer Überzeugung Teil der Sekte ist oder eher aus opportunen Gründen, sei dahingestellt.

Wir streifen einen hell erleuchteten Flur entlang, an dessen Ende zwei Türflügel offen stehen, vor denen ein samtenes Absperrband den Zugang verwehrt.

»Was ist das?«, frage ich.

»Das ist das Büro unseres Gründers, L. Ron Hubbard.«

»Ist der nicht tot?«

»Schon. Aber wir möchten, dass alles in bester Ordnung ist, sobald er zurückkehrt. Jeden Tag kommt eine Putzfrau und macht hier sauber. Außer ihr darf niemand den Raum betreten.«

»Und außer Mr Hubbard.«

»Und außer Mr Hubbard selbstverständlich.«

Ich werfe einen Blick ins Innere der Kabine. Ein Schreibtisch aus dunklem Tropenholz, Ledersitze, ein Fernrohr am Fenster. Frische Blumen stehen auf dem Regal. Alles sieht so aus, als wäre Herr Hubbard nur kurz runter in die Messe geeilt, um sein Mittagsmahl einzunehmen.

Mr Miller führt mich auf das Außendeck, wo die Rettungsboote nun wieder an ihrem Platz hängen. Winzig klein erscheint die *Stahlratte,* wie sie dort unten im Hafenbecken dümpelt. Dann gehen wir auf die Kommandobrücke. Telefone, Funkgeräte, das übliche Equipment. Dazu ein paar sekteneigene Magazine wie *Scientology News* und *Scientology Ship Drills*. Über der Kommandozentrale liegen in Regalfächern eingerollte Kommunikationsfähnchen. Ein Fach mit einer braun-weiß karierten Flagge ist mit der Aufschrift »Meals« versehen.

»Wofür ist die?«, frage ich.

»Na ja, das steht drauf. Die wird gehisst, wenn wir zu Tisch sind. Sie soll die anderen Schiffe darauf aufmerksam machen, dass wir nicht gestört werden wollen.«

Super Flagge. Die will ich auch.

Schließlich kommen wir am Kinosaal vorbei, wo gerade ein Vortrag für knapp dreihundert Grundschüler gehalten wird, und gelangen in die Bibliothek. Hunderte verschiedene Bücher stehen hier, alle von Herrn Hubbard geschrieben, dazu Hörbücher, DVDs und Merchandise.

»Und das ist für Sie«, sagt Mr Miller und drückt mir eine DVD samt mehreren Flyern und besagten Moralkodex auf Deutsch in die Hand. »Hinten im Kodex finden Sie ein Verzeichnis all unserer Anlaufstellen. Ihre Adresse in Hamburg ist auch dabei.«

Überwältigt ob all dieses komprimierten Wahnsinns, blättere ich in den Flyern herum. Besonders die Indoktrination der Grundschulkinder macht mir zu schaffen. Den Vortrag hielt Maria Lara, eine bekannte kolumbianische Soap-Darstellerin. Die Kinder lagen ihr zu Füßen.

»Wenn Sie nichts dagegen haben, Mr Straatmann, werde ich Sie nun zum Ausgang geleiten. Es hat mir großen Spaß gemacht mit Ihnen. Und ich würde mich sehr freuen, Sie eines Tages wieder auf diesem Schiff begrüßen zu dürfen.«

Ich nicke freundlich und gebe Mr Miller die Hand. »Und grüßen Sie bitte Mr Cruise von mir.«

⚓

VOM ESSEN ZUR ZEIT

So oft ist man da, wo man hinwill, bevor man weiß, wo das liegt.

29. AUGUST 2013, CARTAGENA, KOLUMBIEN

Am letzten Abend vor der Abfahrt stehe ich allein in der Küche. Die Boxershorts, die ich gegen die Hitze einmal umgekrempelt habe, ist speckig am Hintern. In Ermangelung von Tüchern, an denen ich meine dreckigen Finger abwischen könnte, wanderten sie regelmäßig an mein Gesäß.

Ich habe Knödel gemacht. Sie sind zwar nicht sonderlich gut geworden, aber nun brate ich sie mit Zwiebeln und einer hervorragenden argentinischen Wurst an. Dazu gibt es Weißkohl. Es muss quietschen, wenn man den Essig in den Kohl einarbeitet, dazu Zucker, ein wenig Salz, Kümmel und abschließend alles mit viel Kraft vermengen.

Tío ist ausgegangen. Er verbringt die letzte Nacht bei Martha. Xabi ist wieder da. Er sitzt hinten im Salon vor dem Computer. Die Messe ist gestrichen, das Mobiliar an seinem Platz. Brandschutztür, Dusche und Mast sind entrostet. Ich möchte wissen, wie viel Liter meines Schweißes ich mittlerweile in das Schiff eingearbeitet habe. Ich habe in regelrechten Pfützen gestanden, bin nachts in verschwitzten Laken aufgewacht, habe mir Rost und Salz unter der Dusche vom Körper gerubbelt. Es ist ein guter Gedanke, dass ein Teil von mir auf der *Ratte* bleiben wird, nachdem ich sie verlassen habe. Manchmal denke ich, dass all das Salz der Meere von verschwitzten Seemännern kommt.

Ich rufe Xabi zum Essen, doch er kann sich noch nicht vom Internet lösen. Nachdem ich mir ein Balboa geöffnet habe, steige ich auf das Oberdeck. Von der Mole her dringt der Schall der allabendlichen Work-out-Sessions herüber. Bumm-Bumm-Musik und knapp gerufene Befehle.

Während ich esse, überfällt mich eine unbeschreibliche Ruhe. All die Hektik der letzten Tage ist wie fortgeblasen. Nichts existiert mehr. Keine Vergangenheit, keine Zukunft, nur der Augenblick.

Ein einziges Mal habe ich bisher einen ähnlichen Moment erlebt: als ich im Schrebergarten der Familie eines Freundes Laub harkte. Der Sommer war vorbei, der Herbst zeigte sich von seiner trüben Seite, und ich stand da, die Harke in der Hand, immer die gleichen monotonen Bewegungen vollführend, und war grund- und ziellos und deshalb mit aller Berechtigung glücklich.

Ich schneide ein Stück Wurst, pieke es auf die Gabel und schiebe es mir in den Mund. Alles ist im Fluss, denke ich, das Leben in ständiger Veränderung. So oft ist man da, wo man hinwill, bevor man weiß, wo das liegt. Und schon weg, bevor man angekommen ist. Nur selten bleibt die Zeit stehen. Dabei ist es nicht die Zeit, die stehen bleiben muss, sondern man selbst. Denn nicht in den großen Momenten geschieht Veränderung – sondern in den kleinen danach. Oder wie Opa zu sagen pflegte: »Der Wein schmeckt erst zwischen den Schlucken.«

Auf der Plaza Trinidad ist gerade Fiesta. Der Containerterminal ist hell erleuchtet. Ich streue etwas Kümmel über meinen Salat und lausche dem Gesang der Seilwinden.

FEUER, TRÄNEN, REBECCA

»¿Un pirata triste, eh?«

3. SEPTEMBER 2013, CARTÍ, SAN BLAS

Wir sind zurück in Panama. Wir hatten nicht viele Gäste; sieben Passagiere, ein Motorrad und die Fahrräder zweier Holländer, die den Kontinent auf dem Drahtesel durchqueren wollten.

Am Abend des zweiten Tages unserer Tour, als wir gerade an Bord waren, um Getränke für das Lagerfeuer zu holen, entdeckten wir plötzlich ein Feuer auf einem entfernt liegenden Schiff. Durch das Fernglas sahen wir die Flammen hoch auflodern. Ich sprang in das Dingi, um den Motor anzulassen, doch Lale hielt mich zurück.

»Bleib hier, Junge! Was willst du denn machen?«

»Wir müssen doch irgendwas tun!«, rief ich.

»Und was?«

Ich zögerte. »Na ... irgendwas! Irgendwas muss man doch tun!«

»Irgendwas! Du bringst dich nur selbst in Gefahr. Gewöhn dir deinen Aktionismus ab. Erst überlegen. Dann handeln.«

Ich grummelte. Noch hatte ich nicht vor, auf Lale zu hören.

»Was soll schon passieren?«, fragte er. »Im schlimmsten Fall säuft das Schiff ab.«

»Und die Menschen?«

»Die werden schon die zwanzig Meter zu Rosalindas Insel schaffen.«

Bereits früher am Tag hatte Lale mir meinen Aktionismus vorgehalten. Tío hatte den Anker fallen lassen, ich war in die Maschine geeilt, um den Motor abzuschalten, und hatte darüber einen Topf Kartoffeln auf dem Herd vergessen. Als ich in die Küche zurückgekehrt war, hatte Lale gerade die Flamme gelöscht.

»Halt dich zurück!«, hatte er mich ermahnt. »Übernimm nur Verantwortung, wenn du sie auch tragen kannst! Sonst schadest du nur dir und dem Schiff.«

Er hatte womöglich recht. Die Arbeit gewann Oberhand über mich. Ähnlich wie in meinem alten Leben begann ich, mehrere Sachen gleichzeitig zu machen, alles nur, um dem Kapitän zu gefallen. Doch das funktionierte nicht.

Ich kletterte zurück an Bord und half Lale, die Kühlbox aufzufüllen. Dann fuhren wir zurück an den Strand.

Später in der Nacht fanden wir Tío weinend im Heck des Schiffes sitzen. Er war mit der Begründung, früh schlafen gehen zu wollen, an Bord geschwommen, und nun saß er da, die Tränen kullerten ihm in den Bart, und er starrte auf die Bilder dreier Kinder. Bis dahin hatte ich mir noch keine Gedanken über Tíos familiäre Verhältnisse gemacht. Ich wusste nicht mal recht, wie er auf dem Schiff gelandet war.

Rebecca, eine französische Touristin, die Xabi und ich zum Getränkeholen mit an Bord genommen hatten, nahm Tío in den Arm. Eigentlich wollten wir direkt zum Strand zurück, doch nun setzten wir uns neben ihn in den Balkon und ließen ihn reden. Xabi drehte ihm eine Zigarette.

»Danke«, sagte Tío, als er den ersten Zug nahm. Er erzählte von seinem Sohn und seinen Töchtern in Spanien, die bei seiner Exfrau lebten. »Una loca.« Er lachte garstig. Sie hatte sich das Sorgerecht erkämpft und wachte eifersüchtig darüber. Nur selten bekam Tío seine Kinder zu Gesicht. In dem Frust, der daraus entstand, sie vermeintlich im Stich gelassen zu haben und nicht an ihrem Leben teilhaben zu können, hatte er sein eigenes Leben hinter sich gelassen und war über den Atlantik geflohen. Hier vegetierte er nun von Tag zu Tag, von Job zu Job, ohne feste Bindung und in bitterer Verzweiflung über die vergangenen Enttäuschungen.

Dieser Vorfall brachte mir Tío wieder ein Stück näher. Er wurde menschlicher für mich. Ich verstand seine Lustlosigkeit, die nicht nur seine Arbeit, sondern in Phasen sein ganzes Leben betraf. Ich konnte nachvollziehen, warum er bereits vor dem Frühstück kiffte, und begriff den Hass, den er auf mich verspürte, wenn ich ihn darauf aufmerksam machte, wie nutzlos sein Leben sei. Er tat mir leid. Ich stand auf, stellte mich vor ihn und versuchte ein paar aufmunternde Worte. Dann nahm ich ihn in den Arm. »¿Un pirata triste, eh?« Tío nickte in meine Schulter.

Der Ruf der am Strand Gebliebenen drang an unser Ohr. Sie verlangten nach Bier, und ich machte mich auf, um Abhilfe zu schaffen. Die anderen blieben bei Tío.

Jetzt liegen wir vor Cartí, die Gäste sind von Bord, einzig Rebecca ist geblieben. Ihr gefiel die Reise so gut, dass sie Lale um eine Verlängerung ihres Aufenthalts bat. Sie wolle auch arbeiten, sagte sie. Lale erbat sich Bedenkzeit, doch ließ sie zunächst bleiben.

Das Mädchen ist ein Segen für uns. Sie ist hübsch, spricht Englisch, Französisch und Spanisch und weiß ihren Akzent betörend einzusetzen. Sie hat langes braunes Haar, das sich in Locken über ihre Schultern legt, einen durchtrainierten Körper und Wimpern, so lang wie das Warten auf den Sommer. Einzig ihr ebenfalls französischer Kaffee- und Zigarettenkonsum ist mir nicht geheuer.

Xabi umschwirrt sie bereits seit ihrer Ankunft wie eine Motte das Licht. Gerade kniet sie auf dem Steuerhaus, einen Schrubber in der Hand, und versucht mit aller Kraft, die Solarplatten zu reinigen. Ich konnte Xabis Blick folgen, wie er ihren vor Schweiß glänzenden Körper entlangglitt, als er ihr eine Räuberleiter machte und ihr nur von einem schmalen Bikinihöschen verhüllter Schritt beim Aufsteigen wenige Zentimeter vor seinem Gesicht innehielt.

Mittlerweile steht es unausgesprochen im Raum, dass Rebecca bleibt. Sie wird Xabis Erbe antreten, sobald er das Schiff verlässt.

⚓

— VOM FUSSBALLSPIELEN UND ZÄHNEPUTZEN —

»Braucht ihr noch Leute?«

5. September 2013, Cartí, San Blas

Ich stehe auf dem Achterdeck und absolviere ein leidliches Sportprogramm, um meine Gelenke nicht vollkommen einrosten zu lassen. Noch ist es nicht zu warm, doch der Schweiß rinnt schon jetzt meinen Oberkörper hinab. Xabi und Rebecca sitzen unten auf der Bordwand und spielen Schach. Plötzlich tauchen zwei Delfine neben dem Schiffsrumpf auf. Vielleicht fünf Meter entfernt gleiten sie ganz gemächlich auf und ab, ziehen ihre Bahn und lassen sich von nichts irritieren. Ich halte inne. Seit meiner ersten Tour ist es das erste Mal, dass ich den Tieren vor Anker begegne.

Auch Xabi hat sie jetzt gesehen. Sein Blick verharrt einen Moment auf ihnen, dann springt er auf und läuft in Richtung Mittelschiff, wo wir unsere Schnorchel-Utensilien aufbewahren. Natürlich! Ich schwinge mich runter aufs Hauptdeck, ziehe mir Brille und Schnorchel über, und gemeinsam springen wir in die Fluten. Doch wir kommen zu spät. Die Delfine sind schon zu weit entfernt.

Sofort klettere ich zurück an Bord und schmeiße das Surfbrett ins Wasser: Ich habe gehört, Haie würden häufig Surfer anfallen, weil sie die Umrisse der Boards für Robben hielten, warum sollte das nicht auch bei Delfinen funktionieren? Mit aller Kraft kraule ich den Tieren hinterher. Immer wieder stehe ich auf, um zu erfassen, in welche Richtung ich ihnen folgen muss, und immer, wenn ich befürchte, sie verloren zu haben, tauchen sie an anderer Stelle auf und locken mich weiter vom Schiff weg. Nach einiger Zeit bin ich völlig erschöpft. Der Abstand zu den Tieren hat sich nicht verringert, ich sehe ihre Silhouetten in der Ferne verschwinden.

Mir zur Linken liegt die Isla Cartí Tupile. Ich sehe sie zum ersten Mal, für gewöhnlich ist sie unserem Blick durch die ihr vorgelagerten Inseln entzogen. Aber jetzt, wo ich sie bereits zur Hälfte umrundet habe, sehe ich an ihrem Ende, im Schatten zweier riesiger Wasserreservoire, eine große, plane Betonfläche. Einen Fußballplatz.

Ich stelle mich auf das Surfbrett, um einen besseren Blick zu haben. Etwa fünfzehn Kinder jagen einem Ball hinterher, vier in den Boden gerammte Metallstangen markieren die Tore.

»Hey!«, rufe ich und winke mit den Armen. Ich muss aufpassen, dass ich nicht das Gleichgewicht verliere. »¿Vais a jugar más tarde también? Braucht ihr noch Leute?«

Die Köpfe der Kuna wenden sich mir zu. Sie winken zurück. »¡Ey, uan nusqua! ¿Quiéres tocar?«

»Ja!«

»¡Ven, ven!«

»Gerne! Später!«

Als ich kurz darauf im Dingi sitze und mir die Schuhe schnüre, fühle ich Aufregung in mir hochsteigen. Echter Fußball! Mit echten Gegnern! Xabi fährt mich zur Insel. Zum Sonnenuntergang, haben wir abgemacht, wird er mich wieder abholen.

Meine Schuhe haben schon einiges erlebt. Weiße Flecken sind darauf, Farbspritzer vom Streichen des Decks, dazu gelbe Flecken, verursacht durch die Säure, mit der wir den Rost aus dem Lack ätzten. Seitlich am Vorfuß klafft ein Riss, den ich mir an einem scharfkantigen Felsen im Dschungel geholt habe. Doch als ich nun in ihnen den Steg Tupiles besteige, spüre ich den Halt, den sie mir geben.

Ich streife durch die engen Bambusgässchen vorbei an Bananenstauden und Brotfruchtbäumen, und bald dringt das Geräusch von Ball auf Fuß an mein Ohr. Es sind weit mehr Kuna erschienen, als ich erwartet habe. Gut dreißig bis vierzig Jugendliche tummeln sich um den Platz, die Spieler barfuß, in Flip-Flops, in Halbschuhen, zwei Indianer teilen sich ein Paar. Gespielt wird vier gegen vier plus Torwart. Tore zählen nur auf Kniehöhe, bolzen ist tabu. Zu groß ist die Gefahr, eine der nahe stehenden Basthütten zu beschädigen. Ein Spiel endet mit dem ersten Tor, dann hat das Verliererteam den Platz zu verlassen und wird durch eine neue Mannschaft ersetzt. Ich finde schnell ein Team, denn jeder interessiert sich für den hellhäutigen Europäer.

Das Spiel der Kuna mutet spanisch an. Der geringen Größe des Platzes geschuldet, läuft fast alles über Kurzpassspiel. Ich füge mich ein, lasse den Ball klatschen, biete mich an und bin erstaunt, wie wenig Eigensinn in den Mannschaften herrscht. Kaum einer der Kuna spielt mehr als zwei, drei Kontakte. Immer ist das Auge für den Mitspieler größer als der eigene Drang zum Dribbling. Ähnlich ihrer sozialen Gemeinschaft lebt das Spiel der Kuna vom Miteinander. Der Ball wird geteilt, geduldig, kraftschonend über den Platz getragen, um dann im rechten Augenblick in die Lücke geschoben zu werden. Und so gelingt meinem Team mit einem schönen Doppelpass das eins zu null. Jubel am Spielfeldrand. Neuer Gegner.

Einzig ein Indianer ist dabei, der durch seine ruppige Spielweise auffällt. Er ist größer als die anderen, breiter, und weiß seinen Vorteil einzusetzen. Ein halber Panameño, wie man mir zuflüstert.

Es ist unser drittes Spiel, und es zieht sich in die Länge, da sich einerseits Erschöpfung in unseren Reihen breitmacht, wir aber andererseits den Weg zum Tor keinesfalls preisgeben wollen. Mit aller Macht drückt der Gegner, es ist eine Frage der Zeit, bis wir uns einen fangen.

Und dann passiert es: Ein abgefälschter Ball springt dem Panameño vor die Füße, dieser zögert nicht lange und schießt. Der Ball fliegt, fliegt höher als Kniehöhe, höher als Mannshöhe, segelt über das Spielfeld hinaus und senkt sich schließlich hinter einer Hütte hinab. Es wird still um uns herum. Dann ein Aufprall und das Weinen eines Kindes.

Wir schauen uns an. Schweigen. Bis jemand etwas zu dem Panameño sagt. Dieser flucht zurück.

»Und jetzt?«, frage ich.

Es ist bei Weitem nicht das erste Mal, dass mir ein Ball beim Kicken in einen fremden Garten geflogen ist. Schlimmer als bei Frau Zehle von gegenüber kann es hier kaum sein.

Als wir an die Bambuswand der Hütte klopfen, kommt uns jedoch ein grimmig dreinblickender Kuna entgegen. Auf dem Arm hält er ein kleines Mädchen, auf dessen Wangen die Tränen bereits trocknen.

»¡No!«, sagt er, bevor wir ein Gespräch eröffnen können.

Mein Begleiter redet auf den Mann ein, ich stehe hilflos daneben und bemühe mich um ein reuiges Gesicht. Der Kuna ereifert sich darüber, was alles hätte passieren können, und schließt weitere Mahnungen an, die ich nicht verstehe.

»Nichts da! Ihr könnt euch den Ball morgen beim Saila abholen!«

Den Ball beim Bürgermeister abholen. Das ist mir selbst bei Frau Zehle nicht passiert.

Nachdem gegen Abend die gespielten Minuten von Tupile im Speigatt versunken sind, sitze ich auf der Rah des Fockmastes und putze mir die Zähne. Der Himmel ist bedeckt, wie ich es mag, tief unter mir schlagen die Wellen gegen den Bug. Kuna-Boot um Kuna-Boot gleitet zwischen den Inseln hin und her, im eiligen Versuch, vor Einbruch der Dunkelheit nach Hause zu kommen. Ihre Silhouetten heben sich schattenhaft vom Horizont ab.

Zähneputzen hat für mich immer etwas Heiliges. Ein Ritual, das den Tag in seine Grenzen weist. Es sind Minuten, in denen man gezwungen ist zu schweigen.

Die Kinder von Cartí, mit denen ich durch die Takelage hangele, nennen mich Tío Mono, »Onkel Affe«. Sie sind die Piratas, die über das Deck rennen, Süßigkeiten stibitzen und Kochlöffel stehlen. Nur die Kleineren haben manchmal noch Angst vor meinem Bart und der weißen Haut. Wenn wir vor Cartí liegen, bringen sie auf angenehme Weise Leben auf das Schiff. Der kleine Jonathan hat mir beim Kartoffelschälen geholfen, Ceronsito schlief unter dem Tisch, und Ingrid hatte irgendwann die Duschbrause entdeckt, mit der sie alles nass spritzte.

Mittlerweile werfen die Lichter von Cartí Sugdup lange Schatten. Dahinter schlafen die Piratas schon und ersinnen neue Abenteuer. Der Kapitän und die Älteren sitzen in der Messe und trinken Rum. Und ich putze schon viel zu lange. Schrubbt man zu intensiv, kann sich der Zahnschmelz auflösen, hat meine Zahnärztin gesagt.

Manchmal fehlt mir noch die Zweisamkeit. Dann fühlt sich mein rechter Arm ganz leer an, weil ich ihn nicht um das schöne Mädchen legen kann. Aber das ist nicht der Rede wert. Ich muss lächeln. Für einen Moment wird mir bewusst, wie wahnsinnig beschenkt ich hier bin.

Ich klemme mir die Zahnbürste in den Mund, lege beide Hände an die Wanten und klettere hinab.

Morgen brechen wir auf nach Chichime.

⚓

– EIN SERIENMÖRDER UND DER SPALT DER WELT –

»War 'ne große Tragödie damals.«

6. September 2013, vor Chichime, nördliches Aussenriff, San Blas

Xabi hat uns verlassen. Heute Morgen, bevor wir den Anker lichteten, ging er von Bord. Einfach so. Er nahm uns alle in den Arm, küsste Rebecca zweimal auf die Wange, beide Male versuchte er, ihren Mund zu treffen. Dann stieg er in den Plastikkahn, der ihn abholen sollte. Er blieb im Bug stehen, es war das gleiche Bild wie damals, als ich ihn zum ersten Mal gesehen hatte. Er hob beide Arme zum Gruß und warf uns Kusshände zu. »Bis bald, bis nächstes Jahr!«, rief Lale, und er meinte es so. Ich spürte einen kurzen Stich, weil ich nicht wusste, ob er es auch mir gegenüber rufen würde. Dann war Xabi weg.

Danach führte uns der gemütliche Rhythmus der Maschine in die nördlichen Riffe. Ceron begleitete uns. Chichime ist ein beliebtes Urlaubsziel für Touristen. Viele Boote starten von hier ihre Touren nach Kolumbien. Zwei Inseln, eine so groß wie unsere Lagerfeuer-Insel in Coco Bandero, die andere deutlich größer, davor eine Sandbank mit Palme. Die Reste eines Kuna-Kahns stecken darin, ein Wrack, wie wir schon einige gesehen haben. Weiter unten soll noch eines liegen, ein richtiges, eine Segeljacht, vor ein paar Jahren gesunken.

»Da schnorcheln wir die Tage mal hin, wenn du Lust hast«, sagt Ceron. »Und vor allem: wenn du keine Angst hast!« Mit einer Hand wedelt er geheimnistuerisch vor meinem Gesicht herum.

Hier vor Chichime verbringen wir zum ersten Mal wahre Ferien. Das Wetter ist ein Traum, wir essen viel und regelmäßig, tauchen, baden, spielen Karten. Rebeccas Anwesenheit sorgt für

Gesprächsstoff der niederen Art. Selbst Tío und ich wechseln hin und wieder mehr als ein »¡Cuidado!«.

Und schließlich bekomme ich mein erstes Lob von Lale. Es ist das erste Lob, das ich überhaupt aus seinem Mund höre. Ich habe einen Zwiebelkuchen gebacken, mit Mürbeteig und viel Majoran, und der Käpt'n tönt: »So hat Zwiebelkuchen zu schmecken!« Ich platze fast vor Stolz.

Ceron, Rebecca und ich unternehmen große Schnorcheltouren. Ein Ausflug führt uns zur Isla Viagra, deren einzige, sehr aufrecht stehende Palme ihren Namen erklärt. In der Nähe soll es eine Erdspalte geben, eine tektonische Lücke, die immer wieder für Erdbeben sorgt, und wir machen uns auf, sie zu erkunden.

Es ist dunkel dort unten. Die Wände rauben der Tiefe das Licht. Hinter einer felsigen Kante sinkt der Boden um zwanzig, dreißig Meter ab. Vielleich noch tiefer, die Entfernungen verschwimmen in der Finsternis. Eine Muräne lugt aus einem Felsloch hervor, ganz unten erkenne ich zwei zylinderförmige Umrisse. Nicht darüber nachdenken.

Ursprünglich waren Nord- und Südamerika ein gemeinsamer Kontinent gewesen. Dann drifteten die Landplatten auseinander, eine Lücke entstand, die Lebensräume trennten sich, und schließlich, erst Jahrmillionen später, stellten Strömungen und Versandungen wieder einen Landweg her. Ich tauche durch eine Naht der Erde.

Auf dem Rückweg suchen wir nach der havarierten Jacht. Wir schnorcheln nahe der Sandbank, vorbei an den Wrackteilen des Kuna-Boots, der Boden senkt sich nach links, ein Stück folgen wir dem Abhang in tieferes Gewässer. Und dann erscheint sie: still, dunkel und gespenstisch. Der Rumpf ist moosbewachsen, einzelne Fische gleiten durch die Schatten. Der Mast des Schiffes ist gebrochen. Er liegt quer zum Rumpf, nutzlos und tot. Wir schwimmen näher heran. Holen Luft und tauchen. Das Heck liegt schräg im Wasser. Das Steuerrad, die Sitzbänke. Jemand hat hier mal gelebt. Durch die geöffnete Luke kann ich ins Innere blicken. Das Licht ist schwach, Gerümpel treibt herum, Moos wie Staub auf den

Polstern. Wieder einige Fische. Ihre bunten Farben als morbider Witz in diesem Stillleben. Eilige Flucht damals.

Als wir uns mit kräftigen Flossenschlägen vom Wrack entfernen, blicke ich nicht zurück. Das beklemmende Bewusstsein an ein vergangenes Unglück hindert mich daran.

Am Abend erzählt uns Lale die Geschichte, die mit dem Wrack verbunden ist.

»Die ganze Story ist viel größer, als ihr glaubt! War 'n Serienmörder, dem das Schiff gehört hat. Zumindest ist er als solcher angeklagt. War 'ne große Tragödie damals. Eigentlich 'n netter Typ. Ist er immer noch. Also, 'n bisschen kaputt halt jetzt. Sitzt in Untersuchungshaft in Panama City. Eigentlich schade. War immerhin kein so falsches Schwein wie die anderen hier. Manchmal telefonieren wir noch.«

»Du telefonierst manchmal noch mit ihm?«, frage ich verblüfft. »Mit einem Serienmörder? Das erzählst du so nebenbei?«

»Aaach, ist keine große Sache in meinen Augen. Außerdem ist er noch nicht endgültig verknackt. Man wird zum Verbrecher gemacht. Was zählt, ist der Mensch ... Er wird halt bezichtigt, ein paar Leute umgebracht zu haben. Hat sein Temperament nicht im Griff gehabt. Und irgendwann sich selbst nicht mehr. Deshalb sitzt er im Knast. Ist schon richtig so. Aber wie's dazu gekommen ist nicht. Er ist auch die Route zwischen Panama und Kolumbien gefahren. Einer von den wenigen Vernünftigen hier, die nicht nur auf Gewinn gefahren sind. Ham den Passagieren gegenseitig unsere Schiffe empfohlen, wenn wir ausgebucht waren. Gut, sein Problem war, er war aufbrausend. Hat sich häufig mit den anderen kaputten Kapitänen gestritten, gehauen manchmal. Und irgendwann hat er dann sein Schiff im Sturm verloren. Nicht das hier. Ein anderes. Und das war dann auch der Anfang vom Ende. Irgendwie ist er verrückt geworden. Hat sich das nie verziehen. Und dann hat er 'n anderes Schiff gekapert und den Eigentümer umgebracht, sagt man. Und dann ist er abgehauen. Irgendwann hat er dann noch 'nen zweiten Schiffseigner umgebracht. Es war, als ob er irgendwie abrechnen wollte. Wusste, dass seine Tage gezählt sind. Ich sag euch, hier war die Hölle los! Alle hatten Schiss. Keiner war sich mehr seines Lebens sicher. Ich mein, wir haben uns immer gut verstanden, aber mir war auch mulmig. Der Typ war komplett verrückt. Was, wenn er jetzt die *Stahlratte* haben wollte? Auf der Flucht ist er dann irgendwann hier auf Grund gelaufen. Völlig besoffen. Da haben sie ihn dann geschnappt. Jetzt muss man sehen, was man auch beweisen kann.«

Ich weiß nicht, was ich glauben soll. Das heißt, ich glaube Lale jedes Wort. Alles, was er erzählt, hat Hand und Fuß, aber genau das macht mich stutzig. Die Tragödie jedenfalls, die dort am Meeresgrund unter Seepocken und Tang konserviert liegt, wird mit jedem seiner Worte größer. Beinahe ist mir, als ob ich den Geist des Mörders dort unten gespürt hätte.

LA POPA DEL BARCO

»Unter *der großen Öffnung!*«

In der letzten Zeit bereitet uns die Handpumpe für die Toilettenspülung große Probleme. Sie lässt sich immer schwerer bewegen. Bald muss man zwei Hände gebrauchen, um genügend Kraft aufzubauen, das Wasser in den Spülkasten zu pumpen. Lale behauptet, es liege an der Ansaugöffnung der Spülung, die manchmal von Muscheln zugewachsen sei; keine große Sache, das geschehe öfter, die Öffnung liege unten am Rumpf, sie müsse bloß gereinigt werden. Also drückt er mir ein Gerät in die Hand, das aussieht wie ein Messer mit drei Schneiden, und nickt in Richtung Wasser.

»Damit schwimmst du runter und machst die Öffnung sauber. Nimm Schnorchel und Brille mit. Pass auf, das Loch, das du suchst, ist nur ungefähr walnussgroß. Wahrscheinlich schwer zu sehen. Aber es befindet sich direkt unter dem Abflussloch.«

»Wie viel tiefer ungefähr?«, frage ich.

»Vielleicht 'ne Hand.«

»Alles klar.«

»Und noch was! Pass auf, das gerade niemand auf Klo ist.«

Ich ziehe mir Schnorchel und Brille übers Gesicht und springe ins Wasser. Während ich das Heck nach hinten abschwimme, graust es mir vor unliebsamen Begegnungen. Schon öfter konnte ich das Geschäft eines Fremden in den Wellen davontreiben sehen, wenn ich zum richtigen – oder falschen – Zeitpunkt über die Bordwand schaute. Als ich auf Höhe des Bades das große Abflussloch erkennen kann, halte ich die Luft an und tauche. Seepocken bedecken den Schiffsrumpf, ich kann Miesmuscheln im Innern des Abflusses sehen. Doch nirgends deutet etwas auf eine kleinere Öffnung hin, die ihrerseits auf ein Ansaugloch hinweist. Ich schwimme um den Abfluss herum, tiefer unter das Schiff, doch nichts. Irgendwann muss ich auftauchen, um neu Luft zu holen. Lale steht über mir an der Reling.

»Wo is'n das scheiß Loch?«, rufe ich.

»Das scheiß Loch? Na, da! Direkt unter dem Scheißloch! Ha ha ha!«

Noch einmal tauche ich hinunter, doch auch dieser Trip bringt mich nicht weiter. Schließlich überlege ich, ob Lale mit »unter« dem Scheißloch vielleicht »in« dem Scheißloch meinte. Das scheint mir die einzige vernünftige Lösung zu sein. Also hebe ich meinen Spieß und ramme ihn in den metallenen Schlund. Ich vernehme das kratzende Geräusch von Eisen auf Eisen, ein paar Muscheln lösen sich und fallen heraus, schwerelos schweben sie an mir vorbei. Ich ramme den Spieß tiefer in das Loch, schabe an den Wänden entlang, und schließlich kommt mir ein faustgroßes Stück Scheiße entgegen. Ich schreie, ohne zu schreien. Bäh! Ich muss würgen. Mit aller Kraft bringe ich mich in Sicherheit und fahre mir mehrmals mit der Hand übers Gesicht. Ich tauche auf und bringe Abstand zwischen mich und das Schiff. Natürlich ist die Überlegung bescheuert, aber trotzdem ist da der Gedanke, dass irgendwo in dem Wasser, in dem ich gerade schwimme, ein Stück Kot treibt. Noch mal bäh!

Nach etwa fünf Minuten wage ich wieder einen Blick nach unten. Die Sicht ist klar, nichts, was auf eine weitere ungewollte Überraschung hindeutet. Todesmutig schwimme ich zurück ans Schiff und vollende mein Werk.

Als ich an Deck komme, hat Lale bereits meine Arbeit überprüft.

»Was hast'n du gemacht?«, fragt er. »Der Hebel bewegt sich immer noch so schwer wie vorher!«

»Was?« Ich gehe ungläubig ins Bad, um seine Aussage zu überprüfen. Tatsächlich. »Vielleicht ist irgendwas kaputt?«

»Quatsch! Was hast du denn geputzt?«

»Na, ich hab die kleine Öffnung erst nicht gefunden. Da hab ich dann die große Öffnung sauber gemacht, weil ich dachte, vielleicht ist die kleine Öffnung ja da darin!«

»Du Idiot! Ich habe gesagt, *unter* der großen Öffnung! Nicht *in* der großen Öffnung!« Er schüttelt verständnislos den Kopf. »Du bist echt ein Trottel, weißt du das? Und ab geht's wieder runter.«

Abermals begebe ich mich in die Tiefen unter dem Schiff. Diesmal meide ich das Abflussloch und kratze mit dem Spieß über die Fläche darunter. Und siehe da, als ich drei, vier Mal über das Metall gefahren bin, lösen sich die Seepocken und geben den Blick auf eine vielleicht erbsengroße Öffnung frei. Ich prokel, so gut es geht, mit dem Spieß darin herum, es löst sich weiterer Kalk, und als ich schließlich an Deck zurückkehre, funktioniert die Pumpe einwandfrei.

»Geht doch!«, sagt Lale und kann sich vor Lachen kaum halten.

An diesem Tag dusche ich sehr ausgiebig. Das Gefühl, unrein zu sein, lässt mich lange nicht los.

⚓

CHICHA PEQUEÑA

Wenn Winnetou das gewusst hätte.

8. SEPTEMBER 2013, ISLA CARTÍ YANDUP, SAN BLAS

Das Gemeindehaus von Cartí Yandup wankt im Zwielicht. Kuna in bunter Tracht füllen den Raum. Ich erkenne ein paar Jungen vom Fußballplatz wieder. Grüße per Zwinkern. Einer von ihnen läuft mit einer Plastiktüte durch die Reihen und verteilt Süßigkeiten und parfümierte Zigaretten. Rauchschwaden wabern durch die Luft. Rebecca und Tío habe ich schon seit einer ganzen Weile nicht mehr gesehen. Lale ist gar nicht erst mitgekommen.

Gestern Abend haben wir den Anker vor Chichime gehoben und sind nach Cartí gefahren, da Ceron zu einer Feier, genauer: zur ersten Menstruation seiner Cousine, eingeladen hatte. Nun versuche ich, meine Sinne, so gut es geht, beisammenzuhalten.

Es ist dunkel im Versammlungshaus. Als einzige Lichtquellen dienen die Schlitze zwischen den Bambushölzern der Wände und die halb geöffneten Türen auf beiden Seiten der Halle. In der Mitte brennt ein Feuer, nicht mehr als eine Glut, über der in einem Stövchen Kräuter dünsten. Ob ich eine Zigarette wolle, fragt mich der Junge mit der Plastiktüte. Ich greife zu. Mir wird Feuer angeboten, der kalte Geschmack von Menthol legt sich auf meine Zunge. Panflötenmusik. Die nächste Runde der Chicha beginnt.

Die Chicha ist ein religiöses Fest der Kuna. Die Chicha Pequeña – kleine Chicha – findet zur ersten Menstruation der Mädchen statt. Die Chicha Grande – große Chicha – läutet die vollwertige Weiblichkeit der Frauen ein. Hier bekommen sie ihre erste Mola und den charakteristischen goldenen Ring durch die Nase gestochen. Gleichzeitig bezeichnet Chicha das Getränk, das zu den jeweiligen Anlässen ausgeschenkt wird. Es besteht aus gegorenem Zuckerrohr, Kaffee sowie verschiedenen Dschungelkräutern und soll der rituellen Reinigung des Körpers dienen. Seine Herstellung dauert mehrere Wochen. Der Moment der Verköstigung muss genau abgepasst sein, damit die Chicha »rein« ist und eine *limpieza general* des Körpers durchführen kann. Eine Art inneren Hausputz. Getrunken wird in mehreren Runden. Die erste geht auf Madre Tierra, die zweite auf Bab Dumat, alle weiteren auf die Familie, die Freunde und Angehörigen und auf alles Weitere, was anstoßenswert erscheint. Getrunken wird, bis die Tonkrüge am Rande der Halle leer sind. Danach geht es mit Rum weiter. Gerade sind wir bei der dritten Runde. Ich bin Teil eines großen religiösen Besäufnisses. Es tut seine Wirkung.

Während die Panflötenmusik schneller wird und sich die Zeremonienmeister in rituellen Formen bewegen, lüften sie das Bananenblatt über dem zweiten Tonkrug. Eine Kalebasse wird durch die Flüssigkeit getaucht. Die Schale muss in einem Zug geleert werden, um die Götter nicht zu beleidigen. Schafft man es nicht, wird nachgefüllt. Zuerst trinken die drei Zeremonienmeister. Sie reichen sich gegenseitig die Schalen und johlen, nachdem sie das Getränk abgesetzt haben. Die Menge stimmt mit ein. Dann wandert die Kalebasse durch die Reihen der Verwandten und Gäste. Schließlich bin ich an der Reihe. Der Geschmack, der meine Lippen berührt, erinnert an schalen Espresso mit Mineralwasser. Dazu ein Schuss Apfelsaft. Es prickelt am Gaumen. Ich halte die Luft an, und in drei Zügen ist die Kalebasse leer. Man klopft mir anerkennend auf die Schulter. Die Nachwirkungen der Flüssigkeit brodeln in meiner Kehle.

Die Stimmung wird angeheiterter. In meinem Kopf taumeln die Synapsen. Die religiösen Tänze werden ausschweifender, das Gegröle lauter. In der Mitte sitzen die Zeremonienmeister am Boden, rauchen die Kräuter und pusten sich gegenseitig den Qualm ins Gesicht. Die Leute in der Halle sind streng nach Geschlechtern getrennt: hinter den Zeremonienmeistern die Frauen und Mädchen, auf unserer Seite die Männer und Jungen. Einzig die Transsexuellen dürfen sich frei auf beiden Seiten bewegen.

Das Zeremoniell wiederholt sich stets aufs Neue. Panflötenspiel und Gesang. Es ist nicht so, dass man die Wahl hätte zu trinken –

vielmehr *muss* getrunken werden. Nicht selten geht es bis zur Bewusstlosigkeit. Wer unangenehm auffällt, wird festgebunden.

Je trunkener die Menschen werden, desto ausgefranster wird das rituelle Konzept, desto mehr verkommt alles zu einem großen Spaß. Ich werde von den Kuna um mich herum vereinnahmt, sie wollen mich ihre Sprache lehren, und immer wieder, wenn ich es schaffe, ein Kuna-Wort oder einen Satz richtig auszusprechen, jubeln sie und hauen mir auf die Schulter.

»¡Anai – amigo!«, sagen sie. Sie zeigen auf sich, dann auf mich, dann sagen sie wieder: »Anai ... ¡Sí, tú eres un amigo, amigo!«

Als ich ihnen mein Repertoire an Penisbezeichnungen vorführe, kriegen sie sich kaum ein vor Lachen. Mit jeder Runde Rum, denn mittlerweile sind wir beim Rum angelangt, wollen sie mich weitere Wörter lehren, und mit jeder Runde Rum verstehe ich weniger. Mein Umfeld ist ein Brei aus Gesichtern. Namen, an die ich mich niemals erinnern werde.

Das fruchtbare Mädchen, die eigentliche Königin des Abends, bekommt von alledem nichts mit. Sie befindet sich fernab der Öffentlichkeit in einer Hütte, wo sie rituell gewaschen und beweihräuchert wird. Nach allen Regeln der Kunst huldigt man ihr. Zum Höhepunkt des Festes soll sie den Gästen präsentiert werden. Es ist fraglich, wer das noch bei klarem Verstand erleben wird. Verschwommene Farben im Zwielicht. Chicha, Rum und Mentholzigaretten.

Irgendwann finde ich mich auf dem harten Beton eines Stegs wieder. Ich liege auf dem Bauch. Mein erster Blick gilt einem der Holzverschläge, die vor den Hütten über das Wasser hinausragen. »The big houses are for living, the small houses are for shitting«, hat der Käpt'n einmal gesagt. Ich richte mich auf, falle um, richte mich erneut auf und stolpere in Richtung der kleinen Kabine. Planken, verwitterte Holzbohlen, in der Ecke ein Loch. Darüber ein Hocker, mit einer Klobrille verkleidet. Ich beuge mich darüber und füttere die Fische.

So feiern also Indianer. Wenn Winnetou das gewusst hätte.

Ich habe die Präsentation des Mädchens verpasst, schießt es mir durch den Kopf. Ich habe einen Kater, schießt es direkt hinterher. Alles schmerzt, als ich das Hauptdeck betrete. Die Sonne sticht mir in die Augen, und von dort direkt ins Hirn. Es mag ungefähr Mittag sein. Lale sitzt im Bug und telefoniert mit seiner Familie.

»Du warst großartig gestern!«, ruft Ceron, als ich mich unter das Sonnensegel auf dem Achterdeck setze, um vor den Strahlen Schutz zu suchen. Die Festlichkeiten zur Chicha Pequeña dauern einen Tag an – die Festlichkeiten zur Chicha Grande dauern sechs. Ich bin froh, das humanere Fest erwischt zu haben.

»Was meinst du?«, frage ich Ceron, von dem ich nur die Zehen sehe, die aus der Hängematte hervorlugen.

»Ach, alles! Alleine, wie lange du durchgehalten hast! Und dein Tanz war auch nicht von schlechten Eltern.«

»Ich wusste gar nicht, dass du da warst.«

»War ich auch nicht. Zumindest nicht die ganze Zeit. Aber man erzählt sich Geschichten ...«

Ich reibe mir die Schläfen. »Hast du ’ne Ahnung, wie man so eine Chicha braut?«

»Das wissen die wenigsten. Chichas werden nur von den Sailas gebraut. Es gibt eigene Kräutersammler, die im Dschungel die benötigten Pflanzen suchen. Sicher ist: Ein paar verschreibungspflichtige Sachen sind dabei.«

Ich muss an Miraculix, den gallischen Druiden, denken. »Sind die Sailas auch so etwas wie eure Priester? Eure Schamanen?«

»Sie sind die Bewahrer der Tradition. Sie kennen die alten Gesänge und Rezepte. Kaum einer der Jüngeren versteht sie heute noch. Irgendwie geht das alles den Bach runter.« Nach einer Weile fährt Ceron aus seiner Hängematte hoch. »Kein Motherfucker hat es je geschafft, uns zu besiegen! Einige leben noch, die damals bei dem Aufstand dabei waren. Und jetzt besiegen wir uns selbst. Dabei sind die Traditionen das, was wir sind.«

Ceron hat nicht unrecht. Noch paddeln viele Kuna in ihren Einbäumen über das Meer. Sie tauchen nach Langusten und jagen nach Fischen. Kuna Yala gilt, was die Luftreinheit angeht, als einer der saubersten Orte der Erde. Im Umkreis von über hundertfünfzig Kilometern befindet sich keine einzige Fabrik. Doch der Einfluss von Geld, Kokain und Touristen richtet sich gegen die Natur. Immer mehr Jachten erscheinen am Horizont. Flugzeuge brausen über den Himmel. Die Fischgründe haben sich in den letzten Jahren massiv verkleinert. Auch die Langusten gehen zur Neige. An den Wochenenden wimmelt das Meer von Halbtags-Fischern, die mit Schnorchel und Harpunen auf die Jagd gehen. Nur die wenigsten wissen, was sie tun. Sie verwunden die Fische und treiben sie in die Flucht. Und so schwindet der Fisch. Auch die Korallenriffe leiden. Allzu oft findet man Einschläge von unbedacht geworfenen Ankern, große graue Felder zeigen den Krankheitszustand der Tiere an.

Doch der Tourismus verspricht ein attraktives Geschäft. Die westlichen Besucher zeigen, was Wohlstand ist. Das Fernsehprogramm tut sein Übriges. Aus der einstigen Comarca Tulenega ist die Comercio Telenovela geworden. Haben sich die Kuna auch nie für arm gehalten, so befeuert heute das Fernsehen ihr Bedürfnis nach materiellem Besitz.

»Mittlerweile verlangt selbst der Saila von Cartí fünfzehn Dollar von der Kommune für seine Dienste«, erklärt Ceron aus seiner Hängematte.

Man arbeitet nicht mehr für den täglichen Bedarf, man arbeitet für Geld. Von dem man sich Luxus leisten kann. Und so schwindet die Autarkie, die Indianer werden abhängig. Internet ist das neue Feuerwasser.

ROSALINDA

Eine Königin

10. SEPTEMBER 2013, IMMER NOCH VOR CARTÍ, SAN BLAS

Gilberto hat neue Rucksacktouristen gebracht. »Scheißhaus!«, ruft er in die Runde und führt zwei hessische Studentinnen ins Heck. Als er zurückkommt, nimmt er sich ein Bier und setzt sich auf seinen angestammten Platz in der Messe.

»Todo pretty?«, fragt er. »Alles klà?«

»¡Sí, sí, todo pretty!«, antworte ich.

»¿Sí, sí? Sisi, ¡haha! ¿Sisi make?«

In der Sprache der Kuna bedeutet *sisi* »Vagina«. Und *make*? Es liegt auf der Hand.

»Claro, sisi make«, antworte ich nachsichtig. »Warum nicht?«

»Haha, rasierte Muschi!«

Wieder wird mir deutlich, mit welch kindlicher Freude die Kuna ihre Sprache benutzen. Ein anderes Wortspiel beruht auf dem Wort *ua*, »Fisch«. Es ist kaum möglich, bei Julio Fisch zu bestellen, ohne dass sich folgender Gesprächsablauf entwickelt:

»¡Oye! ¿Tiénes ua?«	»Hey! Hast du Fisch?«
»¿Uan? Claro, tengo uan. ¡Uan dumat! ¿Queréis?«	»Penis? Klar, Penis habe ich. Großen Penis! Wollt ihr?«
»¡Sí, sí! ¡Necesitamos muchos! ¿Quizás veinte?«	»Vagina! Wir brauchen viele! Zwanzig vielleicht?«

Meine Lieblingsredewendung auf Kuna besteht aus der Wortkombination *tutu suli*. *Tutu* ist das Wort für »Blume«. *Suli* dient als Verneinung. *Tutu suli* heißt folglich »keine Blume«. Doch in der Wortfolge bedeutet es »stark«.

Das Verladen der Motorräder ging erstaunlich leicht von der Hand. Mehr noch: Wir waren so schnell und sicher wie nie. Acht Motorräder sollten wir an Bord nehmen, so viele wie seit meiner ersten Fahrt nicht mehr. Selbst Tío war mit Feuereifer dabei. Wir alle wollten Lale beweisen, dass wir keine Süßwassermatrosen sind.

Rebecca ist enorm wichtig an Bord geworden. Sie ist die gute Fee, die gutmütige Mediatorin, die jeden Wunsch, jedes Bedürfnis und jeden Befehl zu vermitteln weiß. Jeglichen Konflikt erstickt sie im Keim. Während wir das Barbecue für Coco Bandero vorbereiten, tanzt sie durch die Messe.

So vieles ist ähnlich zu meiner ersten Tour, und doch ist alles anders. Ich bin das dienstälteste Crewmitglied geworden. So, wie ich einst zu Xabi kam, wenn ich Fragen oder Probleme hatte, so kommt Rebecca nun zu mir. Während wir einst Meghan und Lio zuhörten, wenn sie Geschichten über das Schiff erzählten, so bin ich es nun, der Geschichten erzählt. Ich habe Verantwortung übernommen und bin fähig, sie zu tragen. Und ich spüre, dass auch Lale das respektiert. Wie gerne würde ich noch einmal mein Vergangenheits-Ich der ersten Reise treffen, um ihm Mut zu machen.

Rosalinda, die uns bei unserer Ankunft einen Besuch abstattete, nennt mich nicht mehr Omegit. Ich konnte ihr erklären, dass ich eine Freundin zu Hause habe. Ich zeigte ihr ein Foto, sie lachte und schenkte mir eine Mola für das schöne Mädchen. Sie sah mich dabei mit aller Güte an, die einem Menschen zuteilwerden kann. Von nun an nennt sie mich *nonsuidi*, was »Glatze« heißt.

Rosalinda trägt die bunte Tracht der Kuna. In ihren Augenwinkeln kräuseln sich die Falten, und sie lacht, wenn ich sie bei den Hüften packe und durch die Gegend trage. Manchmal stiehlt sie noch Sonnenbrillen. Ihre Hände sind so alt wie der Wind. Sie ist ehern und fröhlich, und ich möchte ihr Gesicht in einer Kammer meines Kopfes verstauen, um es immer wieder hervorholen zu können, wenn ich einmal das Gefühl habe, etwas sei nicht gut so, wie es ist.

An Große Mutter – so nannten wir die Großmutter meiner Mutter – erinnere ich mich nur wenig. Ich weiß noch, wie sie am Küchenfenster stand und Passanten beobachtete. Sie liebte das. Sie blickte durch das dichte Laubwerk unseres Vorgartens hindurch auf die Straße, während sie sich unablässig und gedankenverloren über die Handrücken strich. Sie war so heilig, wie sie dastand. Ihr weißes Haar wie eine Krone zu einem Dutt gebunden.

Ich habe mehrfach versucht, Rosalinda in Worte zu fassen. Und ich finde, es ist mir bis heute nicht anständig gelungen. Einfach gesagt: Sie ist eine Königin. Eine Königin, wie Große Mutter es war, wenn sie am Fenster stand und nach draußen schaute und sich zeitlos und besonnen über die Handrücken strich. Und dabei eine Zufriedenheit ausstrahlte, die einen alles andere vergessen ließ.

Ich würde Rosalinda das gerne sagen, aber mein Spanisch lässt das nicht zu. Deshalb drücke ich ihr einfach ein paar Süßigkeiten in die Hand und trage sie durch die Gegend.

AUF KAPERFAHRT

»Wir sind Piraten! Wir wollen eure Mädchen rauben!«

10. SEPTEMBER 2013, AM STRAND VON COCO BANDERO, SAN BLAS

Als das Lagerfeuer schon hoch in den Himmel züngelt, verabschieden sich Lale und der Rest der Crew. Wir alle haben einen langen Tag gehabt, doch einer muss wach bleiben, um die Touristen über das Wasser zu kutschieren. Weil die Stimmung danach ist und weil ich nichts anderes zu tun habe, betrinke ich mich. Das Verfluchte am karibischen Rum ist, dass er den Durst nicht löscht, sondern entfacht.

Schon bald kommt das Gespräch wieder auf die Australierin. Knapp bekleidet und braun gebrannt lag sie am Strand in der Sonne, als wir im Sand die Grube für das Lagerfeuer aushoben, um das Barbecue vorzubereiten. Sie kam von einer der nahe gelegenen Jachten, einer dieser schwimmenden Paläste, die einen eigenen Heliport haben, und sie war eigens eingestellt, um den Sohn des Eigners als Tauchlehrerin zu unterrichten. Wir luden sie für den Abend zum Lagerfeuer ein, doch bislang ist sie nicht aufgetaucht.

»Du musst sie holen, verdammt!«, ruft Dylan, ein hochgewachsener Motorradtourist aus Kanada. »Wenn sie nicht kommt, musst du sie holen, so einfach ist das! Die war doch heiß, oder nicht? Wo ist das Schiff?«

»Keine Ahnung«, sage ich. »Irgendwo hier hinter der Insel. Weiter draußen.«

»Also, warum holen wir sie dann nicht?«

»Na, weil es bescheuert ist! Es ist Nacht, und wir sind betrunken.«

»Na und? Beste Voraussetzungen für eine Australierin! Wenn du verstehst, was ich meine – und du verstehst, was ich meine! Also, holen wir sie?«

Ich blicke in die Runde. Alle Augen sind auf mich gerichtet. Es ist, als flüsterten sie: »Holen! Holen! Holen! Holen!«

»Also gut!« Ich haue eine Faust in den Sand. »Wir holen sie.«

»Sehr gut!«, ruft Dylan. »Ich komm mit.«

Es ist stockduster und vollkommen wahnsinnig, zu dieser Nachtzeit auf ein riffverseuchtes Meer hinauszufahren. Nüchtern könnte ich vielleicht noch ungefähr einschätzen, wo die Untiefen liegen, doch in diesem Zustand ist es pures Glücksspiel. Es wird an ein Wunder grenzen, wenn sie morgen nicht einzelne Teile von uns oder vom Dingi verloren auf dem Wasser treiben sehen.

»Fahr schneller!«, ruft Dylan.

Klar, je schneller wir fahren, desto weniger Zeit bleibt dem Schicksal, uns eine Falle zu stellen. Die alte Autobahnweisheit, denke ich und drehe den Motor auf.

»Woooooohooooooooo!«

Wie gesagt, es grenzt an ein Wunder, dass wir die Jacht heil erreichen. Danke Jesus! Ich selbst bin zwar nicht übers Wasser gelaufen, aber das gerade war nahe dran.

Ein kurzer Typ in kurzer Hose steht im Heck und begrüßt uns. Er muss uns kommen gesehen haben.

»Moin, Männer, was gibt's?«, fragt er lässig.

Dylan ergreift sofort das Wort. »Hi! Wir sind hier, um ... wie heißt die noch mal?« Er wendet sich zu mir, ich zucke die Schultern. »Um die heiße Tauchlehrerin zu holen!«

»Welche denn?«

»Ähm ... die heißere!«

»Hm. Die schläft schon.«

»Du lügst!«, ruft Dylan. »Die schläft nicht! Niemand schläft um diese Zeit! Wir sind mit ihr verabredet!«

»Jungs, gute Nacht!« Der Typ wendet sich zum Gehen.

»Warte!«, startet Dylan einen zweiten Versuch. »Magst du Baseball?«

Der Typ hält inne.

»Wusst ich's doch! Jeder mag Baseball! Typen wie du mögen Baseball! Wie findest du die Red Sox?«

Und plötzlich hat Dylan den Kerl in ein Gespräch über Innings und Pitcher und was nicht alles verwickelt, und mir bleibt der Mund offen stehen. Während die zwei reden, habe ich Zeit, mich umzusehen. Riesige Scheinwerfer am Rumpf des Schiffes beleuchten das Meer in einem lila Ton. An einer Leine sind drei monströse Jetskis ans Schiff gebunden, die gemächlich im Meer dümpeln.

»Du bist mir sympathisch, dürfen wir an Bord kommen?«, sagt Dylan gerade, da betritt ein weiterer Typ das Heck.

»Was macht ihr denn hier?«, fragt er.

Sofort unterbricht Dylan sein Gespräch. »Hey, weißt du, wo die heiße Tauchlehrerin ist? Kannst du sie mal holen?«

»Die schläft schon«, sagt der neue Typ.

»Welche?«

»Beide.«

»Ihr verarscht mich doch! Die schlafen nicht, was habt ihr denn immer alle? Wir sind mit der heißeren verabredet! – Wie heißt die eigentlich?«

»Meinst du Mary?«

»Jaaaah! Maryyyyyy!« Dylans Ruf schallt die Bordwand entlang. »Mary, wir sind da! Ding Dong! – Kann ich an Bord kommen?«

»Nein.« Der erste Typ versperrt ihm den Weg.

Ein dritter Typ kommt heraus. »Mary schläft schon«, sagt er.

»Quatsch!«, ruft Dylan.

Da kommt Mary heraus.

»Mary! Da bist du ja! Schläfst du schon? Die Kerle hier haben gesagt, du schläfst!«

»Hä? Ich schlaf doch gar nicht!«, antwortet sie.

»Da habt ihr's! Sie schläft gar nicht! Was seid ihr denn für eine Crew? Ich sollte das Schiff übernehmen! – Mary, kommst du? Der Motor läuft.« Dylan bietet ihr einen Arm an und fragt mich flüsternd: »Läuft der Motor?«

Ich schüttle den Kopf.

Unterdessen kommt ein zweites Mädchen heraus.

»Das wird ja immer schöner!«, ruft Dylan. »Du darfst auch mit! Ihr Typen nicht, ihr habt gelogen! Und außerdem ...« Er zuckt die Schultern und deutet in großen Gesten um sich. »Leider kein Platz mehr ... Mary?«

Diese schaut sich nach ihrer Freundin um.

»Kommt schoooon ...«

Die beiden wechseln unschlüssige Blicke.

»Also, wisst ihr was?«, sagt Mary schließlich. »Wir kommen mit!«

Doch in diesem Moment tritt ein vierter Typ auf das Heck hinaus. Sein Hemd hat vier goldene Streifen auf den Schulterklappen, und verschiedene Sterne, die bedeuten, dass er ein hohes Tier auf dem Schiff sein muss.

»Was ist hier los?«, fragt er. »Wer will wohin?«

»Ach nichts«, antwortet Marys Freundin kleinlaut. »War nur so eine Idee ...«

»Wir wollten die Mädels ...«, setzt Dylan an, doch Mary unterbricht ihn.

»Nichts ist los. Das sind so Typen, die ich vorhin am Strand getroffen habe. Besoffene ...«

»Wir sind nicht be… Okay, wir sind besoffen«, räumt Dylan ein.

»Sorry, Jungs, wird nichts. Ich hab morgen Tauchgang um neun. Sehen wir uns danach?«

»Tauchen ist hier verboten!«, rufe ich. »Nur schnorcheln ist erlaubt! Du darfst gar nicht …«

Dylan wirft mir einen vernichtenden Blick zu. Dann dreht er sich wieder zu den sechs an Bord. »Ist das euer Ernst? Heißt das, ihr verweigert uns die Mädchen, die uns zustehen?«

»Wie bitte?«, fragt der hoch dekorierte Typ.

»Wir sind Piraten! Wir wollen eure Mädchen rauben!«

»Genau!«, bekräftige ich. »Sogar meine Vorfahren waren Piraten! Echt jetzt! Irgendetwas müsst ihr uns geben! Wenn ihr die Mädchen behalten wollt, dann gebt uns etwas anderes, das wir rauben können!«

»Ja!«, ruft Dylan. »Oder wir nehmen die Mädchen! Wäre auch okay!«

Doch der größte Teil der Crew verabschiedet sich bereits.

»Hey! Wartet! Mögt ihr Baseball? Typen wie … Aaaach, Mist!«

»Jungs, wartet mal eben ab«, sagt der Typ mit den Streifen auf den Schultern. »Ich guck mal, was ich finden kann.« Mit einem Schmunzeln geht er hinein.

»Sorry, Jungs«, wiederholt Mary und löst ihre Hände von der Reling. Dann folgt sie dem Streifen-Typen.

Als dieser wieder herauskommt, hat er beide Arme voller Kleidungsstücke. »Hier«, sagt er und drückt jedem von uns ein Käppi, ein Hemd und ein Poloshirt in die Hand. Originalverpackt und strahlend weiß. »Macht's gut, Jungs. Und treibt's nicht zu wild.«

Ein echter Pirat, denke ich, während ich meinen Schatz in den Händen halte. Jetzt bin ich endlich ein echter Pirat! Die Leute im Hamburger Rathaus werden Augen machen.

⚓

FLIEGENDE FISCHE

Entfernung mal Horizont mal Heimweh

12. September 2013,
auf dem Weg nach Cartagena, Kolumbien

Der Anker ist gehoben, wir befinden uns wieder auf Überfahrt. Beim Starten der Maschine hat es einige Probleme gegeben. Beim ersten Anlassen ist sie mir verreckt. Die Maschine startet mit Druckluft, man muss sehr schnell sein, wenn man das Ventil zum Anlassen öffnet, um nicht zu viel Luft zu verschwenden. Doch als ich an diesem Morgen den Motor startete, hörte mit dem Schließen des Ventils auch die Kolbenbewegung auf. Ich inspizierte die Maschine und stellte fest, dass ein paar Schienen unrund liefen und geölt werden mussten. Das kam öfter mal vor. Dennoch war ich beim zweiten Anlassen nervös. Ein weiterer Fehlstart hätte eine Verzögerung bedeutet, da wir erst neue Druckluft hätten herstellen müssen, was in der Regel mindestens eine halbe Stunde dauert. Aber zum Glück lief alles problemlos.

Anschließend kontrollierte ich den Anker. Tío hatte ihn gehoben und offenbar etwas verdreht, denn er lag nicht recht an der Bordwand. Als ich ihn darauf ansprach, sah er es als Schikane. Schließlich sei der Anker oben und sicher, wenn ich etwas ändern wolle, solle ich es doch selbst machen. Ich beließ es dabei. Ich wollte ihn nicht unnötig verärgern.

Anschließend nahm ich mir eine Auszeit. Ich wusste, dass mir das Ärger bringen konnte, aber es war das letzte Mal auf meiner Reise, dass ich in den Sonnenaufgang fahren würde. Jetzt sitze ich auf der Rah, den Rücken an den Mast gelehnt, und genieße die Aussicht. Wie viel Angst ich hatte, als ich hier das erste Mal hinaufstieg! Ich löse meine Hände aus der Takelage und lege sie mir in den Schoß.

Der Seegang ist schwach, was gut ist, denn jedes Schwanken ist hier oben um ein Vielfaches verstärkt. Die Sonne schläft noch. Langsam, ganz langsam hebt sie ihr Haupt und erscheint blass am Horizont. Diese Vorstellung, dass die Erde sich dreht. Dass nicht die Sonne sich bewegt, sondern wir unablässig auf sie zurollen. Eine Woge von Licht fließt uns entgegen. Wenn wir uns beeilen, fahren wir mitten in die Sonne hinein.

Zu meinen Füßen sammeln sich die Ameisen und bevölkern das Deck. In zerschlafenen T-Shirts, mit Kameras um den Hals.

Bald wird es Zeit hinabzusteigen. Als die Sonne eine Faustbreit über dem Horizont steht, schwinge ich mich in die Wanten. Die Messe ruft. Das Frühstück will gemacht werden.

Als wenig später die Meute der Gäste auf dem Achterdeck sitzt und Rührei, Obstsalat und Bohnenmus in sich hineinschaufelt, laufe ich das Hauptdeck ab und verteile Waschmittel über den Boden, damit wir es anschließend schrubben können. Da finde ich einen fliegenden Fisch, der offenbar an Deck verendet ist. Irgendwo auf seinem Weg durch die Luft muss er vom Kurs abgekommen sein. Er liegt nahe der Bordwand in einer Ablaufrinne.

Im Ordner »Erinnerungen« auf dem Laptop meines Großvaters gibt es ein Bild, das einen toten fliegenden Fisch zeigt. Er war auf einem Stück Holz drapiert und auf irgendeine Art gegen die Verwesung präpariert. Ich lasse meine Arbeit liegen und hole meine Kamera. Das Foto, das ich schieße, sieht dem anderen zum Verwechseln ähnlich. Und doch liegen sechzig Jahre dazwischen. Sechzig Jahre, in denen mein Opa die Welt entdeckte und die Heimat fand, Kinder zeugte, Excel-Tabellen zur Berechnung des Sonnenaufgangs entwarf und Spuren legte, denen ich nun folge.

Erst jetzt erkenne ich den wahren Wert dieser Excel-Tabellen. Opa konnte nicht nur für jeden Ort der Erde den Sonnenauf- und Sonnenuntergang minutengenau voraussagen – er konnte auch anhand der Uhrzeit der aufgehenden Sonne seine Position bestimmen! Sein ganzes Leben hatte ihn die See nicht losgelassen. Die Abkürzung GKSS, das Institut, für das er zuletzt gearbeitet hatte, stand für die »Gesellschaft für Kernenergieverwertung in Schiffbau und Schifffahrt«. Ich weiß nicht, ob Opa den Kern der Schifffahrt jemals gefunden hat, aber Entfernung mal Horizont mal Heimweh, das ist die Formel.

Ich stehe auf einem über hundertzehn Jahre alten Segelschiff, das sich unter meinen Füßen durch den Wind bewegt, und das alles nur, weil mein Opa nie Koch hatte werden wollen. Ich nehme den fliegenden Fisch und werfe ihn zurück ins Wasser.

⚓

DER UNTERGANG DES GASTHAUSES

»Wenn ich da noch mal hinmuss, dann hau ich wieder ab!«

Läuft man heute durch die Straßen von Marne, prägen gepflegte Beete das Stadtbild. Die Straßen reichen bis vor die Haustüren, ein Nebeneffekt des erhöhten Verkehrsaufkommens, der den einstigen Feldwegen die Luft zum Atmen nahm. An der Deichstraße 20, wo einst das Gasthaus Boie stand, befindet sich heute eine Kreuzung. Das Haus musste der B5 Platz machen, einer Verbindungsstraße, die Dänemark mit Berlin und Polen verknüpft. Hätte man die Straße nicht auf der linken, sondern auf der rechten Seite erweitert und die Kreuzung ein Stück vorverlegt, würde mein Urgroßvater wohl heute noch hinterm Tresen im Gasthaus stehen. Doch mit der Bundesstraße verschwanden auch der Schlachter und der alte Gemüseladen. Nun stehen dort ein Edeka und Babo's Barbecue; nur echt mit falschem Apostroph. Ein vergilbtes Plakat in der Innenstadt zeigt eine Katze, die ein leeres Mäuseloch bewacht. Darauf steht: »Hier in der Spielstätte Internet inside!«

Im rechten Teil des Gasthauses Boie war einstmals ein Café angesiedelt. Am Thekenende gab es Eis, Erdbeer, Vanille und Schoko. Den linken Teil betrat man von der Seite. Dort war die Kneipe: tief hängende Kandelaber und dunkles Holz. Die Theke und eine schmale Durchreiche verbanden beide Gebäudeteile. Hier stand Uropa Hermann in weißer Jacke am Tresen, zapfte Bier und lachte. Den Rand des Tresens zierte eine schwarze Linie, die von all den halb aufgerauchten und hastig abgelegten Zigarettenstummeln stammte, die dort verglühten, während er den nächsten Kunden bediente.

Bis nachts um zwei stand er hinterm Tresen, um vier stand er wieder auf, um die Viehwaage zu bedienen. Sie lag hinter der Kneipe, und jeden Morgen kamen die Bauern und Händler der Gegend, um miteinander Handel zu treiben und sich ein paar Kilo mehr oder weniger auf der geeichten Waage zu erschummeln. Anschließend ging es an den Stammtisch in der Wirtsstube, um Wirtschaftspolitik zu betreiben. Um sechs Uhr konnte sich Hermann wieder hinlegen, um dann um zehn die Wirtschaft zu öffnen.

Mein Vater beschreibt die Geräusche, die nachts aus der Kneipe emporstiegen, als sehr unheimlich. Da wurde geschrien und gelacht, regelmäßig ging etwas zu Bruch. Eine Zeit lang stand eine Jukebox in der Wirtschaft, doch als ein paar Gäste herausbekamen, dass es ein Lied gab, das Uropa Herman auf den Tod nicht leiden konnte, spielten sie es rauf und runter, und die Jukebox flog raus.

Alle vierzehn Tage wurde ein Schwein verarbeitet, einmal im Monat das Achterviertel einer Kuh. Dann stand hinter dem Haus ein Bottich voll Schwarzsauer, Blutsuppe, die ständig gerührt werden musste, damit das Blut nicht gerann. Alles war sehr unhygienisch, und die Kinder kletterten auf den Dächern herum, was verboten war, aber umso mehr Spaß machte.

Folgt man mit dem Blick den Weiten der Marsch, stellt man fest: In Dithmarschen wächst kein Baum gerade. 1954 schrieb Uroma Käthe:

Unser Leben bewegt sich im Gleichmaß. Das nur von chronischem Geldmangel beschattet wird und uns zeitweise tüchtig zu schaffen macht. Aber das ist wohl das Leben, denn der Herrgott lässt die Bäume nicht in den Himmel wachsen.

Und so, wie die Bäume der Marsch sich gegen den Wind stemmten, waren auch die Menschen der Marsch gedrungen und knorrig. Opa Hans etwa hatte seine Kriegserinnerungen verherrlicht. Man denke nur an das leidenschaftliche Sammeln von Granatsplittern, so, wie wir heute Panini-Sticker sammeln. Er war ein »weißer Jahrgang«: zu jung, um in die Wehrmacht eingezogen zu werden, und bei Gründung der Bundeswehr zu alt, um den Pflichtwehrdienst leisten zu müssen. Selbst bei Uroma Käthe schien es, als vermisste sie die alte, aufregende Zeit. Das Essen war damals in Waschkesseln gekocht worden. Nährmarken spielten keine Rolle, es wurde gegeben, solange da war. Die Flüchtlinge standen Schlange in der kleinen Gaststube.

Als Käthe mit Elisabeth, ihrem sechsten Kind, schwanger war, geriet sie im Zug von Meldorf nach Hamburg in eine Fahrgastkontrolle. Es ging nicht nur darum, ein Ticket vorweisen zu können, vor allem wurde nach Schmuggelware gesucht, die auf dem Land besorgt und in Hamburg teuer verkauft werden konnte. Als einer der Kontrolleure meine Uroma aufforderte, sich zu erheben, wurde sie laut und zeterte, wo denn die Manieren des jungen Mannes blieben, ob er denn nicht sehen könne, dass sie in Umständen sei? Da könne man doch nicht von ihr verlangen, dass sie sich erhebe! Die Köpfe wandten sich ihr zu, und der Kontrolleur trollte sich mit hochroter Miene. Was ein Glück war, denn unter ihrem Hintern befand sich nicht nur die Sitzbank, sondern auch ein halbes Schwein, das sie dem Beamten wohl nur ungern präsentiert hätte.

Opa passte nur wenig in diese ländliche Atmosphäre. Er war immer eher ein Kopf- denn ein Muskelmensch gewesen. Erst spät stellte sich heraus, dass er sehr schlechte Augen hatte. Mit seiner ersten Brille fing für ihn ein neues Leben an. Er stromerte durch die Gassen und sah den Handwerkern dabei zu, wie sie nach Kriegsende die Stadt langsam wieder aufbauten. Was er konnte, schaute er sich ab. Wenn ihm langweilig war, fand er sich einen Zeitvertreib. Einer seiner Sätze war immer: »Früher haben wir uns das Spielen selbst beigebracht.«

Als klar war, dass Opa das Gasthaus Boie nicht übernehmen würde, war das für Uropa Hermann noch kein Weltuntergang. Schließlich gab es noch fünf weitere Kinder, die infrage kamen. Doch auch Annelene, Dörthe, Karen, Reimer und Elisabeth weigerten sich. Reimer ging sogar so weit, dass er mit siebzehn in die DDR floh. Doch da er noch keine Volljährigkeit erreicht hatte, schickte man ihn zurück. Wieder zu Hause proklamierte er: »Wenn ich da [zur Kochschule] noch mal hinmuss, dann hau ich wieder ab!« Und so floh er mit achtzehn abermals und blieb diesmal in der DDR.

Allerdings merkte er bald, dass ihm das Leben in dem neuen Staat doch nicht so sehr zusagte, und er versuchte Republikflucht. Er wurde geschnappt, schuldig gesprochen und zu neun Monaten Gefängnis verurteilt, bekam aber glücklicherweise eine Amnestie gewährt.

Gleichzeitig arbeitete Uropa Hermann fieberhaft daran, einen BRD-Ausweis für seinen Sohn zu besorgen, um ihm die Ausreise zu ermöglichen. Zwar gelang das Vorhaben, alle wichtigen Dokumente wurden abgeschickt, allerdings ohne die nötigen Einreisepapiere für die BRD. Wieder wurde Reimer erwischt und diesmal zu zwölf Monaten Gefängnis und zwei Jahren Bewährung verurteilt. Doch für zehntausend Mark kaufte die BRD ihn frei, und im Jahr 1966 konnte Reimer von Westberlin aus nach Hamburg zurückfliegen. Sechs Jahre hatte er in der DDR verbracht. Nun war er zurück in Marne, ohne fertige Ausbildung, und arbeitete schließlich aus Dankbarkeit zu seinem Vater als Koch im Gasthaus Boie.

Die Schließung des Gasthofs deutete sich schon länger an. Bereits zehn Jahre vor Abriss des Hauses hatte es einen behördlich verordneten Bau- und Renovierungsstopp für die Deichstraße 20 gegeben, da die B5 geplant wurde. Von den hundertzwanzigtausend Mark Abfindung kaufte sich Uropa Hermann ein großes Wohnhaus im direkt an der Elbe gelegenen Sankt Margarethen und baute es in einem letzten Kraftakt zu einer Gaststube um. Doch dann wurde die Schuldenlast zu hoch und erdrückte die Wirtschaft.

Was bleibt, sind ein paar krumm gewachsene Bäume zwischen den Fleeten und die Brunsbüttler Brücke, die nahe Sankt Margarethen wie eine Abschussrampe in den Himmel ragt. Nicht weit entfernt von der Stelle, wo früher die Fähre Boie geschippert sein muss.

EL ANCLA

»In so eine Lage dürfen wir gar nicht erst kommen!«

13. SEPTEMBER 2013, HAFEN VON CARTAGENA, KOLUMBIEN

»¡Nííííś! ¡Nís! ¡El ancla no está bajando!«

Und jetzt auch Lale: »Niiiiils! Der Anker!«

Ich renne aus der Messe in den Bug und stoße Tío von der Winde. Bremse aufdrehen, rütteln, weiter aufdrehen, rütteln, doch nichts geschieht. Auch Fußtritte gegen die Kette wollen nicht helfen.

»¡Tío, el palo!«, rufe ich.

Er eilt in die Maschine und kommt mit einer langen rostigen Eisenstange wieder. Ich ziehe die Bremse fest, schiebe die Stange in das Kettengatt und stemme mich dagegen. Wieder die Bremse aufdrehen. Nichts.

Nun kommt auch Lale dazu. »Hilft nichts. Dingi klarmachen!«

Er übernimmt die Winde, während ich mit Tío ins Heck eile, um das Beiboot zu Wasser zu lassen. Die Schiffsschraube rotiert auf Stillstand. Binnen weniger Handgriffe haben wir die Spanngurte um das Dingi gelöst und es über den Davit abgefiert. »¡Gasolina!«, rufe ich Tío zu, während ich mich an einer der Taljen hinunter ins Boot hangle. Er holt den Kanister vom Hauptdeck und reicht ihn mir über den Balkon. Als ich das Dingi um das Heck herumsetze, wartet Lale schon in der Tür der Bordwand.

»Hier, nimm das und mach Platz!« Er drückt mir einen Vorschlaghammer in die Hand. In einem kurzen Schub setzt er das Boot direkt unter den Anker. »Und jetzt einen ordentlichen Schlag auf die Fluke!«

Ich richte mich auf, hebe den Hammer und schmettere ihn mit aller Macht auf eine der Ankerschaufeln. Ein dumpfes Poltern, in einem Ruck löst sich der Anker und kommt mir entgegen.

Doch im nächsten Moment wird er von der Bremse gehalten.

»¡Tío! ¡El freno! ¡Treinta!«, ruft Lale.

Während er das Boot ein Stück zurücksetzt, kracht der Anker vor meinen Augen in die Tiefe.

Obwohl wir uns in der Situation bestmöglich verhalten haben, ist Lale sein Zorn anzumerken.

»In so eine Lage dürfen wir gar nicht erst kommen!«, schimpft er.

Insgeheim bin ich sogar stolz auf uns, wie schnell wir das Dingi im Wasser hatten, kein Seenotrettungsteam hätte schneller sein können, doch angesichts Lales Grolls lege auch ich die Stirn in Falten.

»Ich hab dir doch gesagt, der Anker liegt nicht richtig!«, zische ich Tío zu. »Das kommt davon!«

»Und warum hast du ihn dann nicht richtig gelegt?«

Nüchtern betrachtet, ist dies unsere professionellste Tour gewesen. Die Motorräder wurden einwandfrei verladen, wir waren pünktlich mit dem Essen, auf See machten wir keine Fehler. Und doch liegt Lales Anspruch immer höher, als wir zu erreichen imstande sind. Ich merke, wie mein verzweifelter Versuch, ihm zu genügen, auch mich manchmal zum Arschloch werden lässt. Züge, die ich bei ihm immer kritisiert habe, eigne ich mir nun selbst an, um mich weniger verwundbar zu fühlen. Ich möchte nicht, dass das passiert, aber es passiert.

ESKALATION

»So schadest du uns nur!«

14. September 2013, Cartagena, Kolumbien

Allmählich geht es darum, meinen Abschied vorzubereiten. Immer öfter nehme ich Rebecca mit hinunter in die Maschine, erkläre ihr den Aufbau des Schiffes, die Segel, die Taue. Rebecca ist begierig zu lernen. Sie hat ein kleines Notizbuch dabei, in das sie sich Skizzen zeichnet und Fachwörter schreibt. Tío indessen entfernt sich immer weiter. An diesem Morgen frage ich ihn, ob er die Bilge leeren könne.

»Und warum machst du's nicht selbst?«, antwortet er.

»Weil ich in drei Wochen abhaue und ihr dann alles hier selber machen müsst!«

»Ja. In drei Wochen.«

»Tío«, sage ich, »ich kann die Bilge auch machen, das ist kein großes Ding. Aber ihr müsst die Sachen lernen, solange noch jemand da ist, der sie euch zeigen kann! Wenn man's kann, ist es leicht, wenn nicht, dann nicht. Eigentlich müsstest du das alles schon lange beherrschen! Du kannst Rebecca gleich mitnehmen.«

Zur Antwort nur ein giftiger Blick.

Wenig später, nach dem gemeinsamen Frühstück, höre ich Tío die Tür zum Maschinenraum öffnen. Kurz darauf sein Ruf: »¡Nííís! ¡La bomba no funciona!«

Ich verdrehe die Augen und eile nach unten. Im Moment habe ich nicht das Gefühl, dass Rebecca und Tío alleine mit Lale das Schiff führen können. Immerhin, Xabi wird ähnlich gedacht haben.

Als ich den Maschinenraum betrete, stehen Tío und Rebecca mit ratlosen Gesichtern über der Bilge. Die Pumpe läuft, sie rattert und pfeift, doch der Pegel unter den beiden verändert sich nicht.

Das spotzende Geräusch der Schläuche – irgendwo dringt Luft in das System.

»Hast du die Fetttöpfchen an der Pumpe gefüllt?«, frage ich Tío.

Er nickt.

»Ausreichend?«

Wieder ein Nicken.

»Dann mach's noch mal.«

Tatsächlich ist das Nachfüllen der Fetttöpfchen der einzige Trick, den ich kenne, um die Pumpe zum Funktionieren zu bringen. Vier kleine Metallschalen sind es, die, ausreichend mit Fett gefüllt, das System nach außen abdichten und so die volle Saugkraft garantieren.

Tío schaut mich fragend an. Offensichtlich erwartet er, dass ich mich nun um die Pumpe kümmere. Doch ich sehe nicht ein, es ihm so einfach zu machen.

»Na los!«, sage ich. »Ich bleib hier und schau zu.«

Unwillig schreitet er hinüber zur Pumpe.

Während er die Näpfchen einzeln abschraubt und füllt, äuge ich ihm über die Schulter. »Mehr«, weise ich ihn an. »Mehr. Gut.«

Die Situation ist völlig verquer: Tío, der vom Alter her mein Vater sein könnte, verhält sich wie ein bockendes Kind, schnauft und seufzt, und ich, die Mutti, muss ihm auf die Finger schauen. Dazwischen Rebecca. Zweimal füllt Tío die Fetttöpfchen auf, doch die Bilge-Pumpe will nicht richtig anlaufen. Jedes Mal, wenn sie erneut versagt, wirft er seine Haare in den Nacken und schaut mich herablassend an, als wäre es meine Schuld, dass es nicht klappt. Als wäre es ein Gewinn für ihn, wenn er recht behielte.

Nachdem die Pumpe auch beim dritten Versuch nur stotternd anläuft, stoße ich Tío beiseite und zische: »Jung, ich zeig dir mal, wie das geht!«

Ich gebe ein paar ordentliche Hiebe Schmiermittel in die Schalen, in meiner Wut quillt das Fett über die Ränder und tropft auf meine Finger. Als ich das dritte Näpfchen anbringen will, rutscht es mir ab, prallt auf die Spanten und verschwindet unversehens in der Bilge.

Ein Prusten ist zu hören.

»Entschuldigung«, sagt Tío, als ich mich umdrehe.

»Gesundheit ...«

Noch einmal zum Verständnis: Die Bilge ist der versiffteste, der stinkendste, der unangenehmste Ort des Schiffes. Aller Unrat sammelt sich dort unten. Ein Klärbecken der Abscheulichkeiten, nur ohne klärende Funktion. Als ich mich hinknie, um meine Finger in die schwarze Brühe zu versenken, kommt mir die Szene aus *Trainspotting* in den Sinn: der Moment, in dem Ewan McGregor seine Drogen aus dem dreckigsten Klo Schottlands klauben muss.

Ich lege mich auf den Boden, mein Gesicht flach auf dem Metall, halte die Luft an und tauche meinen Arm bis zur Achsel in die Flüssigkeit. Dreck, Schmodder, Rost und Öl. Ich muss mich regelrecht strecken, um bis auf den Grund der Bilge zu kommen. Ich finde allerhand Schellen, Schrauben, Muttern, eine Zange, einen alten Lappen, aber nicht das verdammte Fetttöpfchen, nach dem ich suche. Der Kopf einer alten Sprühflasche wird in meinen Händen sichtbar, ein Feuerzeug, dann, endlich, umschließen meine Finger etwas, das sich anfühlt wie das gesuchte Näpfchen. Ich frage mich, aus wie vielen Jahren Dunkelheit der Abfall stammt, den ich hier zutage fördere.

Als ich mich ausatmend auf den Rücken rolle, reicht mir die Schmiere von den Fingernägeln bis zur Brust. Auch mein Bart hat etwas abbekommen, mein Gesicht, selbst mein Rücken. Eine Mischung aus Teer, Schlick und Verwesung, deren Geruch sich tief in der Nase festsetzt. Tío grinst mich schamlos an. Auch Rebecca kann sich ein Zucken der Mundwinkel nicht verkneifen.

Ich dusche mich mit Spüli, Shampoo, Scheuermittel und abermals Spüli, um irgendwie den Gestank von meinem Körper zu lösen, doch noch zwei Tage später miefe ich aus allen Poren. Selbst in meinen Laken hat sich der Geruch festgesetzt und erinnert mich jedes Mal vor dem Einschlafen an meine Erniedrigung.

⚓

16. September 2013, Cartagena, Kolumbien

Zwei Tage nach dem Vorfall in der Bilge fahre ich Tío und Rebecca zur Mole, denn sie möchten die Plaza Trinidad besuchen. Ich bleibe zurück und versinke wie einst Xabi vor dem Internet. Drei Wochen noch, dann sehe ich das schöne Mädchen wieder. Es wird Herbst sein, denke ich, und ich werde eine Jacke brauchen. Bei der Vorstellung einer anständigen Gänsehaut wird mir warm ums Herz.

Zu spät fällt mir auf, dass das Telefon, das Tío und Rebecca mit an Land genommen haben, kein Geld auf der Karte hat. Kurz spiele ich mit dem Gedanken, ihnen zur Plaza zu folgen, doch dann verwerfe ich ihn, denn mittlerweile gibt es eh keine Möglichkeit mehr, die Karte noch aufzuladen. Alle Supermärkte haben geschlossen. Ich rufe Lale an, erzähle ihm von dem Problem, doch auch er weiß keinen Rat. Schließlich bleibt mir nichts anderes übrig, als alle halbe Stunde auf das Hauptdeck zu gehen und durch das Fernglas einen Blick an die Mole zu werfen. Als es zu spät wird, gehe ich schlechten Gewissens zu Bett.

Ich erwache davon, wie jemand auf dem Hauptdeck die Winde bedient. Tío steht in der Dunkelheit und gibt langsam, aber sicher Seil. Sein Bart hängt ihm nass vom Kinn; er muss geschwommen sein.

»¡Oye!«, rufe ich. »¡Sorry, Tío, he!«

Er blitzt mich mit hasserfüllten Augen an. Es ist offensichtlich, dass er denkt, ich hätte ihm absichtlich das falsche Telefon gegeben. Stumm bringt er das Dingi zu Wasser und kommt kurz darauf mit Rebecca zurück.

⚓

17. September 2013, Cartagena, Kolumbien

Nachdem wir die *Stahlratte* komplett von innen entrostet haben, ist nun die Außenhaut dran. Wir arbeiten in Gruppen; allein ist die Arbeit nicht möglich. Tío und Rebecca fahren mit dem Dingi den Rumpf entlang und kümmern sich um die unteren Teile des Schiffes, ich und Danilo arbeiten von oben. Lale koordiniert die Aufgaben und tätigt Einkäufe. Wir binden den Bootsmannstuhl über die Bordwand, der eine nimmt Platz und treibt die Flex in den Stahl, der andere bedient den Stuhl und kümmert sich darum, dass der andere bestmöglich arbeiten kann. Stromkabel müssen verlegt, Schrubb- und Polierscheiben angereicht werden, Wasser, Handtücher, mitunter neue Schutzbrillen, wenn die alten durch Schweiß und Metallspäne undurchsichtig geworden sind.

Irgendwann fühlt es sich an, als würde uns die Sonne auf direktem Wege Löcher in die Haut brennen. Die Erschöpfung legt sich bleiern über unsere Glieder. Wir lassen uns todmüde in die Messe fallen und versinken in einem komatösen Mittagsschlaf.

Gegen drei Uhr nachmittags hat die Temperatur kaum abgenommen. Die Luft steht. Und nun machen wir zwei Fehler: Tío, indem er in seiner Trägheit lieber Knoten im Salon bindet, als sich noch einmal hinauszuwagen – und damit auch Rebecca lahmlegt, die von ihm abhängig ist –, und ich, der ich in meinem blinden Arbeitseifer immer neue Wunden in das Schiff schleife und es wie ein verletztes Tier zum Dahinsiechen verurteile.

Erst als Lale spät am Nachmittag wieder an Deck erscheint, reißt er uns aus unseren Träumen.

»Sach mal, seid ihr bescheuert?!«, schreit er, als er all die offenen Stellen im Lack sieht. »Das Schiff liegt völlig blank da! Es wird bald dunkel! Ihr müsst das zukleistern! Sonst ist alles umsonst!«

»Es war zu heiß zum Arbeiten!«, verteidigt sich Tío.

»Zu heiß zum Arbeiten! Stell dich nicht so an! Das Schiff bestimmt, ob es zu heiß zum Arbeiten ist, nicht das Wetter! Du bist einfach faul, Tío, das bist du!«

Ich genieße die Worte, doch dann wendet sich Lale zu mir.

»Und du bist ein Trottel! Du kannst doch nicht überall das Schiff aufreißen, wenn du die Stellen gar nicht mehr zukriegst! Du musst nachdenken, Junge! Nur Arme, kein Kopf, was ist denn los mit dir? Was lernt ihr denn da an der Universität? Popeln, oder was?«

Lale schimpft auf Deutsch, doch der Sinn der Worte bleibt für alle verständlich. Ich gebe ihm keine Widerrede. Stattdessen verziehe ich mich auf den Balkon, um Farbe anzumischen.

»Das bringt jetzt auch nichts mehr!«, blafft Lale mich an, als er kurz darauf zu mir hinaustritt. »Du verschwendest nur Farbe.«

Anstatt zu antworten, drücke ich mich an ihm vorbei und schwinge mich über die Bordwand in den Bootsmannstuhl. Danilo eilt mir zu Hilfe. Doch zehn Minuten später sehe ich schon wieder Lales Gesicht über mir.

»Hört auf mit dem Scheiß, Nils! Im Ernst, Junge, das bringt absolut nichts! Jetzt verschwendest du nicht nur Farbe, sondern machst dir nur noch mehr Arbeit, wenn du morgen die frische Farbe wieder wegflexen musst. Dass du viel machen willst, ist ja schön und gut, aber so schadest du uns nur! Du musst nachdenken, Junge!«

Jedes einzelne seiner Worte schmerzt, denn es beweist, dass ich noch immer kein anständiger Seemann bin. Doch ich möchte nicht aufgeben, nicht unnütz sein. Stumm arbeite ich mich weiter die Bordwand entlang.

⚓

18. September 2013, Cartagena, Kolumbien

Am nächsten Morgen ist all die Arbeit vom Vortag oxidiert. Selbst an den lackierten Stellen scheint ein Rostrand unter der Farbe hindurch. Lale hat recht behalten. Wieder war ich der Süßwassermatrose.

Das Versagen treibt meinen Aktionismus ins Unermessliche. Bis auf eine kurze Mittagspause, die wegen der Hitze unvermeidlich ist, gönne ich mir keine ruhige Minute mehr. Selbst wenn Danilo nicht da ist, setze ich mich allein in den Bootsmannstuhl und ziehe mich über ein kompliziertes Seilsystem an der Bordwand entlang. Wenn wir die am Vormittag aufgeschliffenen Stellen schließen müssen, lasse ich die Schaukel ganz beiseite und hangele mich frei an der Bordwand entlang. Zwei Füße und eine Hand setze ich an die Reling, die andere mit einem Pinsel bewaffnet, mit dem ich die gesäuberten Stellen bearbeite. Mitunter habe ich zwei Hände und einen Fuß an der Reling, um mit dem freien Fuß und einem Lappen schlecht zugängliche Stellen zu reinigen.

Gegen Abend, als es zu dunkel wird, um außenbords zu arbeiten, schaue ich, ob es unter Deck noch etwas zu tun gibt. Meine Ellenbogen schmerzen, mein Nacken, mein Rücken.

Tío deutet meinen Arbeitseifer gegen sich. Er scheint ihn als Beleidigung zu sehen. Als wolle ich ihn bloßstellen. Gleichzeitig nimmt Lale mich in die Verantwortung. Seine Arbeitsaufträge gehen an mich, ich bin schuld, wenn etwas nicht läuft. Das vermindert den Druck, den ich mir mache, nicht gerade. Und ich merke, dass ich ihn auf die anderen übertrage. Allmählich verstehe ich, wie Lale geworden ist, wie er ist.

⚓

22. September 2013, Cartagena, Kolumbien

Ein weiteres Ereignis führt dazu, dass sich der Konflikt zwischen Tío und mir verschärft. Es ist Sonntag, wir sind bei Lale zum Essen eingeladen. Ich bin im Maschinenraum, um ihn zu säubern, als Tío hereinkommt und mich darauf aufmerksam macht, dass wir aufbrechen wollten.

»Ich mach das hier noch eben fertig, ja?«, sage ich und erhöhe das Tempo, mit dem ich einen Lappen über den Motor führe.

Tío nickt und verschwindet.

Beim Verlassen des Maschinenraums fällt mir der Schaft eines Besenstiels auf, den ich schon lange reparieren wollte. Kurzerhand schnappe ich ihn mir und eile damit ins Heck.

»Was hast du denn vor?«, fragt Tío, als ich in der Messe an ihm vorbeirenne.

»Wartet eben! Fünf Minuten.« Klar, jetzt, wo es ums Feiern und Fressen geht, entdeckt er seinen Sinn für Pünktlichkeit, denke ich.

Zehn Minuten später steht Tío an der Tür zum Balkon. »Fährst du uns bitte zur Mole?«

»Ich bin gleich fertig«, erwidere ich, während ich eine zweite Schraube in das Holz drehe, um die Bruchstelle zu fixieren.

»Fährst du uns trotzdem?«

Ich blicke auf. Tíos Augen sind kalt.

»Ich brauch noch fünf Minuten!«

Tío schaut nur.

Schließlich knalle ich den Besenstiel auf die Werkbank und schnauze: »Sag Lale, ich komme nach!«

Während wir im Dingi sitzen, wechseln wir kein Wort. Erst als ich wieder am Schiff bin, fällt mir auf, wie bescheuert ich mich verhalten habe. Ich hätte die Arbeit genauso gut irgendwann anders erledigen können.

Ich wickle ein paar Lagen Panzertape um den offenen Bruch und stelle den Stiel in die Ecke. Als er gegen die Wand prallt, federt er ein Stück zurück. Er wird nicht lange halten. Wieder fällt mir auf, wie deutsch ich bin. Arbeiten, um zu arbeiten, um zu arbeiten, um zu arbeiten. Doch diesmal steckt in dem Gedanken keine Scham. Das bin offenbar ich. Ich nehme mir ein Balboa aus der Kühltruhe. Nachdem ich es getrunken habe, dusche ich lange und ausgiebig. Erst dann begebe ich mich an die Mole.

Als ich Lales Haus erreiche, ist das Essen bereits beendet. Nur ein Rest Salat und zwei kalte Würstchen stehen noch auf dem Tisch. Lale schaut verwundert auf, als ich den Raum betrete.

»Was machst du denn hier?«, fragt er. »Du bist ja doch noch gekommen!«

Tío steht auf und verlässt den Raum Richtung Toilette.

»Klar, das war doch der Plan! Hat Tío nicht Bescheid gesagt?« Ich runzle die Stirn.

»Nö … Er meinte, du würdest an Bord bleiben, um zu entspannen.« Lale wirkt peinlich berührt.

»Was? Quatsch!«

»Na ja, egal, setz dich. Is' nich' mehr viel da. Hau rein!«

Lale hat einen seiner guten Tage. Wieder bin ich erstaunt, wie machtvoll sich seine Stimmung auf sein Umfeld ausbreitet. Ich merke, wie abhängig ich von ihm bin. Sofort bekomme ich selbst bessere Laune.

Es dauert auffällig lange, bis Tío von der Toilette wieder da ist.

⚓

23. September 2013, Cartagena, Kolumbien

Am folgenden Tag konfrontiere ich Tío mit seiner Lüge. Er will es als Missverständnis verkaufen, doch ich habe schon lange das Gefühl, dass er die Sprachbarriere zwischen uns gegen mich ausspielt.

»Tío, ich weiß nicht, wie lange das noch so geht. Ich weiß nicht, ob es an meinem Spanisch liegt oder ob du mich nicht verstehen *willst*, aber wir reden komplett aneinander vorbei! Ich weiß nicht mehr, was ich machen soll!«

»Ich hab gedacht, du wolltest nicht mitkommen!«, wiederholt Tío. »Du warst mit Arbeiten beschäftigt! Du bist immer mit Arbeiten beschäftigt!«

»Wenn *du* mehr machen würdest, bräuchte *ich* nicht so viel zu machen!«

»Ich bin nicht hier, um mich totzuschuften! Wenn du den ganzen Tag arbeiten willst, dann halt mich da raus! Du bist wahnsinnig, Nís!«

»Jungens …«, wirft Rebecca ein.

»Tío, das meine ich! Wir sind ein Team! Wir arbeiten zusammen! Selbst wenn wir uns nicht mögen, müssen wir wenigstens für das Schiff zusammenarbeiten! Sonst fliegt uns hier bald alles um die Ohren!«

Tío lässt die Worte einfach an sich abprallen.

»Hombre, ich habe auch keine Lust, dir die ganze Zeit Befehle zu erteilen. Aber was soll ich denn machen? Alles, was ich sage, legst du gegen mich aus! Ich bin immer das Arschloch!«

Er nickt.

»Aber von alleine bewegst du dich nicht! Und ich krieg dann die ganze Scheiße vom Käpt'n ab. Du lässt uns hängen!«

»Du bist nicht mein Chef«, flüstert Tío. »Lass mich in Ruhe. Ich mach mein Ding, du deins.«

»Tío, das funktioniert nicht! Wir müssen *zusammen*arbeiten!« Ich werfe einen hilflosen Blick zu Rebecca. »Was soll ich denn tun?«

»Ich lass mir von dir jedenfalls nichts mehr befehlen«, sagt Tío.

»Du bist ein fauler Hund, Tío! Ein egoistischer, fauler Hund, hast du mich gehört? Und du bist feige! Ein feiger, egoistischer Mensch.«

Wenn ich ehrlich bin, habe ich mich auf das Gespräch vorbereitet. Im Bewusstsein, dass es irgendwann kommen würde, habe ich fleißig Vokabeln gebüffelt.

Jetzt springt Tío auf und schreit: »Nenn mich nicht feige, du Loco! Du bist ein Idiot!«

»Freunde ...«, versucht Rebecca wieder zu beschwichtigen.

Doch ich unterbreche sie. »Du hast einfach keine Würde, Tío. Alles ist okay, solange ...«

Ich kann nichts mehr sagen. Ich halte nur noch meine Faust mit zusammengebissenen Zähnen vor sein Gesicht und donnere sie mit aller Kraft auf den Tisch. Die Vibration läuft durch die gesamte Platte.

»Irgendwann, Tío, irgendwann weiß ich nicht mehr weiter. Irgendwann kann ich gar nicht mehr mit dir reden. Und dann hau ich dir auf die Fresse. Nur, damit du verstehst.«

Meine Stimme zittert. In dem Moment, da die Worte über meine Lippen sind, weiß ich, dass es dazu kommen muss.

⚓

EIN MESSER UND EIN HIEB

»Nimm deine Brille ab.«

23. SEPTEMBER 2013, CARTAGENA, KOLUMBIEN

Es ist, als schwelte die Glut zu einem großen Feuer ungesehen in einer Ecke. Man kann den Rauch bereits riechen.

Der Klüver, der geflickt werden muss. Lale, der mir das Segel aus den Händen reißt, seine bulligen Schultern. Die Wucht, mit der er den Klüver ins Bugnetz schmettert. Der Mastrutscher in meinem Gesicht.

»Was bist du denn eigentlich für ein Seemann?«

Und dann: »Verdammt, ich bin kein Seemann! Ich bin ein Student, ein kleiner, mieser Student, Lale. Aber ich gebe mein Bestes hier! Glaub mir, ich versuche alles! Wenn das nicht langt, und das tut es offenbar nicht, dann tut es mir leid. Ich bin nie zur See gefahren. Nie! Ich hab keine Fische gefangen, ich hab keine Stürme erlebt! Den Anspruch kannst du nicht haben. Weißt du, wie scheiße es sich anfühlt, wenn man dir nie genügen kann? Man hört nie, niemals ein Lob von dir! Alles ist nur Dreck! Schau dich um. Da sind ein Student, eine Touristin und ein fauler Kiffer! Keine Seemänner. Das ist dein Material. Arbeite damit!«

Lale steht da wie vom Donner gerührt. Tío und Rebecca am Heckaufbau mit offenen Mündern. Die Lunten brennen. Gleich geht das Feuerwerk los.

Doch dann ändert sich Lales Ausdruck. Sein Blick wandelt sich, zum ersten Mal scheint so etwas wie Respekt mir gegenüber darin zu erkennen zu sein. In einem für die Augen unsichtbaren Prozess scheint Lale vor mir zu schrumpfen. Nach und nach fallen all die Schalen Arschloch von ihm ab, er wird kleiner und kleiner und legt mir schließlich eine Hand auf die Schulter.

Dann sagt er: »Wahrscheinlich hast du recht. In manchem. Ich bin nicht gut in Loben, das weiß ich. Wir müssen alle an uns arbeiten. Ich erwarte nur, dass die Arbeiten gemacht werden, die gemacht werden müssen. Und die bestimme nicht ich, sondern das Schiff. Und klar, wir haben echt viel geschafft. Mal im Ernst, schau dich um: Kann sein, dass das Schiff nie so gut aussah. Vielleicht will ich auch manchmal zu viel. Aber da muss dann auch mal einer auf den Tisch hauen! Nich' immer nur nicken, Nils. Du machst auch zu viel! Und dann übernimmst du dich und machst Fehler.«

»Ich mach das doch alles nur, weil ich ein guter Seemann sein will, Lale! Ich will dir doch einfach nur genügen!«

Er nickt. Man sieht ihm seine Betroffenheit an. Eine Weile vergeht, dann nimmt er mich plötzlich in den Arm.

»Komm her, du alter Hund! Nimm's mir nicht übel, ja?«

Ich stehe perplex da, dann schließe ich meinerseits die Arme um ihn.

Das Hoch, das ich aus dieser Auseinandersetzung ziehe, währt leider nur kurz. Während ich auf der einen Seite das Gefühl habe, endlich von Lale als Crewmitglied ernst genommen zu werden, betrachtet Tío unsere Umarmung als Verbrüderung, als offen feindseligen Akt gegen sich. Er sieht seine Felle davonschwimmen und reagiert, indem er alles, was ich vorschlage, boykottiert.

Es mag wieder zwei Tage später sein, als wir gemeinsam am Mittagstisch sitzen. Wir sind zu dritt. Danilo ist heute nicht da, er hat Schule. Lale ist für Besorgungen in der Stadt. Ich frage, wann wir wieder mit der Arbeit beginnen wollen, denn ein Missgeschick wie in den ersten Tagen soll uns nicht mehr passieren.

»Ist mir egal, wann du anfängst«, brummt Tío. »Ich mach jetzt erst mal Mittagsschlaf.«

»Ich weiß, ich auch. Deswegen frage ich – damit ich weiß, auf wann ich meinen Wecker stellen soll.«

»Stell dir deinen Wecker auf wann du willst. Ich steh auf, wenn mir danach ist.«

Ich schnaufe resigniert. »Um Viertel nach zwei, Rebecca?«

Sie nickt.

»Ist Viertel nach zwei auch für dich okay, Tío?«

Er blickt stumm an mir vorbei.

»Schön, Tío, es ist so weit«, sage ich. »Ich hau dich jetzt. Ich kann dich scheinbar nicht mehr anders erreichen. Nimm deine Brille ab.«

Ein schmales Lächeln kräuselt seine Lippen. Er schüttelt den Kopf. »Das traust du dich nicht, Marica.«

»Nimm sie ab.« Ich donnere die Faust auf den Tisch. Wenn ich nicht all meine Glaubwürdigkeit gegenüber Tío verspielen will, muss ich ihn jetzt schlagen. Es ist ein roher Machtkampf, nichts weiter. »Nimm sie ab.«

In dem Moment, da ich mich erhebe, greift Tío zu einem Küchenmesser, das neben ihm liegt. Zitternd hält er es mir entgegen. Er scheint es extra für die Situation bereitgelegt zu haben.

»¡No me tocas, Nís!« Sein Augen blitzen.

Da springt Rebecca auf. »Schluss damit! – Tío, leg das Messer weg! Nils, setz dich hin! Wenn hier irgendjemand jemandem wehtut, dann bin ich weg! Ich mein's ernst! Wir machen jetzt alle Mittagsschlaf. Alle!« Sie bleibt so lange mit ausgebreiteten Armen zwischen uns stehen, bis wir uns wieder gesetzt haben. Dann nimmt sie die Arme herab. »Gute Nacht!«

Während ich in meiner Kammer liege, spielt sich die Szene noch einmal in meinem Kopf ab. Die Situation war nicht aufzuhalten. Seit dem Moment, da ich die Drohung gegenüber Tío ausgesprochen hatte, war klar, dass ich sie erfüllen würde. Da hatte der eigentlich Fehler gelegen. Hier hatte ich meine Beherrschung verloren.

Ich habe das Messer von Tío vor meinen Augen. Sein verzerrtes Gesicht. Ich fühle mich nicht sicher.

Als der Wecker um Viertel nach zwei klingelt, habe ich kein Auge zugemacht. Ich finde Rebecca am Tisch in der Messe sitzen, sie raucht und trinkt Kaffee. Wirft mir einen unwirschen Blick zu. Tío liegt hinten im Salon.

Ich stelle mich in den Durchgang zur Küche und versuche betont freundlich zu rufen: »Tío? Kommst du?«

Keine Antwort.

Ich trete weiter in den Gang zum Salon hinein. »Tío?«

»Kümmer dich nicht um mich.«

»Tío, das ist doch das Problem. Wir müssen uns umeinander kümmern! Es geht hier nicht um dich. Es geht um das Schiff.«

»Du bist nicht mein Chef.«

Am liebsten möchte ich meinen Kopf gegen den Türrahmen hauen. »Du willst mich einfach nicht verstehen, oder?«

»Ich verstehe dich nicht, Nís. Ich bin dumm. Kümmer dich nicht um mich.«

»ICH KÜMMER MICH ABER UM DICH!« Mein Frust bricht sich erneut Bahn. Die Hilflosigkeit, die Verzweiflung gegenüber Tío wandelt sich zu Zorn. Ich mache ein paar Schritte auf ihn zu. »Tío, ich bin *so* kurz davor ...« Ich presse meinen Zeigefinger und Daumen vor seinem Gesicht aufeinander.

Doch Tío schüttelt nur den Kopf, steht auf und drängt sich an mir vorbei in die Messe.

»Tío!«

»Marica.«

»Okay, nimm die Brille ab.«

»Du traust dich nicht.«

»Nimm! Sie! AB!«

Wieder Rebecca zwischen uns. Tíos schmallippiges Lächeln.

Und bevor jemand etwas dagegen tun kann, springe ich an Rebecca vorbei und schlage ihm ins Gesicht. Sein Kopf schnellt zur Seite. Die Brille verrutscht.

Rebecca schaut mich fassungslos an. »Fahr mich zur Mole. Sofort.«

Als ich zurückkomme, sitzt Tío in unveränderter Position da.

»Tío?«, frage ich und lehne mich ihm gegenüber an die Wand. Die Anspannung ist aus meinem Körper gewichen, mit einem Mal werde ich sehr müde.

Tío antwortet nicht. Auch die Brille hat er noch nicht gerichtet.

Natürlich tut mir leid, was ich getan habe. Es tat mir bereits in dem Moment leid, da meine Hand sein Gesicht verließ. Doch Tío macht es mir nicht leicht, mich bei ihm zu entschuldigen. Er hat ein Messer gezückt, denke ich, der dreckige Feigling hat ein Messer gezückt! Es kann nicht nur meine Schuld gewesen sein. Außerdem war es kein wirklich harter Schlag, der ihn getroffen hat, versuche ich, mich zu beruhigen. Es war mit der flachen Hand, und ich habe ihn im Grunde nur gestreift – es kann kaum wehgetan haben.

Schließlich gehe ich resigniert in den Bug. Ich schwinge mich über die Bordwand, setze mich in die Schaukel und überpinsele die letzten zu bearbeitenden Stellen am Rumpf. Schlicht, um etwas zu tun zu haben.

Irgendwann klingelt das Telefon, und Lale meldet sich, er stehe an der Mole, um abgeholt zu werden. Auf der Überfahrt erkläre ich ihm, was passiert ist.

Eigentlich war für heute Abend ein gemeinsames Essen in der Stadt vorgesehen, um Probleme innerhalb der Crew zu besprechen. Das wird nun wohl flachfallen. Doch zu meiner Verwunderung ist Lale weder überrascht noch wütend noch vorwurfsvoll. Es wirkt fast, als wäre er mir dankbar. Als hätte ich einen Konflikt ausgetragen, den er hätte führen müssen.

»Jetzt sitzt er die ganze Zeit in der Messe und spricht nicht mehr mit mir«, sage ich. »Rebecca ist irgendwo in der Stadt.«

»Na, dann wollen wir mal sehen.«

Das Dingi stößt gegen die Bordwand, und wir schwingen uns die Strickleiter empor.

Geschlagene zwei Stunden verziehen sich Lale und Tío in den Salon. Als Tío endlich an mir vorbei in den Schlafsaal huscht, frage ich Lale nach der Lage. Ich weiß nicht, worum es ging, aber er hat Tränen in den Augen.

»Tío wird jetzt erst mal von Bord gehen«, sagt der Käpt'n und stemmt die Arme in die Hüften. »Hat gesagt, er will nicht mehr mit dir auf dem Schiff sein. Wollte, dass ich dich rauswerfe.

Kann ich nicht machen, hab ich gesagt. Das ist Nils' letzte Fahrt, danach geht sein Flieger von Panama. Wie soll ich ihn denn rausschmeißen? Das wäre völlig bescheuert. Das wollte er nicht verstehen. Und jetzt will er gehen. Hab ihn zwei Wochen beurlaubt. Auf der nächsten Tour kann er dann wieder mitkommen, wenn er will.«

»Und wo kommt er unter?«

»Hab ihm gesagt, er kann erst mal bei uns pennen. Vielleicht auch bei seiner Martha.«

Wir hören das Knarzen der Treppe. Tío erscheint mit gepacktem Rucksack und *Stahlratten*-T-Shirt am Aufgang zur Messe.

»Vámonos«, sagt er.

»Vámonos«, sagt Lale.

Als das Dingi sich langsam vom Schiffsrumpf fortbewegt, hebe ich die Hand zum Gruß. »¡Adiós, Tío!«, rufe ich. »Mach's gut.«

Ich habe mich nicht entschuldigt. Er hat es mir nicht erlaubt. In diesem Leben werde ich wohl keine Antwort mehr auf meinen Abschied bekommen.

⚓

WEIN UND RUM

»*Ich wollte nie der Käpt'n der* Stahlratte *sein.*«

25. SEPTEMBER 2013, GETHSEMANI, CARTAGENA, KOLUMBIEN

An diesem Abend besaufe ich mich mit Lale nach allen Regeln der Kunst. Das gemeinsame Essen findet doch statt; jetzt erst recht vielleicht, ungeachtet der dezimierten Zahl. Wir haben für jeden eine Pizza bestellt, und Lale noch eine Karaffe Wein. Ebenfalls für jeden. Rebecca ist noch nicht aufgetaucht, doch wir haben ihr geschrieben, wo wir uns befinden.

»Du weißt, dass du ihn nicht hättest schlagen dürfen«, sagt Lale irgendwann, nachdem wir allerhand Belanglosigkeiten ausgetauscht haben. »Bild dir darauf bloß nichts ein!«

»Natürlich nicht«, antworte ich. Und obwohl ich gar nicht daran gedacht habe, fühle ich mich ertappt. »Klar war das scheiße!«

»Es war ja auch nicht komplett deine Schuld. Tío hat auch seinen Teil dazu beigetragen. Glaub nicht, dass ich das nicht gesehen hab. Dass er sich nur noch bewegt hat, wenn ich in der Nähe war. Aber ich hab's hingenommen, weil es noch nicht komplett scheiße war. Was auszuhalten ist und was nicht, bekommt auf 'nem Schiff immer eine neue Bedeutung. Und da müsst ihr euch beide gefallen lassen, dass ihr euch nicht vernünftig verhalten habt. Dass ihr euch nicht zurücknehmen konntet.«

Ich nicke. »Ich wollte ihn ja auch nicht hauen. Hab ihn ja nur gestreift.«

»Darum geht's gar nicht«, sagt Lale. »So was passiert. Was meinst du, wie oft ich mich schon gehauen hab? Gut, eigentlich nicht so oft ... Die hatten alle Angst vor mir ... Aber wenn ich mich gehauen hab, dann nur, weil ich musste. Du hättest vielleicht einen Gang rausnehmen müssen, anstatt ihn immer wieder zum Arbeiten anzutreiben.«

»Und mir dann wieder anhören, was für schlechte Matrosen wir sind?«

»Ach! Ein guter Matrose! Ein guter Matrose tut das, was nötig ist. Nicht mehr und nicht weniger! Es gibt immer was zu tun. Aber man kann sich auch aufreiben. Wir hätten vielleicht eher miteinander reden sollen.«

Ich schweige.

»Das Ding ist, ich wollte nie der Käpt'n der *Stahlratte* sein. Die Idee war immer, dass das Schiff gemeinschaftlich geführt wird. Eine Art Anarchie. Klar, ich hab die Ausbildung und die Erfahrung, aber ich will nur Koordinator oder so sein, kein Chef. Jeder muss lernen, Verantwortung zu übernehmen. Es spricht an sich auch nichts dagegen, dass jemand anders das Schiff durch die Riffe steuert. Das muss nicht immer ich sein!«

»Aber, Lale, dafür muss man doch ausgebildet sein! Das kann man doch nicht einfach so. *Du* kannst das! Anarchie funktioniert nur, wenn auch jeder Verantwortung tragen kann! Und das ist nicht immer der Fall!«

Lale nickt und füllt schweigend unsere Gläser nach. Schließlich sagt er: »Der einzige Chef der *Stahlratte* ist das Schiff selbst. Sie gibt an, was zu tun ist und was nicht. Das muss dir klar sein. Und dann musst du eben alles für das Schiff tun, was sinnvoll ist. Guck dir zum Beispiel Rebecca an! Die kann nicht viel in der Maschine machen oder Segel hissen oder so Zeug, aber dafür putzt sie halt die Fenster!«

»Und sieht gut aus.«

»Meine Rede. Da hast du ganz klar verloren!«

Wir lachen. Dann trinken wir.

Irgendwann wische ich mir den Mund ab und sage: »Es ist schon ein geiles Schiff, die *Stahlratte* ...«

Er nickt.

»Und du bist ein guter Typ, Lale. Manchmal ein Arschloch, aber im Grunde ein Guter ... Mann, was habe ich dich am Anfang verabscheut. Ein guter Mensch mit einer großen Schicht Arschloch drum rum!«

Lale lächelt. »Jeder muss manchmal 'n Arschloch sein.«

Er hebt sein Glas, und wir stoßen an.

»Auf die *Stahlratte*.«

»Auf die Arschlöcher.«

Einige Zeit später findet uns Rebecca, und wir ziehen weiter in eine Eckbar, in welcher der Rum nur flaschenweise serviert wird. Wir trinken und machen unanständige Witze und lallen uns voll. Meine Sicht beginnt zu verwischen. Als nur die pure Konzentration mich noch auf dem Stuhl hält, teste ich das Maß meiner Nüchternheit am Torre del Reloj. Jedes Mal, wenn ich es schaffe, ihn zu fixieren, denke ich: Alles klar, einer passt noch.

Irgendwann habe ich Rebecca beigebracht, auf alles, was sie nicht versteht, mit »Har har, alns kloar!« zu antworten. Sie lacht laut und dreckig und wiederholt, was ich gesagt habe.

»Theresa, uns kann nichts passieren!«, lalle ich, während sie mich kurz darauf durch die dunklen Gassen Richtung Hafen schleift. »Ich beschütz dich!«

»Har har, alns kloar!«, antwortet sie und lacht dreckig.

Ein Auto fährt hupend an uns vorbei.

»Hörma!«, rufe ich ihm hinterher. Und zu Rebecca gewandt: »Der war völlig besoffen! Hast du das gesehen?«

»Nils, I don't understand you. You are talking German.«

»Oh, paddong ...«

Die Kontrolle über die Benzinzufuhr des Dingis habe ich verloren. Ich drehe den Gashahn auf, wir schießen nach vorne, dann lasse ich los, weil ich Angst bekomme. Abrupt bleiben wir stehen. Schließlich richte ich das Dingi neu aus, und es schießt wieder nach vorne. Wäre ich nüchtern, würde ich merken, wie sehr es meiner ersten Dingifahrt ähnelt.

TEIL 4

EIN LETZTES MAL UNTER VOLLEN SEGELN

»Komm wieder, Matrose!«

28. SEPTEMBER 2013,
AUF DEM MEER ZWISCHEN KOLUMBIEN UND PANAMA

Was gibt es noch zu sagen? Der folgende Tag war ein schwarzer für uns alle. Lale bekamen wir nicht zu Gesicht. Rebecca und ich krochen über das Deck, nur darauf bedacht, unseren niedrigsten Bedürfnissen nachzukommen, irgendwie unseren Kater zu überleben.

Am Morgen unserer Abfahrt lag dichter Nebel über der Bahía de Cartagena. Die Port Control hatte ein generelles Manövrierverbot ausgesprochen, und Lale tobte und zeterte, dies sei doch kein Nebel, die Fenster der Hafenaufsicht müssten beschlagen sein oder sie hätte alle der graue Star befallen. Endlich, nach zwei Stunden Ausharren, durften wir auslaufen.

Mittlerweile fahren wir unter sechs Segeln, schaffen aber kaum mehr als fünf Knoten, da eine starke Gegenströmung uns ausbremst.

Wir haben lediglich sechs Personen und vier Motorräder an Bord, was das Kochen erleichtert, zudem haben einige der Passagiere Segelerfahrung. So lässt es sich auch mit nur drei Crewmitgliedern aushalten.

Es ist Nacht geworden. Vor zwei Stunden hat Rebecca mich geweckt, um mir die letzte Wache vor dem Morgen zu übergeben. Ich schätze, bald wird es hell werden.

Ich habe mir all die Bilder, die ich gemacht habe, noch einmal angeschaut und mich gewundert, was ich alles gesehen habe. Ich habe den Dschungel erkundet und in Vulkanen geschlafen. Ich habe Stürmen getrotzt und mit bloßen Händen ein Boot abgeschleppt. Beinahe hätte mich eine Schlange gebissen. Ich habe eine Millionärsjacht beraubt, mit zwergenhaften Indianern getanzt, die sich rituell betranken und ihren menstruierenden Frauen huldigten. Ich habe Früchte, groß wie Dracheneier, zu Salat verarbeitet.

Ich habe nicht viel gekauft, und doch werde ich viel mitbringen. Teint und Hornhaut und alles. Ich werde viel zu erzählen haben, wenn ich meine Freunde treffe, wenn wir Karten spielen und Jever trinken und Brot mit viel Butter essen und man mich fragt, wie es mir ergangen sei. Noch heute, wenn ich all die Ereignisse auf der *Stahlratte* Revue passieren lasse, habe ich manchmal das Gefühl, Neues zu entdecken, über das ich noch nie nachgedacht habe. Etwas, das ich übersehen habe oder erst heute verstehe. Dies aufzuschreiben hilft mir. Und vielleicht wird irgendwann irgendjemand diesen Laptop finden. Wird ihn anschalten und sich wundern, dass er noch funktioniert. Und dann wird er all die Bilder sehen und all die Texte lesen, von dort, wo die Kartoffeln auf Bäumen wachsen.

Die Farbe der Dunkelheit am Horizont verändert sich. Als die Sonne aufgeht, erwarte ich sie auf der Spitze des Klüverbaums. Ich spüre den Wind im Bart und lauere darauf, dass sich eine Brise darin verfängt, die ich mit nach Hause nehmen kann.

⚓

29. September 2013, immer noch auf hoher See

Am Morgen zeigt uns der Bordcomputer noch viel zu weit von der panamaischen Küste entfernt. Es ist unwahrscheinlich, dass wir heute noch die Außenriffe erreichen werden. Das Wetter ist sonnig, nur ein paar Federwolken am Himmel, der Wind fehlt. Dennoch lassen wir die Segel oben. Jeder noch so leichte Hauch will genutzt werden.

Doch dann dreht Lale das Schiff in die Brise und fragt: »Wer von euch kommt mit baden?«

Zunächst halten wir es für einen Scherz, aber er stellt den Motor ab, lässt die Strickleiter zu Wasser und hüpft über Bord. Als immer mehr Leute in die Fluten springen, eile ich ins Heck und mache das Dingi klar. Schließlich werfe auch ich mich über die Reling.

Als wir die Riffe vor Coco Bandero erreichen, ist es schon dunkel. Lale befiehlt, alle Lichter an Bord auszuschalten, um Gegenlicht zu vermeiden. Jeder hat sich ruhig zu verhalten. Wir alle nehmen an Deck Aufstellung, um dem Branden der Wellen an den Riffen zu lauschen. Ich klettere auf den Klüverbaum für eine bessere Sicht, während Lale die *Stahlratte* langsam auf die Stelle zusteuert, wo er die Passage zwischen den Riffen wähnt.

Doch dann wird unser Abenteuer jäh unterbrochen. Der Motor gibt ein kurzes Spotzen von sich, dann fällt er aus. Mit einem Mal ist alles still. »Anker runter!«, ruft Lale. »Sechzig Meter!«

Und so verbringen wir die Nacht vor den Riffen.

⚓

30. September 2013, Coco Bandero, San Blas

Meine Reise endet, wie sie angefangen hat. Ich stehe an Deck und massakriere Langusten. Ich soll sie aufschneiden, halbieren, denn wir wollen sie auf dem Feuer rösten. Es dauert eine Weile, bis ich eine Stelle finde, die ihnen beim ersten Stich das Leben nimmt. Es gibt einfach keinen guten Weg, eine Languste zu töten: kochen, ersticken oder halbieren. Um mich herum stehen die Passagiere mit ihren blitzenden Kameras, bis ich ihrer Sensationslust ein Ende bereite und sie verärgert fortschicke.

Rosalinda kommt uns diesmal nicht besuchen. Auch auf ihrer Insel ist sie nicht zu finden. Ein älterer Kuna klärt uns darüber auf, dass sie in Colón sei, um Geschäfte zu erledigen. Ich hätte mich gerne von ihr verabschiedet.

Am nächsten Tag fahre ich mit dem Dingi nach Cartí Sugdup, um Ceron Lebewohl zu sagen.

Als ich seinen Garten zwischen den Basthäusern hindurch erreiche, bedeutet er mir, still zu sein. Er möchte mir seine Urgroßmutter vorstellen. Wir überqueren die sandige Freifläche in der Mitte der Häuser, und Ceronsito kommt gelaufen und hüpft auf meinen Arm.

Dann betreten wir das Halbdunkel einer Hütte. Eine Frau liegt in einer Hängematte, mit schlohweißem Haar, die Hände im Schoß gefaltet. Sie hat die Augen geschlossen, ein Stillleben ihrer selbst. Sie könnte schlafen, wie sie dort liegt. Doch dann sehe ich, wie sich langsam, in kaum sichtbarem Tempo, ihre Hände bewegen. Sie stickt an einer Mola, die in ihrem Schoß liegt.

»Sie ist vierhundert Jahre alt«, flüstert Ceron. Und obwohl ich es für einen Versprecher halte, bin ich bereit, ihm zu glauben.

»Buenos días, Señora«, flüstere ich.

Sie antwortet nicht. In ihrem Schweigen liegt etwas, das nicht mehr von dieser Welt ist. Auf meinem Arm sitzt Ceroncito, ihr Ururenkel. Er möchte nach draußen, spielen.

Später kommen die Kuna-Boote, um uns nach Basurkun zu bringen. Ich stehe im Bug des Plastikkahns und salutiere. Rebecca presst sich eine Träne aus dem Augenwinkel.

»Auf Wiedersehen!«, rufe ich und winke in ausladenden Gesten.

»Mach's gut!«, ruft Lale zurück. »Komm wieder, Matrose!«

Ich glaube, er meint es so.

Das Schiff wird immer kleiner. In ihrem Weiß und Blau ist sie sehr schön anzusehen, die *Stahlratte*. Deren Farben wir strichen, deren Segel wir setzten, und deren Herz, satt in Maschinenöl geborgen, weiter im Tukka-Takka-Rhythmus durch die Karibik schippern wird.

⚓

OPAS VERMÄCHTNIS

»Die Welt ist immer so groß wie die Spanne zwischen deinen Ohren.«

1. OKTOBER 2013, PANAMA CITY

Ich bin zurück in der bebenden Stadt. Für meine letzte Nacht habe ich mich in der Casa Antigua, im Hotel des feinen Herrn, eingemietet. Mein letztes Geld habe ich dafür bezahlt. Das Geld, mit dem mich Julian in der ersten Woche gerettet hat. Es hat bis heute gehalten. Ich wohne im Dachgeschoss des Hotels, eine Wendeltreppe führt auf die Dachterrasse, wo ich mit den Deutschen gesessen habe, links liegt das Hostel mit der elektronischen Musik.

Mein Bett ist cremeweiß bezogen und breiter, als ich lang bin. Ich schwitze. Doch gleich werde ich duschen, mit Shampoo und allem, und am Ende werde ich sehr gut riechen. Ich habe Maracujas gekauft, und Rum, für die Heimfahrt.

Ein letzter Spaziergang. Eine Schulklasse tobt über die Küstenpromenade. Im Teatro Nacional probt das Jugendorchester den *Sacre du Printemps*. Ein Auto, kaum noch fahrtüchtig, parkt vor einer halb zusammengefallenen Holzlattenfront. Ein Treppenhaus ohne Treppe, ein Spielplatz, schimmelnder Putz, zerstörter Maschendraht. Ein paar Meter entfernt ein alter Mann hinter einem vergitterten Hauseingang. Als ich ihn frage, ob ich ihn fotografieren darf, reckt er sich in eine sehr stolze Haltung.

Zurück im Hotel dunkelt es bereits. Eine große Panasonic-Leinwand wirft Werbung auf die Skyline der Stadt. Die Lichter spiegeln sich in der Bucht. Ich lehne mich über die Brüstung und schaue hinunter auf das Treiben des Luna's Castle. Hinter der Mauer, die den Außenbereich von dem dahinterliegenden Elendsviertel abgrenzt, liegt ein Mann auf einem Stück Pappe und schläft. Zwei Damen passieren ihn schnellen Schrittes.

Ich stehe auf dem Dach eines Hotels in einer Stadt, die ich nicht verstehe, die pulsiert zwischen Armut und Wehmut und Reichtum und Fernweh und deren Kontraste so schwindelerregend scharf sind, dass es in meinem Kopf rauscht. Wie soll ich all die Eindrücke verarbeiten? Wie all die Erlebnisse fassen? Ich fühle mich plötzlich sehr klein.

Die Seefahrt ist für meinen Opa wohl nur Mittel zum Zweck gewesen. Er wollte aus seinem alten Leben ausbrechen und etwas Neues beginnen. Und doch hatte sie ihn so sehr geprägt, dass sie ihn zeitlebens nicht mehr losließ. All die Erfahrungen, die er gemacht, all die Kontinente, die er gesehen, all die Kulturen, die er erlebt hatte. Er hatte einen Eindruck davon bekommen, wie unbeschreiblich riesig diese Welt ist. Wie andersartig und unbegreiflich.

So geht es nun auch mir. Und doch wächst man mit jeder Erfahrung, die man macht. Denn die Welt ist immer so groß wie die Spanne zwischen den Ohren.

Und sicher ist in den letzten Monaten nicht alles gut gewesen. Aber so, wie es war, war es richtig. So oft rennen wir Berge hinauf, mutig und blind, und erst im Rückblick erkennen wir, dass da ein Weg ist, den wir gegangen sind, der sich in Serpentinen hinter uns das Tal hinaufschlängelt.

EPILOG

»Bring nicht so viel Durst mit.«

5. Oktober 2013, Geesthacht, Schleswig-Holstein

Eine Wolkenschicht liegt über den Wiesen der Marsch in der Ferne. Die Luft riecht nach fallenden Blättern. Ich trage lange Hosen, Hemd, Pullover, Mütze und Funktionsjacke, und ich habe das schöne Mädchen neben mir, das so angenehm vertraut riecht und sich ungemein gut an meiner Seite anfühlt, wenn wir nachts nebeneinander einschlafen. Auf der Elbe ziehen die Ruderboote auf und ab.

»Bring nicht so viel Durst mit«, schrieb Uroma Käthe am 24. April 1955 an meinen Großvater. »Wenn du kommst, mache ich dir Blutsuppe. Ich hoffe, sie ist dir nicht zu fett.«

Ich bin zu Hause.

DANK

Natürlich und immer wieder danke ich dem schönen Mädchen.

Zudem meinen Eltern, insbesondere meinem Vater für die Hilfe und den Enthusiasmus bei der Recherche in der Familie Boie.

Gustel, Reimer und Annelene Boie, die mir Dithmarschen, meine Vergangenheit und meine Heimat ans Herz gelegt haben.

Dem kleinen dicken Seemann Fokko, der mich mit den Gründungslegenden der *Stahlratte* vertraut machte; Hans-Ueli Flückiger für seine Gastfreundschaft; Martin Gietzelt für die Hinweise zum historischen Dithmarschen; Julian Heun, der mir die *Stahlratte* empfohlen hat; Nadja Schlüter für die Initiierung des Projekts; Margret Woitynek für all die Begeisterung; Fabian Bergmann für jede anregende Diskussion; und Anna Luisa Schmid für die phantastischen Illustrationen.

Danke, Lale.

Eine Überfahrt mit der *Stahlratte* kostet 510 Dollar. Mit dem Motorrad 980 Dollar. Infos bezüglich der Reisen gibt es auf *www.stahlratte.de* oder *info@stahlratte.de*.

GLOSSAR

abfieren – etwas per Seil hinablassen
Achterdeck – erhöhtes Deck am Heck des Schiffes
Affenknoten – Zierknoten; wir haben meist Steine oder Korallen eingearbeitet
Backbord – in Fahrtrichtung links (gegen die Fahrtrichtung rechts!)
Baum – horizontaler Mast
Belegbrett – mit Holzpflöcken versehenes Brett zum Festmachen von Tauwerk
Bilge – unterster Raum des Schiffes, in dem sich aller Unrat sammelt; äußerst eklig
Block – eine oder mehrere mit Gehäuse versehene Umlenkrollen für Tauwerk
Bugspriet – hölzerne Verlängerung des Bugs, geht häufig in den Klüverbaum über
Davit – kranähnliche Anlage, über den Beiboote abgefiert werden können
Dünung – Wellengang
Fall – Tau zum Hissen der Segel
Fisherman – dreieckiges Segel in Längsrichtung des Schiffes, dessen Spitze nach unten zeigt
Flieger – unser vorderstes Klüversegel
Fluke – Ankerschaufel
Fock – am Fockmast befestigtes Segel; auf der *Stahlratte* in Längsrichtung des Schiffes
Fockmast – vorderster Mast des Schiffes
Großsegel – Hauptsegel, befestigt am Großmast
Kettengatt – Durchlauf in der Bordwand für die Ankerkette
Klampe – hölzerne oder metallene Vorrichtung zum Befestigen von Tauen

Klüver – am Vorschiff befestigte Segel (im Buch das hintere der beiden Klüversegel)

Klüverbaum – Verlängerung des Bugspriets, an dem die Klüversegel befestigt sind

Mastrutscher – am Segel befestigte Klammern, die das Segel beweglich mit dem Mast verbinden

Messe – Ess- und Wohnzimmer des Schiffes

Niederholer – Tau zum Einholen eines Segels

Rah – horizontaler Mast quer zum Schiff, ursprünglich zur Befestigung eines Segels; auf der *Stahlratte* als Kranstange zum Hieven und Fieren von Lasten verwendet

Schot – Tau zum Führen eines Segels

Spanten – Metallenes oder hölzernes Skelett des Schiffes

Speigatt – Öffnung in der Bordwand zum Ablaufen von Wasser

Stag – Tau zur Stabilisation der Masten in Längsrichtung des Schiffes

Steuerbord – in Fahrtrichtung rechts (gegen die Fahrtrichtung links!)

Süll – hohe Schwelle um Luken und Türen, um das Eindringen von Wasser zu vermeiden

Talje – Flaschenzug, kein Klettergurt!

Wanten – Tau zur Stabilisation der Masten quer zum Schiff; häufig mit Webeleinen zu Leitern umfunktioniert, an denen in Piratenfilmen immer alle hochklettern

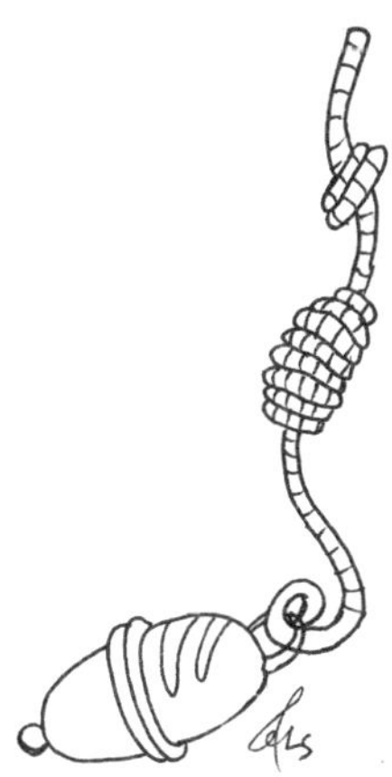

Hugendubel.de
Die Welt der Bücher

Hugendubel in Ulm
Hirschstraße 26
89073 Ulm
Tel.: 089 - 30 75 75 75

24 Stunden für Sie geöffnet:
www.hugendubel.de

RECHNUNG

Langenscheidt Englisch in 30 Tagen - Buch mit 2 Au		
978-3-468-28022-1	17,99	1
TB-MÄNGEL AKTION Scancode		
4035511171679	2,99	1
TB-MÄNGEL AKTION Scancode		
4035511171679	2,99	1
Total: 3	**23,97 EUR**	

Bar: 50,00 EUR
Zurück: 26,03 EUR

Typ	MWSt	Netto	Brutto
1: 7,00%	1,58	22,39	23,97

Steuernummer: 143/528/10038
12.01.2017 11:04:57 22 2-3427
0018

Vielen Dank für Ihren Einkauf!

Heinrich Hugendubel GmbH & Co.KG
Buchhandlung und Antiquariat
Hilblestrasse 54 | 80636 München

+++TOLINO APP+++
Die ganze Welt der Bücher immer dabei.
Jetzt unsere kostenlose tolino App unter
www.hugendubel.de/app runterladen,
Code "hugendubel" eingeben und loslesen.

Bedingungen.

Adressweitergabe/Nichteinlösung
Ich weise mein Kreditinstitut unwiderruflich an, bei Nichteinlösung der Lastschrift obigen Unternehmen sowie deren Dienstleistern auf Anforderung meinen Namen und meine Anschrift zur Geltendmachung der Forderung mitzuteilen. Bei von mir zu vertretenden Nichteinlösungen von Lastschriften verpflichte ich mich dadurch entstehende Kosten zu ersetzen.

(Unterschrift) www.payment-services.ingenico.com

Datenschutzrechtliche Information
Ihre Zahlungsdaten (Kontonummer/Bankleitzahl bzw. IBAN/BIC, Kartenverfallsdatum, Kartenfolgenummer, Datum, Uhrzeit, Zahlungsbetrag, Terminalkennung, Ort, Unternehmen und Filiale) werden zur Kartenprüfung und Zahlungsabwicklung an Ingenico weitergegeben. An Ingenico wird ferner gemeldet, wenn eine Lastschrift nicht eingelöst wurde (Rücklastschrift). Wenn Sie im Zusammenhang mit dem Widerruf einer Lastschrift erklärtermaßen Rechte aus dem Grundgeschäft (z.B. Sachmangel) geltend gemacht haben, wird die Meldung umgehend gelöscht. Zudem werden die Zahlungsdaten zur Verhinderung von Kartenmissbrauch gemeinsam mit den Rücklastschriftdaten zur Begrenzung des Risikos von Zahlungsausfällen gespeichert und genutzt. Ingenico erteilt insoweit auch an andere Händler, die an ihrem System angeschlossen sind, Empfehlungen, ob eine Zahlung mit girocard und Unterschrift akzeptiert werden kann. Soweit eine Zahlung mit girocard und Unterschrift nicht akzeptiert wird, besteht bei positiver Autorisierung durch das kartenausgebende Kreditinstitut die Möglichkeit, die Zahlung durch Eingabe der PIN durchzuführen. Weitere Informationen finden Sie im Aushangtext.

SEPA-Lastschriftmandat / Einzugsermächtigung
Ich ermächtige das oben / umseitig genannte Unternehmen sowie die Ingenico Payment Services GmbH, Daniel-Goldbach-Str.17-19, 40880 Ratingen („Ingenico"), Gläubiger-ID DE16E0100000020245 einmalig eine Zahlung von meinem oben / umseitig angegebenen Konto mittels Lastschrift einzuziehen. Zugleich weise ich mein Kreditinstitut an, die vom oben / umseitig genannten Unternehmen auf mein Konto gezogene Lastschrift einzulösen.

Hinweis: Ich kann innerhalb von acht Wochen, beginnend mit dem Belastungsdatum, die Erstattung des belasteten Betrages verlangen. Es gelten dabei die mit meinem Kreditinstitut vereinbarten Bedingungen.

Adressweitergabe/Nichteinlösung
Ich weise mein Kreditinstitut unwiderruflich an, bei Nichteinlösung der Lastschrift obigen Unternehmen sowie deren Dienstleistern auf Anforderung meinen Namen und meine Anschrift zur Geltendmachung der Forderung mitzuteilen. Bei von mir zu vertretenden Nichteinlösungen von Lastschriften verpflichte ich mich dadurch entstehende Kosten zu ersetzen.

(Unterschrift) www.payment-services.ingenico.com

Datenschutzrechtliche Information
Ihre Zahlungsdaten (Kontonummer/Bankleitzahl bzw. IBAN/BIC, Kartenverfallsdatum, Kartenfolgenummer, Datum, Uhrzeit, Zahlungsbetrag, Terminalkennung, Ort, Unternehmen und Filiale) werden zur Kartenprüfung und Zahlungsabwicklung an Ingenico weitergegeben. An Ingenico wird ferner gemeldet, wenn eine Lastschrift nicht eingelöst wurde (Rücklastschrift). Wenn Sie im Zusammenhang mit dem Widerruf einer Lastschrift erklärtermaßen

Reisegefährten, beste Freunde und eineiige Zwillinge

Hier reinlesen!

Hansen Hoepner / Paul Hoepner
mit Marie-Sophie Müller

Zwei nach Shanghai

13600 Kilometer mit dem Fahrrad von Deutschland nach China

Malik, 272 Seiten
Mit 34 farbigen Fotos, 12 Links zu Filmmaterial und einer Karte
€ 19,99 [D], € 20,60 [A], sFr 28,90*
ISBN 978-3-89029-440-7

Ein Zelt, Isomatten und zwei Fahrräder – mehr brauchen Paul und Hansen nicht, um von Berlin nach Shanghai zu radeln. Sieben Monate bereisen die Brüder exotische Schauplätze und erleben ein Wechselbad der Gefühle: An der russischen Grenze werden sie fast verhaftet, nur die Hilfsbereitschaft der Kirgisen kann das vorzeitige Ende ihrer Tour verhindern, und in einer Jurte im Himalaja lädt man sie ein, für immer zu bleiben. Ein mutiger Roadtrip, bei dem der engste Freund nie von der Seite weicht.

MALIK

Leseproben, E-Books und mehr unter www.malik.de